マッチング・ビジネスが変える企業戦略

―情報化社会がもたらす企業境界の変化―

税所哲郎【著】

Corporate Strategy
of
Matching Business
is Change

Changes in the Firm Boundaries
Information Society Brings

Tetsuro Saisho

東京 白桃書房 神田

はしがき

　ここに『マッチング・ビジネスが変える企業戦略―情報化社会がもたらす企業境界の変化―』(Corporate Strategy of Matching Business is Change：Changes in the Firm Boundaries Information Society Brings) と題した書籍を出版する。
　この書籍は，私が国立大学法人群馬大学社会情報学部・大学院社会情報学研究科に奉職してから約6年間にわたる研究成果の一部であり，群馬大学を本務校として2冊目に出版する単著である。
　本書は，情報通信技術（ICT：Information and Communication Technology）を活用した新しいビジネスモデルと言う視点において，第1部では最新ビジネスモデルの事例（Case Study）を取り上げた独立した研究論文を配するとともに，第2部ではICTの急速な進歩に伴う情報化社会（Information Society）の進展にともなう企業境界（Firm Boundaries）の変化を取り上げた独立した研究論文を配し，全体を構成した書籍である。したがって，読者の方の興味や問題意識によって，第1部第1章からではなく，部や章を飛び越えて，あるいは部や章に戻って読めるような内容となっている。

　現在，情報化社会が進展することによって，私たちの個人生活にもたらされた様々な環境変化の範囲は拡大するとともに，その影響度合いは大きくなっている。例えば，ニュース，天気予報，小説，映画，歌，演劇，スポーツ，ゲーム，アニメ，広告，宣伝などのあらゆる情報がデジタル化されて，加工・編集することが可能となって，文字，図形，音声，静止画，動画，映像といった媒体によって取り扱うことが可能となったのである。
　このように環境変化による影響は，私たちの身近な個人生活から文化や社会，政治，経済，医療，福祉，教育などの幅広い分野に及んで，ユビキタスやブロードバンドなどの言葉に言い表せるような，何時でも，何処でも，誰でも，何度でも，必要とする情報にアクセスが可能

となっている。

　一方，ICTの急速な進歩に伴う情報化社会の進展による個人生活に対する消費社会の成熟とともに，政治や経済・経営のグローバル化，および少産少子化と超高齢化，都市周辺部の都市化，都市部以外の過疎化などの影響によって，社会・企業においても取り巻く環境は急激に変化している。

　また，情報化社会で取り扱われるデジタル化された様々な情報においては，情報そのものを統一的な単位として扱うことができて，情報のやり取りを行ううえでの物理的な距離や場所が関係なくなる。それとともに，品質の保持（劣化しない），情報の圧縮，情報加工の容易性，情報通信の高速処理性，情報検索の容易性，情報伝達のリアルタイム性，情報の双方向性，長時間記録が可能であるなどの特性がある。

　現代の情報化社会では，様々な産業分野や業種・業態，企業規模において，ICTを活用した新しいビジネスモデルを展開することが可能となった。ICTを活用したビジネスの展開では，従来からの伝統的な産業分野である製造業や流通業，小売業，金融業だけでなく，防災・免震，音楽，映画，マスコミ，政治活動，映画製作，デジタルコンテンツ，発明品・知的財産，科学技術，創薬・製薬，医療・病院，介護・福祉などのあらゆる産業分野や業種・業態において，および中小企業やベンチャー企業などのあらゆる企業規模において，基幹業務の改善や改革に対する利活用はもちろんのこと，新しいビジネスの創出といった多岐にわたっての幅広い分野への適用がある。

　このために現代企業にとっては，単純にICTを利用しただけの分散化戦略，系列化戦略，合併・買収戦略，撤退戦略，マーケティング戦略，販売戦略，研究・開発（R&D）戦略，生産・技術戦略，知的財産・特許戦略，財務戦略，組織戦略，人材戦略，プロジェクトマネジメント戦略などの様々な企業戦略（Corporate Strategy）を展開するだけでない。

　また，企業においては，情報化社会のあらゆる特性を認識したうえで，企業の経営活動に関わる利害関係者（stakeholder）である取引

企業や合弁企業，下請企業，卸売企業はもとより，株主，顧客，消費者，ユーザー，地域社会，コミュニティなどとICTを活用した商取引等を含むコミュニケーションを行う必要がある。加えて，企業とステークホルダーとの関係から生じるコミュニケーションにおいて，悪意ある第三者からの様々な攻撃・脅威・リスクに対する新しい情報セキュリティ・マネジメントについての検討も，適切かつタイムリーに行わなくてはならない。

　したがって，現代企業では，今や情報そのものが経済活動や企業経営と切り離せない存在になっている。また，情報が氾濫している情報化社会においては，いかに正確な情報を相手先へ的確に伝達するのか，いかに相手先と情報の共有化を行うのか，いかに相手先と情報の統合化を行うのかが，今後の持続的な企業成長を左右していると言っても過言ではない。そのため，現代企業においては，適切な情報の利活用を行うとともに，必要十分な情報管理が必要となっている。

　本書では，このような企業を取り巻く環境変化に基づいて，ICTを含む情報（情報資産）をキーワードにして，現代企業において情報を積極的に利活用するマッチング・ビジネスと企業戦略，および情報化社会の到来による環境変化に対応して企業境界が変化・変革を見せる企業変容と新しいビジネスモデルの発生という観点から本書を執筆している。ただし，情報をキーワードとしているが，現代企業で取り扱う研究領域の内容が幅広いため，紙面の関係上，すべての内容を取り上げて考察することはできなかった。

　したがって，各章の当該専門領域の研究者・専門家・実務家から見ると，考察が尽くせなかったり，議論が拡散したりして，雑駁かつ稚拙である記述に過ぎないとの評価をいただくことになるかもしれない。しかし，本書の内容が，企業戦略論や情報戦略論，情報セキュリティ論，経営組織論などにおけるこの分野の研究者・専門家・実務家に対して，少しでも何らかの示唆を供し得ることができれば，筆者の望外の幸いである。

　今回は，取り上げることができなかった経営学における理論面の考察についても，その事例によるビジネスモデルとの関係を明確にした

うえで，事例に関するパターン化を行い，そのメカニズムを解明して，その意義と影響・効果を今後の研究課題にしたい。なお，本書の記載内容についての最終的な責任は，すべて筆者が負うことは言うまでもないことである。

　ところで，本書における全体の構成は，第1部においては情報化社会の戦略とマッチング・ビジネスについて，第2部においては情報化社会がもたらす企業境界の変化について考察を加えたものである。
　本書の特徴は，紙面の許す限り本文中に，できる限り図表を用いて考察を行ったことである。実際に図表を用いることで，それぞれの考察内容についてのイメージがつくとともに，直感的に理解することが可能となるからである。したがって，各章の図表構成において，図表が多く記載されている章とそうでない章とがあってアンバランスな構成になったことは否めない。しかし，多くの図表を用いることで，理解しやすさという観点で視覚に訴えた。
　また，紙面の関係上，現代企業における取り扱う内容を網羅できずに，各章ごとにおいて内容的には議論が飛躍し，考察を尽くせなかったという感もある。しかし，これらのことは，今後の研究課題として，情報化社会における現代企業の諸問題について探求していきたい。

　私は，20年余りの実業界での経験を経て，アカデミックの世界に転身し，関東学院大学経済学部での6年間，群馬大学社会情報学部（現・群馬大学学術研究院［主担当：社会情報学部］）での6年目を迎えているが，いまだに試行錯誤の連続で，毎日毎日が悪戦苦闘である。
　このような私に対して，学問・研究に対する姿勢や取り組み方，大学教育に関する熱心さにおいて，いつも適切なアドバイスをいただき，高い見地から方向性を示してくださった，中央大学大学院理工学研究科博士課程時代の指導教授である中央大学研究開発機構・教授（前・中央大学大学院理工学研究科教授，東京工業大学名誉教授）の辻井重男先生，青山学院大学大学院国際政治経済学研究科修士課程時代の指導教授である青山学院大学総合文化政策学部長・教授（前・青山学院大学大学院国際政治経済学研究科教授）の堀内正博先生に心から感謝

の意を表したい。

　辻井重男先生と堀内正博先生のお二人の恩師との出会いがなければ，現在の職業である学者の世界に転身することがなかったであろう。まだまだ未熟なところが多いものの，今後も研究，および教育において，日々，研鑽と論証，論考を重ねていくことを約束したうえでの出版に至ったことを報告させていただきたい。

　なお，本書は独立行政法人日本学術振興会・科学研究費補助金［基盤研究（C）・研究課題番号：25380498］の一部支援を受けて行った研究成果である。

　本書の出版においては，2009年4月の奉職以来，群馬大学社会情報学部・大学院社会情報学研究科教職員の関係各位には，研究・教育を推進するうえで，大変お世話になり，改めて感謝する次第である。
　また，出版に際しては，出版状況の困難ななかで出版を快くお引き受けいただくとともに，編集を担当していただいた株式会社白桃書房の大矢栄一郎代表取締役社長には，ひとかたならぬお世話になった。この場を借りて，お礼を申し上げたい。
　最後に，私事にわたるが，筆者が実業界からアカデミックの世界に転身することを喜んでくれた父・泰彦と母・トシエ，そして本書が完成して出版に至るまでの間，私を陰ながら支え励まし続けてくれた妻・紀子と娘・真子にも感謝の意を表したいことを一言付け加えることをお許し願いたい。

2016年2月9日

上毛三山のひとつ赤城山を望む研究室にて
税所哲郎

目次

マッチング・ビジネスが変える企業戦略
―情報化社会がもたらす企業境界の変化―

はしがき…i

第Ⅰ部　情報化社会の戦略とマッチング・ビジネス

第1章　クラウドファンディング戦略 …… 2
Chapter1　Crowd Funding Strategy

1. はじめに …… 2
2. クラウドファンディングとは …… 4
   - 2.1 クラウドファンディングの仕組み …… 4
   - 2.2 クラウドファンディングの分類と資格 …… 6
   - 2.3 クラウドファンディングの分類と仕組み …… 10
     - （1）購入型（Reward Type）…10
     - （2）寄付型（Donation Type）…12
     - （3）融資型・貸付型（Lending Type）…13
     - （4）ファンド型（Fund Type）…15
     - （5）株式型（Equity Type）…16
3. クラウドファンディングの実態 …… 18
   - 3.1 米国のクラウドファンディング …… 18
   - 3.2 日本のクラウドファンディング …… 20
   - 3.3 クラウドファンディングの市場規模 …… 22
4. クラウドファンディング活用のメリットとデメリット …… 26
   - 4.1 クラウドファンディングのメリット …… 26
     - （1）出資者のメリット…26
     - （2）事業者のメリット…27
   - 4.2 クラウドファンディングのデメリット …… 28
     - （1）出資者のデメリット…28
     - （2）事業者のデメリット…29
5. おわりに …… 31

第2章 クラウドソーシング戦略 ……………………………… *36*
Chapter2 Crowd Sourcing Strategy

1. はじめに ……………………………………………………………… *36*
2. クラウドソーシングとは …………………………………………… *37*
3. クラウドソーシングの分類と機能 ………………………………… *44*
 3.1 クラウドソーシングの分類 …………………………………… *44*
  （1）プラットフォーム型（Platform Type）…*44*
  （2）報酬型（Payment Type）…*48*
  （3）発注型（Order Type）…*49*
 3.2 クラウドソーシングの機能 …………………………………… *50*
4. クラウドソーシングの実態 ………………………………………… *53*
 4.1 クラウドソーシングの市場規模 ……………………………… *53*
 4.2 クラウドソーシング業務の特徴 ……………………………… *55*
 4.3 クラウドソーシング事業者のポジショニング ……………… *57*
  （1）多品揃業務（総合型：General Type）…*57*
  （2）多品揃業務＋高専門性業務
     （多機能型：Advanced Expertise Type）…*68*
  （3）特定業務＋高専門性業務
     （特定機能型：Advanced Functions Type）…*68*
  （4）多品揃業務＋低専門性業務
     （多機能型：Low Expertise Type）…*69*
  （5）特定業務＋低専門性業務
     （特定機能型：Low Functions Type）…*69*
 4.4 クラウドソーシングのメリットとデメリット ……………… *70*
  （1）事業者のメリットとデメリット…*70*
  （2）作業者のメリットとデメリット…*72*
5. おわりに ……………………………………………………………… *74*

第3章 マーケティング戦略
Chapter3 Marketing Strategy ················· 80

1. はじめに ················· 80
2. 製造業におけるマーケティング戦略 ················· 82
 2.1 製造業のプッシュ戦略とプル戦略 ················· 82
 2.2 製造業のプッシュ戦略 ················· 83
 2.3 製造業のプル戦略 ················· 84
3. 複合サービス業におけるマーケティング戦略 ················· 87
 3.1 複合サービス業のプッシュ戦略とプル戦略 ················· 87
 3.2 複合サービス業のプッシュ戦略 ················· 92
 3.3 複合サービス業のプル戦略 ················· 98
4. 複合サービス業のマーケティングの可能性 ················· 107
 4.1 情報化社会と顧客間関係の変化 ················· 107
 4.2 情報化社会と複合サービス業のマーケティング ················· 111
5. おわりに ················· 115

第4章 情報セキュリティ戦略 ……………………… 120
Chapter4　Information Security Strategy

1. はじめに ……………………………………………………… 120
2. 情報化社会の進展と情報セキュリティ ………………… 121
2.1 情報化社会と情報セキュリティ・マネジメント ……… 121
2.2 情報化社会における情報セキュリティ問題 …………… 127
（1）セキュリティレベルの認識の相違…127
（2）カード利用形態の多様化…130
2.3 ISMS活動の限界と情報セキュリティ ………………… 132
3. カード業界における情報セキュリティへの対応 ……… 134
3.1 カード業界へのPCIDSS導入の背景 …………………… 134
3.2 カード業界のPCIDSS対応とメリット ………………… 136
4. マッチング・ビジネスと情報
　　セキュリティ・マネジメントの確立 ……………………… 140
4.1 カード分野におけるPCIDSS導入 ……………………… 140
4.2 PCIDSSに要求される事項 ……………………………… 142
（1）安全なネットワークとシステムの構築と維持…143
（2）カード会員データの保護…146
（3）脆弱性管理プログラムの維持…147
（4）強力なアクセス制御手法の導入…148
（5）ネットワークの定期的な監視およびテスト…149
（6）情報セキュリティポリシーの維持…149
4.3 PCIDSSの検証方法 ……………………………………… 150
5. おわりに ……………………………………………………… 156

第Ⅱ部　情報化社会がもたらす企業境界の変化

第5章　アカウント・アグリゲーション ……………… 162
Chapter5　Account Aggregation

1. はじめに …………………………………………………… 162
2. アカウント・アグリゲーションの概要 ………………… 163
　2.1 アカウント・アグリゲーションの機能と発展 ………… 163
　2.2 アグリゲータの設置場所による分類 …………………… 167
　　（1）インハウス型（Inhouse Type）…167
　　（2）ASP型（Application Service Provider Type）…168
　　（3）狭義のアカウント・アグリゲーションとコンテンツ・アグリゲーション…169
　2.3 個人情報の預け場所による分類 ………………………… 170
　　（1）サーバー型（Server Type）…171
　　（2）クライアント型（Client Type）…171
　　（3）ユーザーIDとログインパスワード…175
3. アカウント・アグリゲーションと企業境界の変化 ……… 176
　3.1 インターネット上のWebサービスの提供 ……………… 176
　3.2 アカウント・アグリゲーションのメリット …………… 177
　　（1）複数Webサイト利用のメリット…177
　　（2）AAS提供によるメリット…178
　3.3 アカウント・アグリゲーションと企業間連携 ………… 180
4. 情報統合化の方法と企業境界の変化 …………………… 182
　4.1 情報統合化と企業境界 …………………………………… 182
　　（1）友好的な情報の統合化…183
　　（2）敵対的な情報の統合化…183
　4.2 情報システム構築方法と特徴 …………………………… 183
　　（1）友好的な情報の統合化…184
　　（2）敵対的な情報の統合化…185
　4.3 情報統合化と利用者情報 ………………………………… 186
5. おわりに ………………………………………………… 186

第6章 マッチング・ビジネス　193
Chapter6 Matching Business

1. はじめに　193
2. ICTを活用したマッチング・ビジネスの展開　195
2.1 マッチング・ビジネスとは　195
2.2 マッチング・ビジネスの成功要因　199
（1）売り手と買い手における真正性…199
（2）売り手と買い手における責任追跡性…199
（3）売り手と買い手における信頼性…199
（4）買い手における利便性の向上…199
（5）情報更新における迅速性の追求…200
（6）売り手と買い手の多くの参加者の確保…201
（7）インターネット上のＷｅｂサイト特性の活用…201
（8）マーケティングにおけるマスコミの同時利用…201
3. マッチング・ビジネスのビジネスモデルと企業境界　201
3.1 マッチング・ビジネスの類型と特徴　201
（1）集積モデル（Aggregator Model）…203
（2）取引中軸モデル（Trading Central Model）…205
（3）リクエスト掲示モデル（Request Posted Model）…206
（4）競争入札モデル（Competitive Bidding Model）…208
（5）ワンストップ・サービスモデル（One-Stop Service Model）…210
（6）組み合わせ事業モデル（Combination Business Model）…212
3.2 マッチング・ビジネスと企業境界の変化　215
（1）集積モデルによる企業境界の変化…216
（2）取引中軸モデルによる企業境界の変化…216
（3）リクエスト掲示モデルによる企業境界の変化…217
（4）競争入札モデルによる企業境界の変化…218
（5）ワンストップ・サービスモデルによる企業境界の変化…219
（6）組み合わせモデルによる企業境界の変化…220
4. おわりに　222

おわりに…229

第 I 部

情報化社会の戦略と
マッチング・ビジネス

Strategy and Matching Business in the Information Society

第1章 クラウドファンディング戦略
Chapter 1
Crowd Funding Strategy

1 ■ はじめに

今日の情報化社会では，様々な産業分野において，情報通信技術（ICT：Information and Communication Technology）を活用した，新しいビジネスモデルを展開することが可能となった。

スマートフォンやスマートウォッチ，タブレット端末などのスマートデバイス[1]の普及は，モバイルバンキング[2]やモバイルペイメント[3]の利用を促進させるとともに，その利用形態や規模が拡大している。また，デジタルチャネルと既存チャネル（店舗・ATM）の連携によるオムニチャネル[4]の導入は，オムニチャネルを核としたチャネル改革とICT活用の多様化を引き起こしている。

1　スマートデバイス（Smart Device）とは，パソコンやメインフレーム，ワークステーションなどの既存の情報機器の枠にとらわれない情報処理端末（デバイス）であり，具体的にはスマートフォンやタブレット端末，Android Wearをはじめとする腕時計型のスマートウォッチ（Smart Watch）やGoogle Glassをはじめとするメガネ型のスマートグラス（Smart Glass）といったウェアラブルデバイス（Wearable Device），インターネットに接続可能なスマートテレビ（Smart Television）などのように単なる計算処理だけではなく，あらゆる用途に使用可能な多機能端末のことである。

2　モバイルバンキング（Mobile Banking）とは，口座の残高照会や振り込み，振り替えといった銀行のサービスを，スマートフォンやタブレット端末などの移動端末のインターネット接続機能を用いて利用する形態で，インターネットバンキングのひとつの形態である。

3　モバイルペイメント（Mobile Payments）とは，対価の支払いや決済にモバイルデバイスを使用し，支払方法は電話料金やクレジットカード，銀行口座などを使用することである。なお，モバイルデバイスを使った決済という意味では，SMS（Short Message Service）による送金サービスも含まれるが，モバイルペイメントには含まれないことがある。

4　オムニチャネル（Omni Channel）とは，実店舗やオンラインストアをはじめとするあらゆる販売チャネルや流通チャネルを統合し，統合販売チャネルの構築によって，どのような販売チャネルからも同じように商品を購入できる環境を実現することである。インターネットや情報機器，モバイル端末などの普及により，消費者はいつでも，どこからでも買い物することが可能になったが，このような情報化社会における新たな小売のあり方としてオムニチャネルの考え方が注目されている。

さらに，銀行や証券会社などにおいて，顧客へのアプローチを行いコミュニティを形成するためには，ビッグデータ[5]の収集や顧客との対話ツールの採用といったソーシャルメディア[6]におけるICTの活用は必須である。このように，情報化社会では，新しいビジネスモデルを生み出して，ICTの活用とその内容が企業における競争優位の源泉となっている。

　ICTを活用した新しいビジネスモデルの展開では，従来からの伝統的な産業分野である製造業や流通業，小売業だけでなく，防災・免震，音楽，映画，報道，政治運動，映画，ソフトウェア，発明品，科学技術，創薬，医療，介護，病院などの産業分野，および大企業，中小企業，ベンチャー企業など，幅広い分野への活発な適用が見られる。

　例えば，企業などの事業者などが実施する資金調達では，従来の間接金融による銀行，あるいは直接金融による証券会社といった金融機関からの資金調達ではなく，ICTを活用し，インターネットのWebサイトを介して，広く一般の個人から自由に資金調達することが可能となったのである。

　従来の資金調達では，大別すると間接金融によるデット（Debt）と直接金融によるエクイティ（Equity）の2種類のみであった。デットとは負債のことで，返済を伴う資金調達であり，銀行や信用金庫，信用組合などの第三者からの借り入れを増やす方法のことである。また，エクイティとは株主資本のことで，返済の必要が無い資金調達であり，証券会社などを経由して新株の発行などによって実質的な自己資本を増やす方法のことである。

5　ビッグデータ（Big Data）とは，既存の一般的な技術では管理することが困難な大量のデータ群のことである。その特徴には，従来技術による処理量を超える数テラバイトから数ペタバイト程度のデータ容量（Volume），テキスト，音声，ビデオ，ログファイル，位置情報，センサ情報などの非構造化データも存在する種類（Variety），データの生成・分析の高速化とリアルタイム化による頻度・スピード（Velocity），データの分析と利活用で経済的価値が発生する価値（Value）の4つがある。

6　ソーシャルメディア（Social Media）とは，インターネット上で展開される情報メディアのあり方で，個人による情報発信や個人間のコミュニケーション，人の結びつきを利用した情報流通などといった社会的な要素を含んだメディアのことである。

一方，情報化社会が到来して，グローバルに張り巡らされたインターネットに代表されるオープン・ネットワークを基盤として，時間と空間の制約，国・地域，政治や経済・文化の違いを超え，必要とする情報が何時でも，何処でも，何度でも，誰でも入手できる情報の共有化が可能となっている。情報化社会における情報の共有化では，あらゆる社会活動が公正，平等，確実に行われ，ICTを活用した新しい資金調達形態であるクラウドファンディング（Crowd Funding）が可能となったのである。

　現在の情報化社会では，ICTを活用した新しいビジネスモデルであるマッチング・ビジネスとして，クラウドファンディングを採用し，新しい資金調達手段を構築している。

　本章では，株式会社や有限会社などの企業，および社会福祉法人や学校法人，医療法人，宗教法人，特定非営利活動法人（NPO法人）などの事業者における資金調達において，近年，その資金調達方法が注目を浴びているクラウドファンディングについて，その実態と可能性について論じていくこととする。

2 ■ クラウドファンディングとは

2.1 クラウドファンディングの仕組み

　クラウドファンディングとは，株式会社や有限会社などの企業，および社会福祉法人，学校法人，医療法人，宗教法人，NPO法人などの非営利組織などの事業者が，ICTを活用し，クラウドファンディング・サービスを提供するクラウドファンディング運営会社のインターネットのWebサイトであるクラウドファンディング・プラットフォーム

7　本章は，Tetsuro Saisho（2015）を加筆，修正したものである。
8　NPO法人（Non-Profit Organization）とは非営利団体のことで，①民間法人，②公益に資するサービスを提供，③営利を目的としない，④団体の4つをその要件としている。具体的には，特定非営利活動促進法（NPO法）に基づいて法人格を取得した団体をNPO法人と呼んでいる。
9　Webサイト（Website）とは，インターネットで提供されるWorld Wide Web（WWW）上にあり，一般に特定のドメイン名の下にある複数のウェブページの集まりである。
10　クラウドファンディング・プラットフォーム（Crowd Funding Platform）には，資金調達を行いたい事業者（企業など）の情報として，事業者概要のほかに商品，サービス，事業に関するプロジェクトとその仕組みとともに，当該事業者に関する評判・口コミ・評価・コメントなどが掲

表1-1　新しい資金調達モデルの概要

	金融システム	借り手		貸し手		リスク負担
従来のモデル	銀行や信用金庫などの間接金融	事業者（資金調達者, 資金需要者）	企業, 国など	出資者（資金提供者, 資金供給者）	預金者	銀行など
	証券会社の直接金融		企業, 国など		投資家	出資者
新しいモデル	広く一般の個人から資金調達	事業者（資金調達者, 資金需要者）	中小企業, ベンチャー企業, NPO法人など	出資者（資金提供者, 資金供給者）	投資家	一般の個人

(出所)　筆者作成。

を介して，広く一般の不特定多数の人々（Crowd）から事業資金を調達（Funding）するマッチング・ビジネスのことである。

　つまり，表1-1に示すように，従来の資金調達では不可能であった借り手（各種法人，企業）である「事業者（資金調達者，資金需要者）」が，貸し手（個人，企業）である「出資者（資金提供者，資金供給者）」から，デットである銀行や信用金庫，信用組合などの間接金融（リスクは銀行などが負担）[11]，あるいはエクイティである証券会社の直接金融（リスクは出資者が負担）といった既存の金融システムを利用せずに，インターネットのWebサイトを介して，広く一般の個人から自由に資金調達（リスクは一般個人が負担）を行うことである。

　事業者は，研究開発やマーケティング活動などの事業資金の調達において，銀行や信用金庫，信用組合などの融資機関からの厳しい融資条件を満たせずに間接金融による資金調達が困難な場合には，比較的融資条件が緩やかなクラウドファンディング・プラットフォームを介して，広く一般の個人から自由に資金調達することができるのである。

　また，事業者は，クラウドファンディング・プラットフォーム上に提供されるプロジェクト（事業）情報の中から，出資者が共感・賛同

載されることになる。
11　この場合のリスク（Business Risk）とは，間接金融では銀行などから融資してもらった資金の返済ができないこと，直接金融では証券会社を経由して売り出した新規株式や社債，転換社債などの有価証券が経営破たんなどにより紙くずになってしまうことである。

したプロジェクトに資金を提供する。そして，出資後はプロジェクトの実施状況の報告を受けたり，見返りとして事業者が生産・製造する商品・サービスを受取ったり，あるいは利息や配当金，株式などの出資に対する見返りである対価（リターン）を得ることになる。

　このため，クラウドファンディングでは，インターネットのWebサイトであるクラウドファンディング・プラットフォームにおけるICTの仕組みが，出資者と事業者間に介在する。そして資金調達を行いたい当該事業者の本人や事業，商品・サービスといったプロジェクトに関する内容と，その仕組みなどの各種情報が出資者（予定者や検討者を含む）に対して，直接，かつ広範囲に伝わることになる。

　また，クラウドファンディングでは，プロジェクトに必要な事業資金を集められるか否かについては，クラウドファンディング・プラットフォームに対して行われる，インターネット上の不特定多数の人々による当該事業者に対する評判やコメントなどが重要である。出資者が，これらの評判やコメントなどの情報を確認することによって，プロジェクトの内容が自動的にスクリーニング（振り分け）されることがICTを活用した新しい仕組みである。

　このように，クラウドファンディングは，ICTを活用して，従来は難しかった事業者（資金調達者）と出資者（資金提供者）を直接に結び付けることを可能としたマッチング・ビジネスである。

2.2　クラウドファンディングの分類と資格

　クラウドファンディングは，図1-1および表1-2に示すように，出資者が事業者から得られるサービスの対価に基づいて，出資者が事業者に対して物品や金銭的な対価を求めない「（1）購入型」と「（2）寄付型」，および出資者が事業者に対して物品や金銭的な対価を求める「投資型」の2つの出資タイプ・融資タイプに大別できる。

　さらに，「投資型」は，「（3）融資型［貸付型］」と「（4）ファンド型」，「（5）株式型」の3つの出資タイプ・融資タイプに大別できる。

　これらのクラウドファンディングの出資タイプ・融資タイプの分類に共通しているのは，事業者が展開する商品・サービスの研究開発，

図1-1 クラウドファンディングの概要

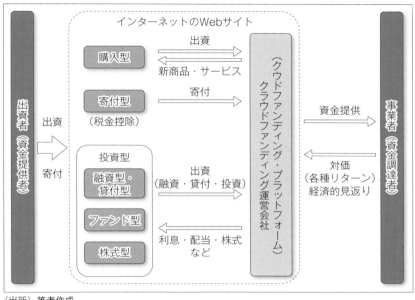

(出所) 筆者作成。

　マーケティング活動などにおける事業費の調達に関して，ICTを活用して広く一般の個人を対象に「小口の資金」を「不特定多数」から必要な資金を自由に調達するというマッチングの概念である。

　なお，わが国のクラウドファンディング運営会社が展開する，「購入型」と「寄付型」のクラウドファンディングは，金融商品取引法[12]による規制の対象外なので，クラウドファンディング・プラットフォームを運営するうえにおいて，特に必要な免許や登録は必要ない。しかし，その他の「投資型」のクラウドファンディングにおいては，クラウドファンディング・プラットフォームを運営する場合，免許や登録などの資格が必要となっている。

12　金融商品取引法は，2007年（平成19年）9月30日施行，金融・資本市場をとりまく環境の変化に対応し，利用者保護ルールの徹底と利用者利便を向上させ，貯蓄から投資に向けての市場機能の確保，および金融・資本市場の国際化への対応を図ることを目指している。

表1-2 クラウドファンディングの分類と特徴

出資形態		仕組み	出資者（資金提供者）		事業者（資金調達者）		特徴
			出資額	出資期間	調達額	調達内容	
(1) 購入型		プロジェクト・イベントへの出資者を募る。	1口500円程度	2カ月～1年半程度	数万円～数百万円程度	商品・サービスを対価にプロジェクト活動資金を集める。	出資資金は返還されない。ただし，当該企業から出資金額に応じた商品・サービスなどを市場に出回る前に得ることができる。
(2) 寄付型		ネットを通じ広く寄付金を募る。	1口500円程度	なし	数万円～数百万円程度	プロジェクトへの支援を行うための寄付金を集める。	各種ボランティア，地震や津波などの災害復興，紛争などによる海外難民救済といったことへの財政的支援を行うことになる。
投資型	(3) 融資型 [貸付型]	小額の資金を集めて貸付けを行う。	1口1万円程度	数カ月～3年程度	数十万円～数億円程度	プロジェクトに必要な資金を容易かつ低金利で借入れる。	プロジェクトの内容は出資者には見えない。出資者は，分類されたグループへの貸付を行うことになる。
	(4) ファンド型	特定の事業に対して出資者を募る。	1口1万円程度	2年～10年程度	数百万円～1億円程度	新プロジェクト，高リスクのプロジェクトの資金を集める。	事業成果に応じた配当を受け取ることができる。また，商品や生産物，サービスを受けるものもある。
	(5) 株式型	非上場株式に対して出資者を募る。	実績なし	長期投資（原則期間なし）	数百万円～1億円程度	プロジェクトを実施するための資金を集める。	業績が成功した場合，出資額に応じた配当の可能性がある。また，出資金の回収は株式の売却による。

（出所）筆者作成。

「融資型［貸付型］」のクラウドファンディングで必要となる資格は，第二種金融商品取引業の登録，または第二種小額電子募集取扱業者，および貸金業登録の免許である。一方，「ファンド型」のクラウドフ

ァンディングは，第二種金融商品取引業の登録，または第二種小額電子募集取扱業者の免許が必要である。他方，「株式型」のクラウドファンディングは，第一種金融商品取引業の登録，または第一種小額電子募集取扱業者の免許が必要となる。

第二種金融商品取引業とは，金融商品取引法で規定される金融商品取引業のひとつである。第二種金融商品取引業では，受益証券や抵当証券，集団投資スキーム持分などの募集や私募，およびみなし有価証券関連の売買・市場デリバティブ取引・外国市場デリバティブ取引，これら取引の媒介・取次・代理，有価証券・みなし有価証券関連以外の市場デリバティブ取引[13]などのいずれかの業務を行う。

第二種少額電子募集取扱業務とは，有価証券（金融商品取引法の第2条第2項の規定により有価証券とみなされる同項第5号または第6号に掲げる権利）の募集や私募の取扱いである。当該有価証券の発行価額の総額（1クラウドの発行総額が1億円未満），および当該有価証券の取得者が払い込む額（投資家1人当たりの投資額が50万円以下）が政令で定める要件を満たす必要がある。

貸金業は，個人や事業者を対象に金銭を貸付（融資）することを行う事業者（銀行や信用金庫，信用組合，協同組織金融機関[14]，保険会社，証券金融会社[15]，短資会社[16]などを除く）のことで，金融の形態のひとつである。

---

13 デリバティブ取引（金融派生商品取引：Financial Derivatives Transactions）とは，金融商品取引法2条では，①市場デリバティブ取引，店頭デリバティブ取引および外国市場デリバティブ取引の総称である旨を規定（金商法2条20項），②そのうえで，市場デリバティブ取引，店頭デリバティブ取引，外国市場デリバティブ取引を個々に定義している（金商法2条21〜23項）。具体的には，先物取引，先渡取引，スワップ取引，オプション取引などの取引のことで，その権利義務の価値が特定の金利，有価証券の価格や外国為替相場などの変数に反応して変化する基礎数値を有し，かつ，想定元本か決済金額のいずれかあるいは両方を有する契約である。

14 協同組織金融機関（Cooperative Financial Institution）とは，協同組織形態の預貯金取扱金融機関のことである。具体的には，農林中央金庫，信用協同組合・信用協同組合連合会，信用金庫・信用金庫連合会，労働金庫・労働金庫連合会，農業協同組合・農業協同組合連合会，漁業協同組合・漁業協同組合連合会などの組織である。

15 証券金融会社（Securities Finance Company）とは，金融商品取引法に基づいて免許を受けた証券金融専門の株式会社のことで，証券会社に対し，制度信用取引の決済に必要な株式や資金を貸付ける貸借取引を主な業務としている。

16 短資会社（Call Broker，Call Loan Dealer）とは，金融機関が短期の貸付け，あるいは借入れを行う際の仲介業を担う会社のことである。

貸金業登録制度では，貸金業法第3条に基づき，貸金業を営むためには，都道府県知事または財務局長の登録を受けることが必要である。

　第一種金融商品取引業とは，金融商品取引法で規定される金融商品取引業のひとつである。有価証券関連の売買・市場デリバティブ取引・外国市場デリバティブ取引，これら取引の媒介・取次・代理，有価証券等精算取次，有価証券等保管業務，有価証券の引き受け・募集・私募，店頭デリバティブ取引・その媒介・取次・代理，PTS（私設取引システム）[17]などの運営業務といった旧証券取引法の規定による証券業に近い業務である。

　第一種少額電子募集取扱業務とは，非上場株式の募集や私募の取扱いにより，インターネットを通じて，多くの人から少額ずつ資金を集めるなどの政令で定める要件を満たす業務である。非上場株式の発行者が資金調達できる額は，要件として1年間に1億円未満，および投資家が投資できる額は，同一の会社につき1年間に50万円以下の少額が設けられている。また，投資勧誘の方法は，Webサイトを閲覧させる方法，あるいは電子メールを送信する方法に限定されている。

2.3　クラウドファンディングの分類と仕組み

(1) 購入型（Reward Type）

　購入型クラウドファンディングの仕組みでは，図1-2に示すように，はじめに一般の人々を対象として，Webサイトであるクラウドファンディング・プラットフォームを介して，資金調達を行いたい事業者の情報を開示して出資者（投資者）を募り，個人や企業などの事業者に対して出資（投資）を行うことになる。

　続いて，事業者は，クラウドファンディングにより提供される資金を活用して，新しい商品・サービスの研究開発やマーケティング活動などの新規事業のプロジェクトを展開することになる。また，購入型クラウドファンディングの場合，出資者に対しては，出資した資金は返還されないが，その対価として当該事業者の新しい商品・サービスが市場（マーケット）に出回る前にいち早く提供される。

17　私設取引システム（PTS：Proprietary Trading System）は，証券取引所での取引はなく，証券会社が開設したコンピュータ・ネットワーク上の市場での取引システムのことである。

図1-2 購入型クラウドファンディングの仕組み

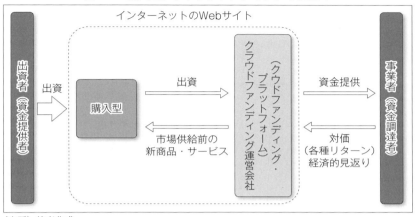

(出所) 筆者作成。

　したがって，購入型クラウドファンディングでは，出資者による事業者そのもの，あるいは事業者が提供する新しい商品・サービスに対しての共感・支援・支持が中心となる出資であり，必ずしも投資額と経済的見返り（対価）とのバランスを重視した内容ではない。

　購入型クラウドファンディングにおいては，一般的な出資者における1人当たりの出資額は一口500円程度から行われ，出資期間は新しい商品・サービスの開発から販売までの一連のプロセスが終了して成果が現れる期間である2カ月から1年半程度である。また，事業者の資金調達額の規模は数万円から数百万円，クラウドファンディング運営会社への調達手数料は調達額の10から20％程度である。

　このような購入型クラウドファンディングの大きな特徴は，出資者の共感・支援・支持を得ることで，商品・サービスに対するマーケティング活動への協力や出資者のさらなるファン作りにも活用できることである。したがって，購入型クラウドファンディングでは，事業者自らが出資者に対して積極的なアピールを行って，商品・サービスを購入してもらうことが求められることになる。

図1-3 寄付型クラウドファンディングの仕組み

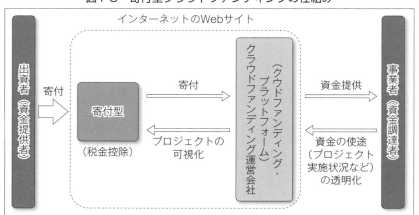

(出所) 筆者作成。

(2) 寄付型 (Donation Type)

　寄付型クラウドファンディングの仕組みでは，図1-3に示すように，はじめに一般の人々を対象として，WebサイトであるクラウドファンディングのプラットフォームをWebサイトを介して，出資者（寄付者）を募り，地方公共団体や社会福祉法人，学校法人，医療法人，宗教法人，NPO法人などの各種法人の活動といった事業者の社会貢献事業のプロジェクトに対して出資（投資）を行うことになる。

　続いて，事業者は，クラウドファンディングにより提供される寄付金を活用して，ボランティアや災害復興，海外の難民救済などの財政的支援に利用することになる。また，寄付型クラウドファンディングの場合，わが国ではNPO法人や公益社団法人などの各種団体が震災復興の手助けを行ったりするための寄付金を集める手段として，東日本大震災後，その活用が急速に広がっている。

　したがって，通常の寄付型クラウドファンディングの仕組みでは，ボランティアやチャリティーなどの活動に対する支援そのものに対しての共感・支援・支持が中心であり，出資者が行う寄付に対する見返り（対価）は発生しないことになる。

　寄付型クラウドファンディングにおいて，一般的な出資者の１人当

たりの出資額は一口500円程度から行われ，出資期間は特に定められていない。また，事業者の資金調達額の規模は数万円から数百万円，クラウドファンディング運営会社への調達手数料は，調達額の10%程度である。

　寄付型クラウドファンディングの特徴は，寄付という性質上の一般的なリスクはない。しかし，事業者が正しくプロジェクトを運営しているか，プロジェクトの正当性や仕組み，実現性を把握・選別して，必要とされている個人や団体に貴重な寄付金が少しでも多く届き，有効に活用されるような仕組みを作っているかを確認する必要がある。

　また，寄付型になっており，地方公共団体や特定公益増進法人[18]を相手とした寄付型クラウドファンディングにおいては，寄付者は税法上の寄付金控除を受けられることが多い。

（3）融資型・貸付型（Lending Type）

　融資型クラウドファンディングは，貸付型クラウドファンディングとも言われている。融資型［貸付型］クラウドファンディングの仕組みでは，図1-4に示すように，はじめに一般の人々を対象として，投資ファンドを組成する。そして，Webサイトであるクラウドファンディング・プラットフォームを介して，出資者（融資者・貸付者）が投資ファンドに対して資金を提供，小額の資金を集めて，企業や個人といった事業者に対して融資（貸付）を行うことになる。

　つまり，融資型［貸付型］クラウドファンディングでは，ソーシャルレンディング事業[19]として，取扱業者が自社内に組成する匿名組合（投資ファンド）に対して，広く一般の投資家（出資者）から小額の資金を集めて，個人や企業への金銭消費貸借契約による融資を実施するのである。

18　特定公益増進法人（Specified Public-Service Promotion Corporation）とは，一般社団法人および一般財団法人を除く公共法人，公益法人など，その他特別の法律により設立された法人のうち，教育または科学の振興，文化の向上，社会福祉への貢献その他公益の増進に著しく寄与する法人のことである。

19　ソーシャルレンディング事業（Social Lending Business）とは，「ネット上でお金を借りたい人や企業（Borrower）」と「ネット上でお金を貸したい人や企業（Lender）」を様々な方法で結び付ける融資仲介ビジネスのことである。

図1-4 融資型・貸付型クラウドファンディングの仕組み

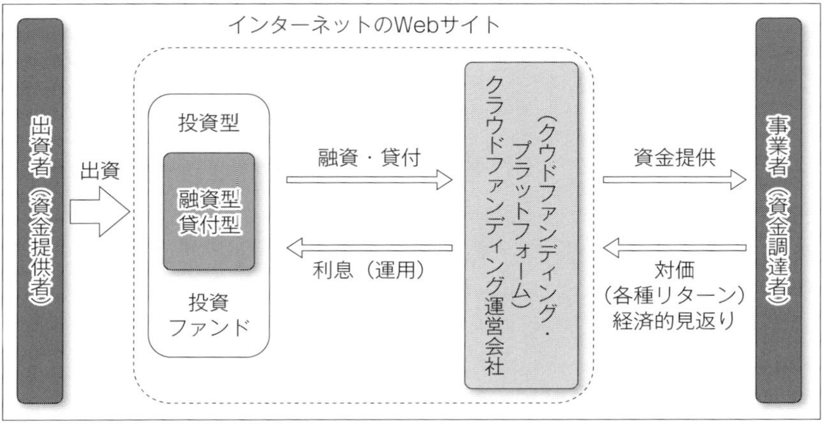

インターネットのWebサイト

出資者（資金提供者）　出資　→　投資型　融資ファンド（融資型 貸付型）投資ファンド　融資・貸付　→　〈クウドファンディング・プラットフォーム〉クラウドファンディング運営会社　資金提供　→　事業者（資金調達者）

利息（運用）　←　　　対価（各種リターン）経済的見返り　←

（出所）筆者作成。

　出資者は，借入れの種類や信用度のレベルによって分類された投資ファンドに出資し，出資の対価として利息などを受け取ることになる。しかし，投資ファンド個別の投資先事業者，事業者の特性や事業の内容は見えない。そして，投資ファンドの投資先事業者である資金調達者は，貸付される資金を活用して，新規のプロジェクトや新しい商品・サービスの研究開発，マーケティングなどを展開する。

　融資型［貸付型］クラウドファンディングにおいて，1人当たりの出資額は一口1万円程度から行われ，出資期間は数カ月から3年程度である。また，資金調達額の規模は数百万円から数億円，調達手数料は発生しない場合や金利に含まれる場合，あるいはプロジェクト案件ごとに任意の料率で設定される場合などの様々なケースがある。

　融資型［貸付型］クラウドファンディングの特徴は，事業者は購入型と比較すると高額な資金を調達できることである。また，銀行や信用金庫，信用組合などのデットによる第三者機関からの融資よりも貸し付け条件が柔軟であり，かつ迅速に融資できる。しかし，融資型［貸付型］により調達される資金は，融資における調達性は高いが，一般的に銀行や信用金庫，信用組合などの第三者からの融資よりも融資金利が割高である。

図1-5 ファンド型クラウドファンディングの仕組み

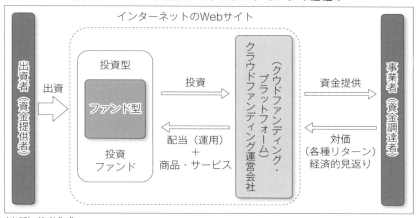

(出所) 筆者作成。

　なお，融資型［貸付型］クラウドファンディングでは，出資者が継続的に個人や企業に対して貸付を行う場合には，第二種金融商品取引業の登録，または第二種小額電子募集取扱業者，および貸金業登録の免許が必要となるため，事実上は個別の借入先には融資が実施できないことになる。

（4）ファンド型（Fund Type）

　ファンド型クラウドファンディングの仕組みでは，図1-5に示すように，はじめに一般の人々を対象として，投資ファンドを組成する。そして，Webサイトであるクラウドファンディング・プラットフォームを介して，特定の事業に対して出資者を募り，出資者（投資者）が投資ファンドに資金を提供，小額の資金を集めて，企業や個人といった事業者に対して出資（投資）を行うことになる。

　つまり，個々の事業プロジェクトに対し，調達者により設立された匿名組合（投資ファンド）に対して，広く一般から複数の投資家である出資者からの小額の資金を集めて，複数の資金提供者（投資家）が投資を行う。そして，事業者（個人や中小企業など）は，投資された資金を活用して，新規のプロジェクトや新しい商品・サービスの研究

開発，およびマーケティング活動などを展開する。

　出資者は，ファンド型クラウドファンディングへの出資の対価として，企業収益に応じた配当金や株式を受け取ることになる。また，ファンド型クラウドファンディングでは，金銭的な見返り（対価）のほかにも商品や生産物，サービスを受け取れる場合もある。

　ファンド型クラウドファンディングにおいて，1人当たりの出資額は一口1万円程度から行われ，出資期間は2年から10年程度である。また，資金調達額の規模は数百万円から1億円程度，調達手数料は年2％程度の運営手数料が必要である。

　ファンド型クラウドファンディングの特徴は，事業者が展開する新しいプロジェクトやリスクの高いプロジェクトに対して資金を集めることである。また，出資者は，個別のプロジェクト概要・計画をベースに，今後のプロジェクトの成否を判断して出資することになるが，出資者は直接事業には関与できない。

（5）株式型（Equity Type）

　株式型クラウドファンディングの仕組みでは，図1-6に示すように，一般の人々を対象とした出資者からクラウドファンディング・プラットフォームを介して，非上場会社などの公開会社でない株式会社に対する出資者を募り，出資者（投資者）が事業者に対して出資（投資）を行うことになる。

　株式型クラウドファンディングへの出資は，非公開の株式会社に対して，個別の事業概要や事業計画をベースに個々の出資者が判断し，企業そのものに対して出資を行っている。つまり，株式型クラウドファンディングでは，従来はベンチャーキャピタル[20]などが主体として行ってきた専門性の高いベンチャー投資を直接個人が行うのである。

　また，事業者（ベンチャー企業など）は，出資された資金を活用し

20　ベンチャーキャピタル（Venture Capital）は，創業間もないベンチャー事業などの高い成長性が見込まれる未上場企業に対して，企業成長のための資金を株式投資の形で提供する。ベンチャーキャピタルによる投資は，金融機関や機関投資家などから運用委託された資金をもとに組成した投資事業組合（ファンド）を通じて行われる。また，投資資金は，投資企業の上場によって，企業の資産価値を上昇させて，その売却により回収する。

図1-6 株式型クラウドファンディングの仕組み

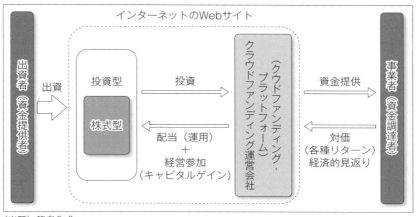

(出所) 筆者作成。

て，プロジェクトとして商品・サービスの研究開発，マーケティング活動などを展開する。出資者は，株式型クラウドファンディング出資と引き換えにベンチャー企業の未上場株を受け取ることで，業績に応じた配当を受け取れる可能性がある。また，出資者における出資金の回収は株式の売却によるが，出資先企業が株式上場や企業買収などを行うことで，大きな利益を上げられる可能性もある。

株式型クラウドファンディングにおいて，1人当たりの出資額は一口1万円程度から行われ，出資期間は原則期間なしの長期投資となる。また，資金調達額の規模は数百万円から1億円程度である。日本証券業協会[21]のデータによると，2016年1月27日現在，日本には株式型クラウドファンディングを運営している業者は存在していないので，調達手数料の実績は把握できない状況である。

株式型クラウドファンディングの特徴は，事業者である非公開会社や譲渡制限会社といった株式を上場していない公開会社でない株式会社が，一般の人々を対象として資金を集めることである。また，出資者は，個別のプロジェクト概要・計画をベースにプロジェクトの内容

---

21 日本証券業協会（JSDA：Japan Securities Dealers Association）は，①自主規制業務，②金融商品取引等および市場の発展に資する業務，③国際業務・国際交流などの業務を行っている。

を判断して出資を行うとともに，実際に株式を購入・保有しているかのように，事業者に対して株主として経営に関与できる。

3 ■ クラウドファンディングの実態

3.1 米国のクラウドファンディング

　クラウドファンディングによる資金調達は，2000年代はじめに米国で生まれ，2008年から2009年にかけて，北米を中心に普及・発展してきた出資形態である。現在，クラウドファンディングは，北米をはじめ，欧州，南米，アジア，オセアニア，アフリカの世界各国で活用されている資金調達のひとつの形態である。

　米国では，Indiegogo（購入型），Kickstarter（購入型），GlobalGiving（寄付型），Lending Club（融資型［貸付型］），Prosper（融資型［貸付型］）などがブランドを確立しており，クラウドファンディング運営会社のクラウドファンディング・プラットフォームとして，クラウドファンディング・サービスを提供している。

　購入型のIndiegogoは，2008年，サンフランシスコで設立されたクラウドファンディング・プラットフォームである。Indiegogoでは，個人的なお願い事の実現から，クリエイティブなプロジェクトの実施，チャリティーファンド募集におけるプロジェクトの実施，起業資金を集めるためのプロジェクトの実施など，事業者が資金調達者としてプロジェクトの立ち上げを行うが，プロジェクトの内容に制限なく必要な金額を表示し，広く資金調達を行う。

　購入型のKickstarterは，2009年，ニューヨークで設立されたクラウドファンディング・プラットフォームである。Kickstarterでは，クリエイティブワークを支援するプロジェクト以外は掲載されない。したがって，個人的な趣味や旅行の実現，社会的な救済活動を行う慈善事業のプロジェクト，人生でやってみたかったことなどへの資金調達はできないことになる。さらに，クロスポストができる地域も，米国，カナダ，英国の3カ国に限定されている。

　寄付型のGlobalGivingは，2002年，ワシントンでWorld Bank出身の日本人により設立されたクラウドファンディング・プラットフォー

ムである。GlobalGivingでは，社会的な救済活動をいう慈善活動（チャリティ活動）に対するプロジェクトの実現に対して寄付を行うものである。寄付の分野は，気候変動や災害復興，経済開発，教育，人権，マイクロファイナンス[22]，起業，平和，スポーツなど，16のカテゴリーに分類されており，合計約600件ものプロジェクトが掲載されている。

寄付型のCausesは，2007年，Facebook[23]の初代CEOだったSean Parkerにより設立されたクラウドファンディング・プラットフォームである。この仕組みの特徴は，自分のソーシャルネットワークを活かして，周知活動や寄付集めができることである。また，人員の補充や募集をするリクルーターとして，このページをFacebook上の友人に紹介することで，自分が関心を持っている社会問題について一緒に考えるきっかけをつくることも可能である。

融資型［貸付型］のLending Clubは，2007年，フランス出身の創業者Renaud Laplancheが世界最大級のソフトウェア会社であるOracle[24]に事業（TripleHop Technologies社）を売却し，その資金を元手に設立したクラウドファンディング・プラットフォームである。Lending Clubは，借り手（事業者）からはスキームの組成に関わるコストとして1～4％，貸し手から仲介手数料として1％，合計4～5％をクラウドファンディング運営会社が徴収する仕組みを持っている。

22　マイクロファイナンス（Microfinance）とは，貧しい人々に小口の融資や貯蓄などのサービスを提供し，彼らが零細事業の運営に役立て，自立し，貧困から脱出することを目指す金融サービスである。マイクロファイナンスには，①マイクロクレジット（Microcredit），②マイクロセービング（Microsaving），③マイクロ保険（Microinsurance）の3つの機能がある。マイクロクレジットは，貧しい人々の収入向上や生活改善のために少額融資する機能である。この機能では，食料マーケットで野菜を売ったり，服を作ったり，ヘアサロンを始めることが可能となる。マイクロセービングは，預貯金（セービング）サービスを行う機能である。この機能では，貧しい人々の貯金を守り，収入が足りないとき，教育，健康・衛生のために使用する準備金，将来への投資を助けることが可能となる。マイクロ保険は，少額の負担でリスクが発生した際に貧しい人々を保護する機能である。この機能では，自然災害や戦争，経済危機，病気などの不慮の事態によって貧困から抜け出せなる人々を助けることが可能となる。
23　Facebookは，Facebook, Inc.（本社：米国カリフォルニア州）が運営するインターネット上のソーシャル・ネットワーキング・サービス（SNS：Social Networking Service）である。
24　Oracleは，Oracle Corporation（本社：米国カリフォルニア州）がデータベース管理システム（DBMS：DataBase Management System）を中心とした企業向けソフトウェアの開発，販売を行っている，ビジネス用途に特化したソフトウェア会社である。

融資型［貸付型］のProsperは，2006年，サンフランシスコで設立されたクラウドファンディング・プラットフォームである。Prosper利用には，米国に居住，社会保障番号[25]の保有，米国の銀行口座を所持，クレジットスコア[26]が640以上，Prosperの審査承認といった借り手（事業者）の条件が必要で，希望金額や過去の返済履歴・購入資金の使途などの情報から投資の可否が決められることになる。また，借り手への融資額は1,000から25,000USD，3年間の無担保ローンである。

3.2 日本のクラウドファンディング

　米国では，2012年の新規産業活性化法（JOBS法）[27]の成立で，未公開企業がインターネットの活用を通じて，広く一般の人々から資金を調達する形態であるクラウドファンディングが合法化されている。
　現在，クラウドファンディングによる資金調達は，証券市場におけるIPO[28]を活性化させる手段として，積極的に利用されている。
　わが国においては，2014年の金融商品取引法の改正で，株式型クラウドファンディングが解禁されている。改正法では，「貸付型」や「ファンド型」のクラウドファンディングについて，小額の取扱業者の参入要件の緩和や投資者保護のためのルール整備が図られている。また，日本証券業協会においては，証券業界として自主規制の見直しを行い，

25　社会保障番号（Social Security Number）は，米国において社会保障法（the Social Security Act）205条Ｃ２に記載された市民・永住者・外国人就労者に対して発行される９桁の番号である。
26　クレジットスコア（Credit Score）とは，米国に居住している個人の信用度（クレジット）を得点化した個人の信用評価点で，個人ごとに300点から850点の点数がつけられている。もともとは融資やクレジットカードの審査効率化のために導入されており，その点数によってどれだけお金を貸してもいいかを測る目安としている。クレジットスコアの計算は，システム大手の米国フェアアイザック社（Fair Isaac Corp）が開発したFICOスコアが基本になっている。詳しくは，同社のHP〈http://www.fico.com/〉を参照のこと。
27　新規産業活性化法（JOBS法：Jumpstart Our Business Startups Act）は，2012年4月成立，インターネットの活用を通じて，小規模の成長企業が資金調達を容易に行えるように規制緩和することで，起業や新規株式上場（IPO）しやすい環境を作り，雇用創出を生み，経済成長を高めるのが目的である。
28　IPO（Initial Public Offering）とは，新規公開株，あるいは新規上場株式のことである。具体的には，株式を投資家に売り出して，証券取引所に上場し，誰でも株取引ができるようにすることである。

投資グループを組成して，そのメンバー内での勧誘を可能としている。これらの取り組みは，今後，新たにクラウドファンディングを運営するクラウドファンディング運用会社の誘発を狙ったものである。

現在，わが国では，「CAMPFIRE」「READYFOR?」「Makuake」「FAAVO」（購入型），「JAPANGIVING」（寄付型），「SBI Social Lending」「Crowd Bank」「Crowdcredit」「maneo」「AQUSH」（融資型［貸付型］）などがクラウドファンディング・プラットフォームとして，クラウドファンディング・サービスを提供している。

購入型のCAMPFIREは，その特徴として，出資者は金銭的な金利や配当，株式などの見返りを受け取るのではなく，モノ・サービス・体験など，当該プロジェクトでしか手に入れることのできない対価を得ることができる。

購入型のREADYFOR?は，その特徴として，Webサイトに掲載のプロジェクトをより多くの人に知ってもらうために，メディアやプレスリリース配信サービスとの連携を行い，企業とのマッチングギフトサービス[29]などの取り組みを行っている。

購入型のMakuakeは，その特徴として，Webサイトに集まった出資者であるサポーターの支援を通じて，新しい価値を生み出せるかもしれないというプロジェクト実現の可能性について，熱い情熱，面白い技術，アイデアをもった事業者の想いを実現している。

購入型のFAAVOは，その特徴として，出身地と出身者をつなぐことがコンセプトである。出資者がお気に入りの地域を盛り上げるためのプロジェクトに特化し，地域の地域活性化プロジェクトをWebサイト上で発表してもらい，その取り組みに共感した全国各地の人々から広く支援金を募っている。

寄付型のJAPANGIVINGは，その特徴として，事業者であるNPO法人などの非営利団体と個人（出資者）をつなぐことがコンセプトである。出資者は，この社会をよりよくするために自分にできることは

29　マッチングギフトサービス（Matching Gift Service）とは，クラウドファンディングを通じて資金調達を達成した事業者の次の道づくりの一環として，事業者の2回目以降のプロジェクトに対して，企業の社会的責任であるCSR（corporate social responsibility）などに取り組む企業が資金を提供していくサービスである。

ないかとの想いをサポートし，支援したい非営利団体のために寄付を集めている。

　融資型［貸付型］のSBI Social Lendingは，その特徴として，事業者には低金利，出資者には資産運用と社会貢献の両立の提供がコンセプトである。SBIは，わが国の総合金融グループとして，国内で初めてソーシャルレンディング事業へ参入，Webサイトを介して事業者と出資者を結び付けて融資を行い，事業者には低金利および出資者には高利回りという形で利益を還元できる可能性がある。

　融資型［貸付型］のCrowd Bankは，その特徴として，出資者として投資の初心者から大口投資家までのすべての人・組織に対する，それぞれ最適な新しい時代の資産運用サービスがコンセプトである。一般個人による少額からでも多くの人の資金を集約することによって，これまで小口投資では不可能であった資産運用を実現している。

　融資型［貸付型］のCrowdcreditは，その特徴として，世界の資金需要をつなぐことで，社会を豊かにするお金の流れをつくることがコンセプトである。これまで，わが国では提供されていなかったサービスである海外の消費者ローンや事業者ローン，延滞しているローンに対して投資を行うという新たな機会を，出資者である日本の個人投資家に提供している。

　融資型［貸付型］のmaneoは，その特徴として，熱い思いを持つ事業者に対して，出資者が安心して投資できるインフラの提供がコンセプトである。出資者の安全性確保を最優先にして，返済確実性の高い融資案件を発掘して，加えて投資の多様性も広げている。また，出資者に多くの利益を還元するために，ICTを活用した融資における高品質で，低価格の体制を構築している。

3.3 クラウドファンディングの市場規模

　全世界の2014年におけるクラウドファンディングの総資金調達額は，162.20億USDに達している（massolution, 2015a）。

　これまでの資金調達において，世界のクラウドファンディングは「融資型［貸付型］（Lending Type）」と「寄付型（Donation Type）」「購入型（Reward Type）」を中心に発展し，資金調達が行われてきた。

*2015CF Crowdfunding Industry Report*によると，全世界における地域別の総資金調達額の内訳では，全体の58.4%である北米が94.6億USD（前年比145%増加），南米が5,720万USD（前年比167%増加），欧州が32.6億USD（前年比141%増加），アジアが34億USD（前年比320%増加），オセアニアが4,320万USD（前年比59%増加），アフリカが1,200万USD（前年比101%増加）となっている。また，アジアにおけるクラウドファンディングの総資金調達額が前年比320%もの大幅な増加率を示しているのは，中国市場での新規事業や事業拡大に

図1-7　全世界のクラウドファンディングの市場規模（総資金調達額）の推移

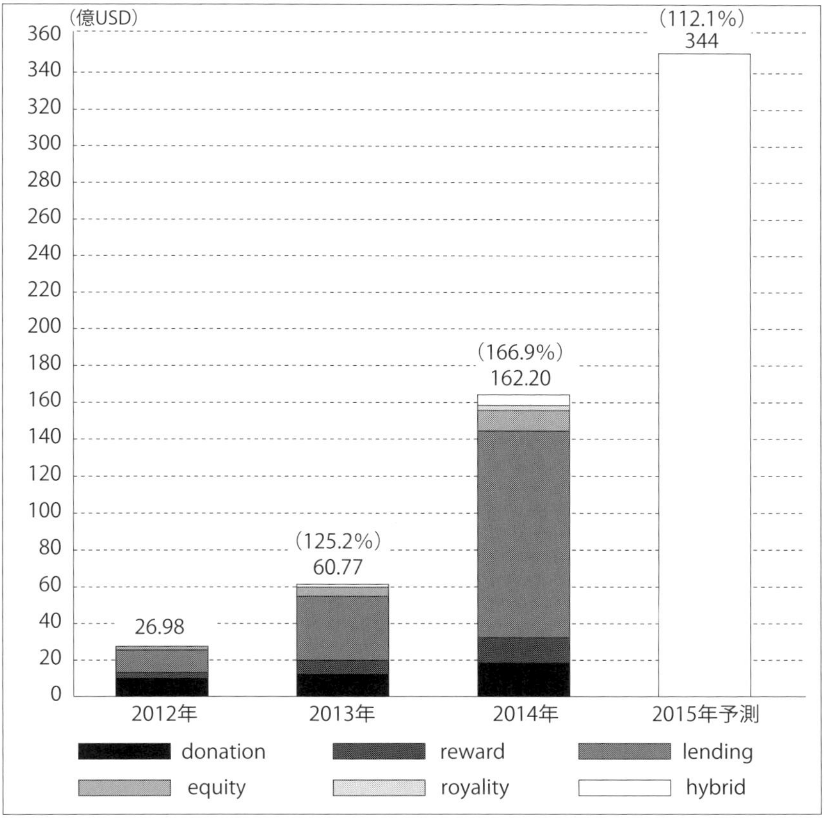
（億USD）
360
340
320
300
280
260
240
220
200
180
160
140
120
100
80
60
40
20
0
26.98
(125.2%)
60.77
(166.9%)
162.20
(112.1%)
344
2012年
2013年
2014年
2015年予測
donation
reward
lending
equity
royality
hybrid

（出所）massolution（2015a）を基にして作成。

図1-8 わが国におけるクラウドファンディングの市場規模（総資金調達額）の推移

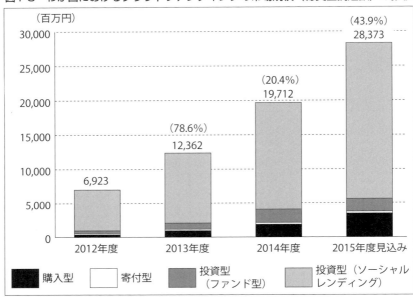

（出所）矢野経済研究所編（2015）を基にして作成。

よる旺盛な資金需要が，大幅な増加率に寄与しているからである。

　また，全世界におけるクラウドファンディングの市場規模（総資金調達額）の推移は，図1-7に示すように，2012年が26.98億USD，2013年が60.77億USD（前年比125.2％増加），2014年が162.20億USD（前年比166.9％増加），2015年344億USD（予測）（前年比112.1％増加）と大幅な増加傾向を示している。この大幅な増加傾向を支えているのが，融資型［貸付型］クラウドファンディングの出資形態である。融資型［貸付型］クラウドファンディングは，その全体に占める割合は2012年度の44.2％から2014年度には68.3％と増加している。

　一方，わが国のクラウドファンディングは，2015年における総資金調達額が28,373百万円に達している（矢野経済研究所，2015年）。
　矢野経済研究所によると，わが国におけるクラウドファンディングの市場規模（総資金調達額）の推移は，図1-8に示すように，2012年

が6,923百万円，2013年が12,362百万円（前年比78.6％増加），2014年が19,712百万円（前年比20.4％増加），2015年が28,373百万円（見込み）（前年比43.9％増加）と増加傾向を示している。

これまで，わが国のクラウドファンディングは，「融資型［貸付型］」と「購入型」を中心に普及・発展して，資金調達が行われてきた。

購入型クラウドファンディングが増加している理由としては，出資者が支援者（ファン）としてプロジェクトへ出資することで，その対価として出資金額に応じた金銭以外の商品・サービスが事業者から入手できるからである。つまり，わが国のクラウドファンディングでは，投資額と経済的な見返りとのバランスを重視した出資が行われているのである。ただし，事業者からの出資者への商品・サービスの提供は，出資された資金に基づきプロジェクトが実行されてから，商品・サービスの製作が行われ，その後に提供を行うことになる。

また，寄付型クラウドファンディングが増加している理由としては，2011年に発生した東日本大震災[30]を契機として，被災者に対する寄付や東北地域の復興支援といった観点からの資金調達が増加したからである（横山・山口，2014年）。なお，寄付型では，被災地の復興や途上国の支援などの社会的意義の大きいプロジェクトに対して出資を行うことになる。しかし，通常の寄付では寄付をして終わりになり，その資金の使途については多くの場合が不明となっているのに対して，クラウドファンディングによる寄付では寄付後の資金の使途（プロジェクトの実施状況など）が透明化される。

したがって，出資者においては，購入型クラウドファンディングの対価に対する魅力を感じてプロジェクトに出資，寄付型クラウドファンディングでは寄付後のプロジェクト内容に対する魅力を感じてプロジェクトに出資する場合が多いので，プロジェクトが魅力的なものであることが大前提になる。

---

[30] 東日本大震災（the Great East Japan Earthquake）は，2011年（平成23年）3月11日に発生した東北地方太平洋沖地震とそれに伴って発生した津波，およびその後の余震により引き起こされた大規模地震災害である。

ところで，現在の経済政策のひとつである経済成長戦略[31]の中には，民間資金をベンチャー企業に還流させる方法としてクラウドファンディングの活用が組み込まれている。内閣官房日本経済再生総合事務局の「日本再興戦略」[32]によれば，投資型クラウドファンディングの利用促進のための制度整備（2014年5月法律改正）が記載されており，今後は「融資型［貸付型］」と「購入型」のクラウドファンディングだけでなく，「ファンド型」「株式型」のクラウドファンディングの増加が見込まれている（内閣官房，2015年）。

4 ■ クラウドファンディング活用のメリットとデメリット

4.1　クラウドファンディングのメリット

　これまで，クラウドファンディングは，様々な出資形態・調達方法によって順調な発展を見せてきたが，その活用ではクラウドファンディングの（1）出資者，（2）事業者において，以下のような主なメリットがある。

（1）出資者のメリット

　寄付型以外のクラウドファンディングでは，前述してきたように，一般の人々である出資者は出資に対する経済的な見返りである対価（リターン）として，資金調達者である事業者から商品・サービス，あるいは利息，配当金などの金銭といった資金を受け取ることができる。
　「購入型」のクラウドファンディングでは，事業者が作製したオリジナルで新規性のある，あるいは話題性のある商品・サービスなどを市場（マーケット）に出回る前に，いち早く入手することができることである。

31　経済成長戦略（Economic Growth Strategy）では，「投資の促進」「人材の活躍強化」「新たな市場の創出」「世界経済とのさらなる統合」の4つの視点を基盤に規制緩和などによって，民間企業や個人が真の実力を発揮するための方策をまとめたものであり，日本経済を持続的成長に導くための道筋を示している。
32　日本再興戦略（Japan Revitalization Strategy）は，安倍政権の経済政策であるアベノミクス第三の矢として策定されたものである。この政策は，いわゆる岩盤規制に対する改革，稼ぐ力の強化，世界でトップレベルの雇用環境の実現といった観点から改革に取り組んでいる。

「寄付型」のクラウドファンディングでは，寄付者（出資者）による寄付後の資金の使途（プロジェクトの実施状況など）が透明化・可視化されることである。

「融資型［貸付型］」のクラウドファンディングでは，一般の預金や国債よりも高利回りの運用が期待できることである。また，他の投資型クラウドファンディングに比べて期間が短いものが多く，融資契約・貸付契約のために事業の状況に関わらず，資金を調達する事業者には返済の義務がある。

「ファンド型」のクラウドファンディングでは，融資型［貸付型］と異なって，個別のプロジェクト内容を自分で判断しながら投資できることである。また，「株式型」のクラウドファンディングでは，従来はミニ株投資とるいとうのみによる小額での上場企業への株式投資しかなかったが，小額での非上場株式への投資が可能になることである。

出資者は，出資を判断する前に，出資を求める事業者の理念やスローガン，製品，サービスの研究開発に対する趣旨やコンセプトなどを確認することができる。また，出資者は，自分が応援したい，支援したい株式会社や有限会社などの企業，および社会福祉法人，学校法人，医療法人，宗教法人，NPO法人などの非営利法人を含めた事業者，あるいは目的を達成するための計画の策定とその遂行のための特定のプロジェクトに直接投資することができる。

(2) 事業者のメリット

クラウドファンディングは，前述してきたように，インターネット上のWebサイトであるクラウドファンディング・プラットフォームを利用することにより，広く不特定多数の個人や団体から幅広く資金を募ることができる。クラウドファンディングによる資金調達では，出資形態の類型が多様であり，資金調達者である事業者による資金調達の目的によって，調達方法を使い分けることができる。

「購入型」と「寄付型」のクラウドファンディングでは，出資者は出資された資金を返済する必要がない。また，「株式型」も，資本金の形での資金調達を行うことになるので，基本的に出資者への出資金は返還しなくてよい。

「購入型」のクラウドファンディングでは，資金調達を行う中で，顧客から新たな商品・サービスに対する反応を見ることが可能で，マーケットに供給する前に消費者のニーズを把握することができる。

「融資型[貸付型]」のクラウドファンディングでは，銀行や信用金庫，信用組合，ベンチャーキャピタルなどの第三者からの融資（貸付）において，既存の金融機関とは相違する融資基準，審査方法，金利，返済方法などに基づいて融資が行われるので，既存の金融機関以外からの資金調達手段として選択肢を広げることができる。

「ファンド型」のクラウドファンディングでは，事業者は事業単位の資金調達なので，事業プロジェクトの成果に応じた出資金に対する配当を行う仕組みのため事業リスクを分散できることである。また，「株式型」のクラウドファンディングでは，資本金での資金調達なので，自己資本の充実を図れることである。

4.2 クラウドファンディングのデメリット

これまで，クラウドファンディングは，様々な出資形態・調達方法によって順調な発展を見せてきたが，その活用ではクラウドファンディングの（1）出資者，（2）事業者において，以下のような主なデメリットがある。

（1）出資者のデメリット

出資者は，寄付型以外のクラウドファンディングへの出資（投資）では，前述してきたように，事業者の資金調達が実現して，プロジェクトが開始されても，プロジェクト自体が失敗し，出資の対価として商品・サービス，配当金や株式を受け取ることができない可能性がある。

「購入型」のクラウドファンディングでは，事業者の事業計画や資金計画，返済計画などの見通しの甘さで，プロジェクトのスタート前に想定された対価と，実際に提供される対価が異なる場合がある。つまり，資金を提供された事業者の商品・サービスが完成しなかったり，完成しても期待通りの機能やタイミングで提供されない場合がある。

「寄付型」のクラウドファンディングでは，寄付金を集めている事業者が詐欺的な資金収集を行うと，寄付金が不正流用され出資者の寄

付行為が無意味になる場合がある。

「融資型［貸付型］」のクラウドファンディングでは，資金調達者である事業者の事業の失敗の可能性とともに，投資ファンドである匿名組合を組成する取扱業者の倒産や事業の失敗などによる貸倒れの可能性もあり，融資額（貸付額）が保証されているわけではない。また，投資ファンドであるため，個別の事業者における経営実態が把握できないことになる。

「ファンド型」のクラウドファンディングでは，事業者の倒産や事業の失敗などによる元本割れの可能性がある。また，投資ファンドであるため，原則として事業者の事業運営には関与できないことになる。

「株式型」のクラウドファンディングでは，事業者の倒産や事業の失敗などによるキャピタルロスの可能性がある。また，非上場会社などの公開会社でない株式会社の株式であるため，流動性が極めて低く，返済期日もないため換金が難しいことになる。

「投資型」のクラウドファンディングに共通することは，「購入型」と「寄付型」と違って，純粋な投資であり，出資金（元本）が保証されていないことである。資金調達する事業者を取り巻く経済環境や業績，魅力，評判などにより，出資した元本が欠損する場合がある。

したがって，出資者は，クラウドファンディング・プラットフォーム（Webサイト）を訪問した際には，事業者情報，プロジェクト情報，事業計画などの確認を行い，信頼できるクラウドファンディング運営会社や事業者，投資ファンド，プロジェクトを選択し，デメリットを含むプロジェクト内容を理解・認識したうえで，各プロジェクトへ出資する必要がある。

（2）事業者のデメリット

事業者のクラウドファンディングによる資金調達では，プロジェクトに魅力がない，プロジェクト設計が不十分，プロジェクトの周知が不足などにより，予定された資金調達が実現できない場合がある。

「購入型」のクラウドファンディングでは，予定された期日までに資金調達が達成できずに，プロジェクトが実施できない可能性がある。

また，プロジェクトが実施できない場合には，プロジェクトのアイデアやプランなどが流出することもある。

「寄付型」のクラウドファンディングでは，予定された期日までに資金調達が達成できない場合，慈善事業やチャリティが延期する可能性がある。

「融資型［貸付型］」のクラウドファンディングでは，複数の融資先企業への融資（貸付）を前提にして，投資ファンドである匿名組合が組成される。ファンドそのものの魅力や評判，マーケティング活動不足などで，予定された期日までに目標金額の資金調達が達成できずに，プロジェクトが実施できない可能性がある。したがって，事業者は，特定の企業に対しての融資（投資）を募るものではないことを理解・認識する必要がある。

また，融資型［貸付型］では，事業者が返済不能となった場合，第三者に債権を売却されることもある。さらに，一般的に銀行などの融資よりも貸し付け条件が柔軟であり，かつ迅速に融資できるが，プロジェクトの内容によっては，審査の結果，プロジェクトが許可されない可能性がある。

「ファンド型」のクラウドファンディングでは，予定された期日までに資金調達が達成できずに，プロジェクトが実施できない可能性がある。また，プロジェクトが実施できない場合には，プロジェクトのアイデアやプランなどが流出することもある。

「株式型」のクラウドファンディングでは，予定された期日までに資金調達が達成できずに，プロジェクトが実施できない可能性がある。また，小口株主の増加による管理コストの発生と経営関与に伴う円滑な事業運営ができないこともある。

したがって，事業者は，クラウドファンディング運用会社とプロジェクトに関する十分な事業計画や事業展開，資金計画，返済計画を立てて，プロジェクトの設計を行うとともに，クラウドファンディング・プラットフォームへのプロジェクト掲載方法やその内容についての検討を行ったうえで掲載する必要がある。また，クラウドファンディングは，Webサイトを介して，広く一般の不特定多数の人々から事業

資金を調達してもらうために，クラウドファンディング・プラットフォーム掲載後にプロジェクトに関するマーケティング活動を行い，プロジェクトの魅力をアピール，PRなどを行う必要もある。

一方，クラウドファンディング運用会社には，ものづくりやサービス，社会貢献などの得意分野を持つところもある。クラウドファンディング運用会社の得意分野と資金調達を行うプロジェクト内容が大幅に異なる場合には，適切な支援がなく資金調達が達成できないこともある。したがって，事業者は，プロジェクト成功のためには，クラウドファンディング・プラットフォーム運営会社の特徴を理解したうえで，クラウドファンディング・プラットフォーム運営会社の選定も重要な要素となる。

5 ■ おわりに

クラウドファンディングでは，事業者がICTを活用し，インターネット上のWebサイトを介して，広く一般の個人である出資者から，自由に資金調達を実施するマッチング・ビジネスのひとつである。

これまでの事業者による資金調達では，銀行などによる資金の融資（貸付）といった間接金融（ディド），あるいは証券会社による株式発行や債券発行といった直接金融（エクイティ）のみしか，資金調達の方法はなかった。いずれの場合の資金調達を行うためには，資金調達を行いたい事業者に対する厳しい審査基準があり，かつ，必要なときに，いつでも資金調達ができるとは限らない方法である。

一方，クラウドファンディングによる資金調達は，ICTを積極的に活用した展開となっており，従来からの伝統的な産業分野である製造業や流通業，小売業だけでなく，防災・免震，音楽，映画，報道，政治運動，映画，ソフトウェア，発明品，科学技術，創薬，医療，介護，病院などの産業分野，および大企業，中小企業，ベンチャー企業など，幅広い分野の事業者によるプロジェクトに適用されている。

クラウドファンディングの市場規模は，全世界においても，およびわが国においても，総資金調達額は毎年拡大しており，近年，ICTを

活用した新しいビジネスモデルとして注目されている。

　事業者においては，資金調達手段の多様化や効率化，迅速化といった資金調達の利便性向上がある。また，出資者においては，出資に対する経済的な見返りである事業者の売上高や利益に応じた配当，あるいは市場供給前の商品・サービスなどを対価（リターン）として享受できるといったメリットがある。

　しかし，クラウドファンディングを活用するうえで，事業者においては，予定の期日までに資金が集まらずにプロジェクトが実施できない，あるいは事業のアイデアやプランなどが流出する可能性がある。また，出資者においては，資金調達する事業者の倒産や事業の失敗，事業者を取り巻く経済環境の変化や業績の悪化，魅力や評判の下落などにより，出資した元本の欠損やキャピタルロスなどの可能性があるといったデメリットも存在する。

　クラウドファンディングにおいては，出資者と事業者，およびクラウドファンディング運営会社のそれぞれの参加者が，クラウドファンディングの仕組みとそのメリットとデメリットを確認し，理解したうえでの活用が必要である。出資者と事業者がクラウドファンディングの内容を理解・認識することで，今後のクラウドファンディングのさらなる発展が見込まれる。

〈参考文献〉

massolution（2015a），*2015CF Crowdfunding Industry Report*, massolution.
massolution（2015b），*2015CF-RE Crowdfunding for Real Estate*, massolution.
massolution（2014），*2014CF Crowdfunding Industry Report*, massolution.
TechCrunch Japan（2011）『日本の「ソーシャル資金調達」レース開始—Grow!, READY FOR?, CAMPFIRE の3社がデモ—』2011年2月11日，TechCrunch Japan。〈http://jp.techcrunch.com/2011/02/11/jp-20110211-it-started-a-crowd-funding-race-in-japan/〉（2015年11月8日確認）
Tetsuro Saisho（2015），"A Study on New Business Models of Utilize ICT — Current Situation and Challenge on Crowd Funding—", *International Conference on Computer Application Technologies*, pp.177-182, 2015 International Conference on Computer Application Technologies（CCATS 2015）.
U.S. Securities and Exchange Commission, *Jumpstart Our Business Startups Act*.

〈https://www.sec.gov/spotlight/jobs-act.shtml〉（2015年11月8日確認）

雨宮卓史（2014）「投資型クラウドファンディングの動向」『調査と情報―ISSUE BRIEF―』NUMBER 819（2014.3.14.），国立国会図書館。

板越ジョージ（2014）『クラウドファンディングで夢をかなえる本』ダイヤモンド社。

板越ジョージ（2015）『日本人のためのクラウドファンディング入門』フォレスト出版。

依藤裕俊（2012）「『クラウドファンディング』に関する考察」『Webマガジン』2012年12月号，オージス総研。〈http://www.ogis-ri.co.jp/rad/webmaga/rwm20121201.html〉（2015年11月8日確認）

鵜尾雅隆（2014）『改訂版 ファンドレイジングが社会を変える』三一書房。

大崎貞和（2014）「投資型クラウドファンディングの意義と課題」『Financial Infomation Technology Focus』2014年3月号，pp.8-9，野村總合研究所。〈http://www.nri.com/~/media/PDF/jp/opinion/teiki/kinyu_itf/2014/itf_201403_3.pdf〉（2015年11月8日確認）

小川育男（2012）「資金調達の新手法 クラウドファンディング」『インターネット白書2012』pp.143-146，インプレスコミュニケーションズ。

奥谷貴彦（2013）「英国：クラウド・ファンディングで株式募集」『金融資本市場』2013年4月25日，pp.1-4，大和総研。〈http://www.dir.co.jp/research/report/capital-mkt/20130425_007094.pdf〉（2015年11月8日確認）

小野有人（2014）「少額投資は創業を活性化させるか，クラウドファンディングの意義と課題」『みずほインサイト』2014年10月7日，pp.1-6，みずほ総合研究所。〈http://www.mizuho-ri.co.jp/publication/research/pdf/insight/jp141007.pdf〉（2015年11月8日確認）

神山哲也（2013）「米国におけるクラウド・ファンディングの現状と課題」『野村資本市場クォータリー』Vol.16 No.4 春号，pp.174-191，野村資本市場研究所。

川上清市（2015）『事例でわかる！クラウドファンディング成功の秘訣』秀和システム。

河口真理子（2015）『ソーシャルファイナンスの教科書―「社会」のために「あなたのお金」が働くということ―』生産性出版。

金融審議会（2013）「新規・成長企業へのリスクマネーの供給のあり方等に関するワーキング・グループ報告」平成25年12月25日，金融庁金融審議会。

小谷融編（2014）『よくわかる 投資型クラウドファンディング』中央経済社。

近藤由美（2014）『世の中を良くして自分も幸福になれる「寄付」のすすめ』東洋経済新報社。

佐々木敦也（2014）『次世代ファイナンス―クラウドファンディングで世界を変えよう！―』ジャムハウス。

ジェフ・ハウ（中島由華訳）（2009）『クラウドソーシング―みんなのパワーが世界を動かす―』早川書房。

ショーン・エイブラハムソン，ピーター・ライダー，バスティアン・ウンターベルグ（須川綾子訳）（2014）『クラウドストーミング―組織外の力をフルに活用したアイディアのつくり方―』CCCメディアハウス。

慎泰俊（2012）『ソーシャルファイナンス革命—世界を変えるお金の集め方—』技術評論社.
杉崎幹雄・山口智弘（2015）「クラウドファンディングとその特性」『資産運用情報』2015年9月号，pp.1-13，三菱UFJ信託銀行.〈http://www.tr.mufg.jp/houjin/jutaku/pdf/u201509_1.pdf〉（2015年11月8日確認）
千田雅彦（2014）「クラウドファンディング実現に向けて大きな一歩—ジョブズ法の施行規則・細則案が発表される—」『月刊 資本市場』2014.4（No.344），pp.40-49，資本市場研究会.
第二種金融商品取引業協会（2014）『投資型クラウドファンディングに関する検討会合報告書』第二種金融取引業協会.
大和総研環境調査部・金融調査部（2013）「ソーシャル・ファイナンスについて」『環境・社会・ガバナンス（ESG）ESGレポート』2013年2月28日，pp.1-15，大和総研.〈http://www.dir.co.jp/research/report/esg/esg-report/20130228_006879.pdf〉（2015年11月8日確認）
内閣官房日本経済再生総合事務局（2015）『「日本再興戦略」—これまでの成果と新たな改革—』内閣官房内閣広報室.
永田大輔（2013）「普及促進に向けて注目されるクラウドファンディング事業」『Monthly Review』2013.7.24号，三井住友銀行.〈http://www.smbc.co.jp/hojin/report/monthlyreviewtopics/pdf/2_00_CRSDMR1309.pdf〉（2015年11月8日確認）
日本証券業協会（2016）「データ」『株式投資型クラウドファンディング』日本証券業協会〈http://market.jsda.or.jp/shiraberu/kabucrowdfunding/toriatsukai/index.html#toriatsukai〉（2016年1月27日確認）
日本証券業協会・非上場株式の取引制度等に関するワーキング・グループ（2014）『株式投資型クラウドファンディング及びグリーンシート銘柄制度等に代わる新たな非上場株式の取引制度の在り方について』日本証券業協会.
野村敦子（2013）「米国で成立した「クラウド・ファンディング法」とわが国への示唆」『Research Focus』No.2012-022，pp.1-9，日本総研.〈https://www.jri.co.jp/MediaLibrary/file/report/researchfocus/pdf/6677.pdf〉（2015年11月8日確認）
バリー・リバート，ジョン・スペクター（野津智子訳）（2008）『クラウドソーシング—世界の隠れた才能をあなたのビジネスに活かす方法—』英治出版.
比嘉邦彦・井川甲作（2013）『クラウドソーシングの衝撃—雇用流動化時代の働き方・雇い方革命—』インプレスR&D.
米良はるか・稲蔭正彦（2011）「クラウドファンディング：ウェブ上の新しいコミュティの形」『人工知能学会誌』26巻4号，pp.381-384，人工知能学会.
矢野経済研究所編（2015）『2015年版 国内クラウドファンディングの市場動向』矢野経済研究所.
山本淳子（2014）『入門・クラウドファンディング—スタートアップ，新規プロジェクト実現のための資金調達法—』日本実業出版社.
横山大輔・山口伸（2014）「東北地方における新たな地域産業創出の可能性とその支援の可能性」『NRIパブリックマネジメントレビュー』March 2014 Vol.128，pp.1-2，野村

総合研究所。〈http://www.nri.com/~/media/PDF/jp/opinion/teiki/ region/2014/ck20140302.pdf〉（2015年11月8日確認）

〈参考URL〉
Crowd Securities Japan, Inc.〈https://crowdbank.jp/〉（2015年11月8日確認）
Crowdcredit, Inc.〈https://crowdcredit.jp/〉（2015年11月8日確認）
CyberAgent Crowd Funding, Inc.〈https://www.makuake.com/〉（2015年11月8日確認）
Exchange Corporation K.K.〈https://www.aqush.jp/〉（2015年11月8日確認）
Fair Isaac Corp〈http://www.fico.com/〉（2015年11月8日確認）
GlobalGiving〈http://www.globalgiving.org/〉（2015年11月8日確認）
hyperinternets inc.〈http://camp-fire.jp/〉（2015年11月8日確認）
Indiegogo, Inc.〈https://www.indiegogo.com/〉（2015年11月8日確認）
JapanGiving Foundation〈http://japangiving.jp/〉（2015年11月8日確認）
Kickstarter, Inc.〈https://www.kickstarter.com/〉（2015年11月8日確認）
Lending Club Corporation.〈https://www.lendingclub.com/〉（2015年11月8日確認）
maneo market Inc. and maneo Inc.〈https://www.maneo.jp/〉（2015年11月8日確認）
Music Securities,Inc.〈http://www.musicsecurities.com/〉（2015年11月8日確認）
Music Securities,Inc.〈http://www.securite.jp/〉（2015年11月8日確認）
Prosper Funding LLC.〈https://www.prosper.com/〉（2015年11月8日確認）
READYFOR INC.〈https://readyfor.jp/〉（2015年11月8日確認）
SBI Social Lending Co., Ltd.〈https://www.sbi-sociallending.jp/〉（2015年11月8日確認）
SEARCH FIELD, Inc.〈https://faavo.jp/〉（2015年11月8日確認）

第2章 クラウドソーシング戦略
Chapter 2
Crowd Sourcing Strategy

1 ■ はじめに

　現代の情報化社会では，様々な産業分野，および業種・業態・規模において，ICT（Information and Communication Technology）を活用した，新しいビジネスモデルを展開することが可能となった。

　ICTを活用したビジネスの展開では，従来からの代表的な産業である製造業や流通業，小売業，金融業だけでなく，防災・免震，音楽，映画，報道，政治運動，映画，ソフトウェア，発明品・知的財産，科学技術，創薬，医療，介護，病院などの産業分野，および中小企業やベンチャー企業などにおいて，ICTを活用した基幹業務の改善や改革はもちろんのこと，新しいビジネスの創出といった多岐にわたっての幅広い分野への適用がある。

　例えば，製造業における在庫管理システムの導入では在庫管理や最適在庫数の分析などを行い，流通業における販売管理システムの導入では受注・配送・納品などの管理を行うなどの積極的な情報システムの活用を行っている。

　また，その他の分野での情報システム導入は，CAD（Computer-Aided Design）では設計・製図をコンピュータでの支援を行い，CIM（Computer Integrated Manufacturing）では生産活動全体をコンピュータで管理し，CALS（Commerce At Light Speed）では設計・製造から決済までの情報を，情報システムを介して顧客側と販売側で共有するなどして，積極的にICTをビジネスに活用している。

　さらに，伝統的な業種である製造業や流通業の企業でなく，金融業や教育・研修業，サービス業などの企業においても，最先端の技術を採用したアカウント・アグリゲーション・サービスやデータベース・マーケティングなどを展開し，ICTを活用した新しいビジネスモデル

であるマッチング・ビジネスを展開している。

　一方，一般の個人においても，ICTを活用した新しいビジネスの展開が見られる。例えば，個人が，①自分で作成したアクセサリーやバッグ，財布，小物といったハンドメイド作品をWebサイトに出展して販売，②文房具，手芸，洋服，小物，本などの自分の所有・所持する不用となった物品をWebサイトに出展してフリーマーケット機能[1]を利用，③インターネットで情報を収集し，書籍やCD，雑貨などの転売用商品を入手し，Webサイトに出展して販売など，個人でも簡単にインターネットを介して，商品を広く一般に販売するマッチング・ビジネスも普通に見られるようになっている。

　情報化社会が到来して，ICTを活用した新しいビジネスモデルのひとつとして注目されているのが，クラウドソーシング（Crowd Sourcing）である。クラウドソーシングでは，インターネット上のWebサイトであるクラウドソーシング・プラットフォーム[2]を利用して，事業者が不特定多数の個人に業務を発注したり，受注者の募集を行ったりして，新しい業務の受発注形態，あるいは新しい雇用形態を生み出している。

　本章[3]では，現在の情報化社会において，ICTを活用した新しいビジネスモデルを構築し，Webサイトを介して見知らぬ作業者と発注者（事業者）を結び付けるマッチング・ビジネスとして，今後の雇用形態を大きく転換させる要素を併せ持っているクラウドソーシングについて，その実態と可能性について論じていくこととする。

2 ■ クラウドソーシングとは

　クラウドソーシングとは，図2-1に示すように，一般事業者（以下，

1　フリーマーケット機能（Free Market Function）とは，蚤の市やガラクタ市ではなく，個人が持っている主に古くなった生活用品などの品物を持ち寄って開催する市場機能ことである。
2　クラウドソーシング・プラットフォーム（Crowd Sourcing Platform）には，作業者調達を行いたい事業者（企業など）の情報として，事業者概要のほかに作業内容，作業場所，報酬，募集人員などとともに，受発注管理や契約管理，支払い管理，業績・評価管理などの管理業務，さらには当該事業者に関する評判・口コミ・評価・コメントなどが掲載されることになる。
3　本章は，税所哲郎（2016）を加筆・修正したものである。

図2-1　クラウドソーシングの仕組み

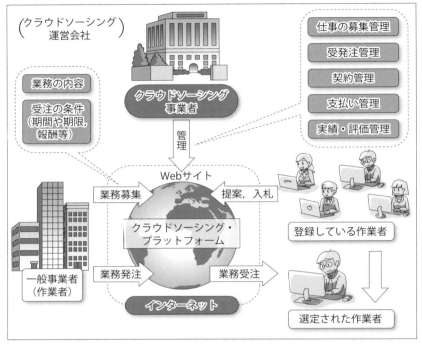

（出所）総務省（2014）を加筆・修正して作成。

事業者）がICTを活用し，クラウドソーシング・サービスを提供するクラウドソーシング事業者（クラウドソーシング運営会社）のインターネット上のWebサイトであるクラウドソーシング・プラットフォームを介して，広く一般の不特定多数の人々（Crowd）である作業者に業務を発注したり，受注者の募集を行ったりして，事業に携わる作業者を外部から調達するといった業務委託（Sourcing）のことである（中小企業庁編，2015年）。

大企業や中小企業，ベンチャー企業などの営利法人[4]，あるいは一般社団法人や特定非営利活動法人などの非営利法人である事業者（発

4　営利社団法人のことを会社といい，会社法では株式会社，合名会社，合資会社，合同会社に分類している。
5　非営利法人には，①一般法である一般社団・財団法人法により設立される一般社団法人・一般

38　第Ⅰ部　情報化社会の戦略とマッチング・ビジネス

注者）は，クラウドソーシング事業者が運営・提供するクラウドソーシング・プラットフォームに対して，業務の内容，および受注の条件（期間や期限，報酬，手数料など）を提示し，作業者（受注者）が業務を受注して業務の受発注による人材雇用が成立する。

　クラウドソーシング事業者は，自社が運営するクラウドソーシング・プラットフォームにおいて，作業内容や作業場所，報酬などの仕事の募集管理，受発注管理，契約管理，支払い管理，業績・評価管理などの管理業務を行う。

　クラウドソーシングにより受注する作業者は，事業者の施設あるいは事業者の近くの場所にいて業務を行う必要はないのである。つまり，作業者においては，インターネットの環境さえあれば，都市部や農村部，過疎地，島嶼（とうしょ），および海外などのいかなる場所でも，もちろん在宅にて，特定の作業場所を選ばずに，いつでも，どこでも，誰でも業務を行うことが可能となるのである。

　なお，2014年9月3日，米国フリーランサー（作業者）向け団体Freelance Unionとクラウドソーシング会社Elance-oDeskは共同レポート[6]で，作業者について，①Independent Contractor（独立受託者）のプロジェクトや契約ごとに仕事を請け負う者，②Moonlighter（ムーンライター）の定職に就きながら深夜から早朝にかけて副業を持つ者，③Diversified Worker（多様な労働者）の複数の収入源を持つ者，④Temporary Worker（非正規労働者）の非正規雇用で特定の雇用主のもとで仕事をする者，⑤事業主（Business Owner）の5名以下の従業員を抱えて自身も作業者かつ事業主として仕事をする者の5つに分類している。また，分類する作業員は，独立受託者（40％），ムーンライター（27％），多様な労働者（18％），非正規労働者（10％），事業主（5％）の順に多いとしている。

財団法人，②特別法（特定非営利活動促進法など）により設立される社団法人（特定非営利活動法人（NPO法人），社会福祉法人，労働組合，農業協同組合など）・財団法人（共済組合など）がある。一般社団法人や一般財団法人のうち，公益法人認定法により公益性の認定を受けた法人を公益法人（公益社団法人・公益財団法人）という。

6　Freelancers Union & Elance-oDesk (2014), *Freelancing in America: A National Survey of the New Workforce.*

ところで，最近，企業などの組織において，最も注目されている情報システム構成のひとつで，同じような言葉であるクラウドコンピューティング（Cloud Computing）の内容とは，その意味合いが完全に相違する。そもそも，クラウドコンピューティングは，コンピュータの管理・利用に関するソフトウェアやデータなどの情報システムにおいて，コンピュータネットワークを通じたサービス形態で，必要に応じて組織外のコンピュータ資源を利用する形態である。

　したがって，クラウドコンピューティングの「クラウド」は，同じ言葉（呼び名）であるが，システム構成図でネットワークの向こう側を雲（Cloud）のマークで表す内容なのに対して，クラウドファンディングにおける「クラウド」の不特定多数の人々を表す群衆（Crowd）とは意味合いが違うからである。

　一方，クラウドソーシングでは，企業などの組織が業務の一部を外部の業者や作業者に対して，委託するアウトソーシング（Outsourcing）のひとつの形態ととらえることも可能である。これは，文章のライティングやロゴ・イラストのデザイン，Webやアプリケーションのプログラミングといったソフトウェアの開発，それに企画に基づいたアイディア募集に至る業務など，早急に自社で作業員を確保するのが困難な専門的なスキルを持った業務を担当する作業者，あるいは専業の作業者の確保について，組織外（外部）から短時間・低コストで作業者を調達して業務処理できるからである。

　クラウドソーシングでは，必ずしも専門家でない人，あるいはプロフェッショナルではない人にも広く業務を依頼するという違いがあるので，特殊なスキルを持った専門性の高い作業の外部委託だけでなく，データの入力や収集といった経験不問の単純作業の外部委託まで，幅広い内容の業務が対象となっている。

　例えば，クラウドソーシングで取り扱う業務において，専門的な業務や特殊なスキルを持った業務として，イラストやグラフィック，DTP[7]，Webデザイン・コーディング，コンテンツ・ライティング，動画・

7　DTP（DeskTop Publishing）とは，出版物の原稿作成や編集，デザイン，レイアウトなどの作業をコンピュータで行い，データを印刷所に持ち込んで出版することである。

画像編集,CMS[8],ブログ・ホームページ,アプリケーション（Windows Microsoft OfficeやAdobe製品などを含む），Webスキル，ミドルウェア，スマートフォンサイト・アプリ開発，開発言語，環境・フレームワーク，データベース，システム開発，開発技法，ソースコード管理[9]，インシデント管理[10]，クラウドOS[11]，ソーシャルメディア[12]，3D技術[13]，テスティング[14]・運用・サポート，資格・技能，語学などのスキルが要求される業務がある。

　また，クラウドソーシングで取り扱う業務において，経験不問の単純な業務として，①ライティング（キャッチフレーズ・コピーライティング，名前募集・命名，ブログライティング，レビュー・口コミ，記事・コンテンツ作成，文書作成，編集・校正，セールスコピー・セールスレター，電子書籍制作，メルマガ代行・DM（Direct Mail）作成，その他），②タスク・作業（データ作成・入力，質問・アンケート・テスト，内職・軽作業，各種代行，写真・動画，データ分類・カテゴリ分け，その他），③事務・ビジネスサポート・調査（サイト運営・サポート，ビジネスサポート，インタビュー，ミステリーショッパー[15]・覆

8　CMS（Content Management System）とは，Webコンテンツを構成するテキストや画像，レイアウト情報などを一元的に保存・管理し，サイトを構築したり編集したりすることである。広義には，（Webサイトに限らず）デジタルコンテンツの管理を行うシステムの総称のことである。
9　ソースコード管理（Source Code Management）は，プログラミング言語の言語仕様に従って書かれているソースコードにおいて，コンピュータに対する一連の指示を管理することである。
10　インシデント管理（Incident Management）とは，企業などでの情報システムの運用管理プロセスのひとつで，利用者（エンドユーザー）がシステムを正常に利用することを妨げる事象・現象（インシデント）へ対応し，これを取り除いて利用を続行できるようにすることである。
11　クラウドOS（Cloud Operating System）とは，プロバイダーのデータセンターを稼働させるという特別な目的のために設計され，インターネットやその他のネットワーク経由でユーザーが使用できるように作られたOSのことである。
12　ソーシャルメディア（Social Media）とは，インターネット上で展開される情報メディアのあり方で，誰もがいつでもどこでも参加できる広範的な情報発信技術を用いて，社会的相互性を通じて広がっていくように設計されたメディアことである。
13　3D（Three Dimensions）とは，仮想環境・電子データも含めての数学的な意味でのX軸，Y軸，Z軸の三次元座標系，およびその系の空間および立体物のことである。
14　テスティング（Testing）とは，コンピュータのプログラムを実行し，正しく動作するか，目標とした品質に到達しているか，意図しない動作をしないかどうかを確認する作業のことである。
15　ミステリーショッパー（Mystery Shopper）とは，一般消費者を装って店舗を利用し，接客態度や店内環境を評価するという調査方法のことである。

表2-1　業務委託モデルの分類と形態

	人材雇用の形態	雇用契約	業務発注者	業務受注者		リスク負担
従来のモデル	企業と作業者（個人）との雇用契約の締結による正社員	あり	事業者（大企業・中小企業・各種法人など）	作業者（業務受注者）	直接（組織内）	企業など
	企業と作業者（個人）との雇用契約の締結による正社員や契約社員，派遣社員，アルバイト，パートタイマーなど				間接（人材派遣会社・労働者派遣会社・職業紹介会社・業務請負会社など）	企業・仲介者・代行者など
新しいモデル	広く一般の不特定多数の人々に対する業務の発注	なし*	事業者（大企業・中小企業・各種法人など）	作業者（業務受注者）	直接（個人）	一般の個人

※業務内容によっては，売買契約などが発生することもある。
（出所）税所哲郎（2016）を加筆・修正して作成。

面調査，お問い合わせ対応，メール対応，電話サポート，伝票の仕分け，名刺整理，記帳代行，秘書代行，簡単調査，その他）といった業務まで，様々な分野で導入されている。

　表2-1に示すように，これまで，わが国における人材雇用の形態は，事業者（企業など）と作業者（個人）との雇用契約の締結による正社員がビジネスの主要な形態（リスク負担は企業など）であった。
　その後の事業者を取り巻く社会環境の変化や個人ニーズの変化，個人ライフスタイルの変化などによって，人材派遣会社や労働者派遣会社，職業紹介会社，業務請負会社などが設立されており，現在では企業と作業者との雇用契約の締結による正社員や契約社員，派遣社員，アルバイト，パートタイマーなどの雇用形態（雇用契約におけるリスク負担は企業・仲介者・代行者など）も見られる。
　しかし，クラウドソーシングの導入では，大企業や中小企業，ベンチャー企業，一般社団法人，特定非営利活動法人などの多くの事業者が，広く一般の不特定多数の個人に対する業務を発注することで，企

業と個人との間で雇用契約の締結による雇用関係は存在せずに業務を遂行（リスク負担は個人）するようになったのである。

ところで，事業者におけるビジネスの成功モデルのひとつとして，外部の専門業者のナレッジ・リソース[16]をいかに有効活用できるかが競争力の源泉になっている。各事業者においては，これまでの自社，および自社グループの資源・技術のみを用いて，新しい商品・サービスを作り上げようとする自前主義から脱皮し，事業者の活動分野においてコア・コンピタンス[17]を確立させて，自前の部分で他社と差別化しなければならなくなったのである。

したがって，事業者は，外部の専門業者や特殊スキル業者などのみでなく，経験不問の単純な業務，専門性の低い簡単な業務，細かな作業などにおいても，自らの組織（事業者）では直接の業務は行わずに「少ない手間で」「必要なとき」に業務を外部委託する必要性がでてきたのである。つまり，ICTの利活用が前提の情報化社会が到来した結果，既にこれまで大半の業務をアウトソーシングしていた大企業だけでなく，中小企業や個人事業主においても競争優位性を確立するために，コア・コンピタンスでない事業においては外部の労働力を選択肢として活用する必要性が出てきたのである。

現在のビジネスの成功要因のひとつは，外部の安い労働力をいかに自社に有効活用できるかが，競争優位性を確立させるための方策となっており，このことがクラウドソーシングを利用する理由となっている。その利用においては，事業者はインターネット上のWebサイトであるクラウドソーシング・プラットフォームを介して，事前に公開される作業者の業務の質に関する情報を入手，その情報に基づいて作業者のスキルや評価，コメントなどを判断したうえで業務の発注を行うことになる。

16　ナレッジ・リソース（Knowledge Resources）とは，協調作業の場において，知的業務活動のベースになる人，グループ，ミーティングなどの結びつきのことである。
17　コア・コンピタンス（Core Competence）とは，ある企業の活動分野において，競合他社を圧倒的に上まわるレベルの能力・得意分野（事業分野など），あるいは競合他社に真似できない核となる能力・得意分野（独自の技術やノウハウなど）のことである。

3 ■ クラウドソーシングの分類と機能

3.1 クラウドソーシングの分類

ククラウドソーシングの分類については，様々な観点からの分類があり，定義があって特定化されているわけではない。

代表的な分類としては，表2-2に示すように，事業者が発注する作業内容や報酬などの業務形態に基づいて，クラウドソーシング（クラウドソーシング・プラットフォーム）が取り扱う業務とスタイルから，（1）プラットフォームスタイル型，（2）報酬型，（3）発注型の3つの方式に分類することができる（吉田，2014年）。以降，本章では，この3つの分類の観点からクラウドソーシングを考察していくこととする。

なお，米国のクラウドソーシングに関する組織crowdsorcing.org[18]では，クラウドソーシング・プラットフォームの取り扱う業務から，単純作業から高スキルを要する「Cloud Labor」，インターネットを通じて世界中のクリエイティブ（創造的）な才能を活用する「Crowd Creativity」，不特定多数の人々から新規プロジェクトや会社設立などの資金を募る「Crowdfunding」[19]，知識資産や情報を収集・構築・共有する「Distributed Knowledge」，組織外の個人のアイディアを活用する「Open Innnovation」の5つに分類している（クラウドソーシング協会，2015年）。

（1）プラットフォーム型（Platform Type）

プラットフォーム型クラウドソーシングは，業務分類型クラウドソーシングとも言い，さらに，①総合型，②分野特化型，③研究開発型の3つの方式に分類することができる。

① 総合型クラウドソーシングでは，情報システムにおける基本設計，

---

18 crowdsorcing.orgを提供・運営しているcrowdsorcing LLC.は，クラウドソーシングに関すること，およびクラウドソーシングを話題にしているニュース，記事，ビデオ，サイト情報をWebサイトを介してオンラインで提供している。

19 crowdsorcing.orgでは，クラウドファンディングをクラウドソーシングのひとつの機能として含んでいる。クラウドファンディング（Crowdfunding）の詳細については，第1章を参照のこと。

詳細設計，プログラミング，単体テスト，結合テスト，システムテストなどのソフトウェア開発の業務とともに，ホームページ制作・Webデザイン，EC（Electronic Commerce）サイト・ネットショップ構築，アプリ・スマートフォン開発，ハードウェア設計・開発，プロジェクト・保守運用などの業務がある。

また，製造業などにおいて，設計を行う場合の形態の図案や模様の計画，レイアウトなどのデザイン業務，ユーザーにとって読みやすく，かつ，読み進めたくなるような文章を作るための技術であるコピーライティング業務，価値を検索エンジンから適切に評価してもらうための技術であるWebライティング業務がある。

その他，写真・動画撮影，データ入力・アンケート・インタビュー・質問・留守番電話・各種代行，チェック・点検・調査・確認，事務・秘書，会計，人事・給与の職種や業種などの分野を限定せずに幅広い業務があり，総合型ではそれらの業務に関する作業の発注を行うことで，事業者と作業者間における人材のマッチングを行う方式である。

② 分野特化型クラウドソーシングでは，ロゴ作成やバナー作成，イラスト作成，ゲームイラスト制作などのロゴ・バナー・イラスト分野の業務とともに，チラシ作成や名刺作成，パンフレット作成，ポスター作成，包装・パッケージデザインの印刷物・DTPデザイン分野などの業務がある。

また，キャラクターデザイン・募集や漫画・アニメ制作，アイコン作成，グッズ制作・ノベルティなどのキャラクター・アイコン・アニメ分野，および地図製作・案内図作成，看板デザイン，インフォグラフィックなどの地図・看板・インフォグラフィック分野，シール・ラベルデザインやPOPデザインのPOP・メニュー・シール分野などの業務がある。

その他，装丁[20]・ブックデザインやCD・DVDジャケットのデザイン制作などのCD・書籍分野の業務などに特化し，分野特化型ではそれらの業務に関する作業の発注を行うことで，事業者と作業者

---

20 装丁（Book Designing and Binding）とは，書籍の表紙，カバー，外箱，タイトル・ページのデザイン，および材質の選択を含めて装本を製作することである。

表2-2 クラウドソーシングの分類と特徴

類型			スキーム
プラットフォーム型（業務分類型）	総合型		システム開発，デザイン，ライティング，写真/動画撮影，データ入力/アンケート/インタビュー/質問/留守番電話/各種代行，チェック，事務，秘書などの職種や業種，分野を限定せずに幅広い業務の発注を行うことで人材のマッチングを行う方式である。
	分野特化型		パンフレット，カタログ，チラシ，ポスター，会社案内，名刺，ポストカード，ロゴマーク制作などに特化し，業務の発注を行うことで人材のマッチングを行う方式である。
	研究開発型		自社の事業課題を世界中に告知し，自社で保有していない企画力や技術力，開発力を外部に広く求めて，業務の発注を行うことで人材のマッチングを行う方式である。
報酬型	ギフト型		Amazon.co.jpやJavari.jpなどが取り扱う商品の購入に利用できるAmazonギフト券，および曲・アルバム・プレイリスト・オーディオブック・ミュージックビデオや映画をiTunes StoreやApp Storeで交換できるiTunesギフトを利用して，報酬を受け取る方式である。
	ポイント型		様々なサービスから，PeXやPointExchange，Tポイントなどのポイントを集めて，現金換金や電子マネー・マイル・各種ポイントに交換・移行を行い，報酬を受け取る方式である。
	決済代行型		PayPalなどの世界有数の決済代行会社を利用して，報酬を受け取る方式である。なお，利用にはクレジットカードが必要である。
	現金型		現金による銀行振り込みを利用して，直接，報酬を受け取る方式である。
発注型	マイクロタスク型	固定給型	データ入力やアンケート，説明文作成，リスト作成など，小さな単位の業務を低価格で多くの作業者に委託する方式である。この方式では，業務の作業内容を詳細に細分化して，その細分化された作業内容ごとに発注先を決めることになる。数秒から数分程度に分断された作業で，1件当たりの報酬は数円から百数十円程度となる。
	コンテスト/コンペ型	固定給型	デザインやネーミング，キャッチコピーなど，クラウドソーシング・プラットフォームを介して，コンペ形式で作品を募集し，最も優れたものの中から選定する方式である。広く多くの作品やアイデア，企画などを集めて，その中から優れたものを選定することになる。課題解決や創造的な作業で，1件当たりの報酬は数万円から百万円超程度となる。
	プロジェクト型	固定給型	アプリケーション開発やホームページ制作など，発注者がクラウドソーシング・プラットフォームに対して告知した業務において，作業者からの提案を受けて，発注先を選定する方式である。この方式では，各作業者の業務の質に関する情報を事前に入手することが可能で，その情報に基づきスキルや評価，コメントなどを判断したうえで業務の発注を行うことになる。または見積もり（価格・納期・内容）を募集・入札し，発注先を決めることになる。ある一定の完結した作業で，1件当たりの報酬は数万円から百万円超程度となる。
		時給型	作業者のパソコンに時間管理のソフトを導入し，働いた分だけ，時間換算で報酬を支払う。固定報酬型（出来高型）では何らかの成果物や納品物が必須であるが，時給型はそれがなくても取り組みさえしていれば良い。

（注）2016年1月27日現在のデータである。
（出所）税所哲郎（2016）を加筆・修正して作成。

	主要サービス名（事業者）
	日本のCrowdWorks（株式会社クラウドワークス），ランサーズ（ランサーズ株式会社），Yahoo! JAPANクラウドソーシング（ヤフー株式会社），Job-Hub（株式会社パソナテック），米国のElance（Upwork Global Inc），旧oDesk（Upwork Global Inc），オーストラリアのFreelancer.com（Freelancer Technology Pty Limited），中国の猪八戒（ZBJ Network Inc.）．
	①写真/動画撮影分野では，日本のFASTPHOTO（エフ・ブラット株式会社），Voip!（ココン株式会社），②ライティング分野では，日本のnanapiワークス（株式会社nanapi），サグーワークス（株式会社ウィルゲート），まとめたー（株式会社ウェブサービス），口コミ被リンク対策Analys（株式会社ウェブサービス），Shinobiライティング（CROCO株式会社），REPO（サクラマーケティング株式会社），ギリシャのPeoplePerHour（PeoplePerHour Inc.），③バナー制作分野では，日本のGROUP CREATE（株式会社ホットココア），オーストラリアのLogotournament（Quinn Ventures Inc.），米国の99designs（99designs），crowdSRRING（crowdSPRING, LLC.），④チェック分野では，日本のSkets（株式会社ADDIX），ポストコ（株式会社ウェブレッジ），TESTERA（株式会社楽堂），オーストラリアのKaggle（Kaggle Inc.），米国のuTest（uTest Inc.）．
	2016年1月末日現在，日本におけるサービス提供は見られない．米国のInnoCentive（InnoCentive, Inc.），NineSigma（NineSigma, Inc.），Quirky（Quirky, Inc.），YourEncore（YourEncore），GradCAD（GrabCAD），yet2.com（yet2.com）．
	Shinobiマイクロタスク（CROCO株式会社），Shinobiライティング（CROCO株式会社），GROUP CREATE（株式会社ホットココア）．
	Shinobiマイクロタスク（CROCO株式会社），Shinobiライティング（CROCO株式会社），ポストコ（株式会社ウェブレッジ），nanapiワークス（株式会社nanapi），CROWD（株式会社リアルワールド），Yahoo! JAPANクラウドソーシング（ヤフー株式会社）．
	ワークシフト（ワークシフト・ソリューションズ株式会社），COMPE JAPAN（コンペジャパン）（株式会社ベレネッツ），LOGO.JP CONCOURS（ロゴジェービーコンクール）（株式会社ベレネッツ），LOGO.JP（ロゴジェービー）（株式会社ベレネッツ），designclue（ランサーズ株式会社），Skillots（エフ・ブラット株式会社）．
	ワークシフト（ワークシフト・ソリューションズ株式会社），COMPE JAPAN（コンペジャパン）（株式会社ベレネッツ），LOGO.JP CONCOURS（ロゴジェービーコンクール）（株式会社ベレネッツ），LOGO.JP（ロゴジェービー）（株式会社ベレネッツ），まとめたー（株式会社ウェブサービス），TESTERA（株式会社楽堂），口コミ被リンク対策Analys（株式会社ウェブサービス），REPO（サクラマーケティング株式会社），サグーワークス（株式会社ウィルゲート），Skillots（エフ・ブラット株式会社），FASTPHOTO（エフ・ブラット株式会社），OFFARTS（合同会社ゼソット），TALENT（株式会社フルスピード），CrowdGate（クラウドゲート株式会社），MUGENUP（株式会社MUGENUP），フリーストック（株式会社アールストーン），シュフティ（株式会社うるる），Craudia（株式会社エムフロ），CrowdWorks（株式会社クラウドワークス），ランサーズ（ランサーズ株式会社），Job-Hub（株式会社パソナテック）．
	Shinobiマイクロタスク（CROCO株式会社），まとめたー（株式会社ウェブサービス），Skets（株式会社ADDIX），ポストコ（株式会社ウェブレッジ），TESTERA（株式会社楽堂），Yahoo! JAPANクラウドソーシング（ヤフー株式会社），REPO（サクラマーケティング株式会社），CROWD（株式会社リアルワールド），TALENT（株式会社フルスピード），MUGENUP（株式会社MUGENUP），Craudia（株式会社エムフロ），CrowdWorks（株式会社クラウドワークス），Job-Hub（株式会社パソナテック）．
	ワークシフト（ワークシフト・ソリューションズ株式会社），COMPE JAPAN（コンペジャパン）（株式会社ベレネッツ），LOGO.JP CONCOURS（ロゴジェービーコンクール）（株式会社ベレネッツ），LOGO.JP（ロゴジェービー）（株式会社ベレネッツ），Voip!（ココン株式会社），サグーワークス（株式会社ウィルゲート），Shinobiライティング（CROCO株式会社），nanapiワークス（株式会社nanapi），GROUP CREATE（株式会社ホットココア），TALENT（株式会社フルスピード），designclue（ランサーズ株式会社），CrowdGate（クラウドゲート株式会社），MUGENUP（株式会社MUGENUP），フリーストック（株式会社アールストーン），Skillots（エフ・ブラット株式会社），Abift（株式会社GMW），ココナラ（株式会社ココナラ），Craudia（株式会社エムフロ），CrowdWorks（株式会社クラウドワークス），ランサーズ（ランサーズ株式会社），Job-Hub（株式会社パソナテック）．
	ワークシフト（ワークシフト・ソリューションズ株式会社），Voip!（ココン株式会社），EC workers（エンパワーショップ株式会社），TESTERA（株式会社楽堂），口コミ被リンク対策Analys（株式会社ウェブサービス），OFFARTS（合同会社ゼソット），TALENT（株式会社フルスピード），SmartWork（デジタルハリウッド株式会社），CrowdGate（クラウドゲート株式会社），MUGENUP（株式会社MUGENUP），Green（株式会社アトラエ），フリーストック（株式会社アールストーン），Skillots（エフ・ブラット株式会社），FASTPHOTO（エフ・ブラット株式会社），シュフティ（株式会社うるる），Craudia（株式会社エムフロ），CrowdWorks（株式会社クラウドワークス），ランサーズ（ランサーズ株式会社），Job-Hub（株式会社パソナテック）．
	Craudia（株式会社エムフロ），StartupLabo（株式会社StartupTechnology），CrowdWorks（株式会社クラウドワークス），ランサーズ（ランサーズ株式会社），Job-Hub（株式会社パソナテック）．

間における人材のマッチングを行う方式である。
③ 研究開発型クラウドソーシングでは，企業などが事業課題や未解決課題を解決するために課題を提示し，世界中に問題解決するための技術を広く公募する。そして，それに応えるかたちで，研究者や技術者が時間や場所にとらわれずに，自由に仕事ができるようにな業務である。

　これは，自社で研究開発部門を持たない企業や研究開発の迅速化を図りたい企業などが，自社の事業課題や未解決課題を世界中に提示し，自社で保有していない企画力や技術力，開発力を外部に広く求めて，大学の研究者のみならず，一般発明家や企業の研究者などが，その提示課題に対して技術提案をする業務である。

　企業における課題解決のスピード向上や研究者・技術者における研究資金調達などの目的を実現する業務があり，研究開発型ではそれらの業務に関する作業の発注を行うことで，事業者と作業者間における人材のマッチングを行う方式である。

（2）報酬型（Payment Type）

　報酬（分類）型クラウドソーシングは，作業者がその経済的な見返りとしての対価を受け取る形態として，さらに，①ギフト型，②ポイント型，③決済代行型，④現金型の4つの方式に分類することができる。
① ギフト型では，作業者がその対価として，Amazon.co.jp[21]やJavari.jp[22]などが取り扱う商品の購入に利用できるAmazonギフト券，および曲・アルバム・プレイリスト・オーディオブック・ミュージックビデオや映画をiTunes Store[23]やApp Store[24]で交換できる

21　Amazon.co.jp（アマゾンジャパン）は，1994年7月設立の世界最大級の通販サイトを運営する米企業Amazon.com, Incの日本法人が運営している通販サイトである。
22　Javari.jp（ジャバリ）は，Amazon.co.jpの姉妹サイトとして運営していたが，2014年6月末でサイトを終了，Amazon内にリニューアルオープンした。
23　iTunes Store（アイチューンズ・ストア）とは，Apple Inc.が2003年4月28日より米国で運営している音楽配信，動画配信，映画配信，映画レンタル，アプリケーション提供などを行うコンテンツ配信サービスである。日本国内でのiTunes Storeの運営は，米企業Apple Inc.の100％出資子会社であるiTunes株式会社（本社東京都）が行っている。
24　App Store（アップストア）は，Apple Inc.が2008年7月10日より運営するiPhone，iPod touch，iPad向けアプリケーションのダウンロードサービスである。日本のApp Storeを運営しているのは米国のApple Inc.ではなくiTunes株式会社（本社東京都）になっている。

iTunesギフトを利用して，報酬を受け取るマッチングの方式である。
② ポイント型では，作業者がその対価として，様々なサービスの中から，PeX[25]やPointExchange[26]，T-POINT[27]などのポイントを集めることで，現金への換金や電子マネー，ギフト券，マイル，商品，および各種ポイントに交換・移行を行い，報酬を受け取るマッチングの方式である。
③ 決済代行型では，作業者がその対価として，PayPal[28]などの世界有数の決済代行会社を利用して，報酬を受け取るマッチングの方式である。なお，決済代行会社の利用にはクレジットカードが必要である。
④ 現金型では，作業者がその対価として，現金による銀行振り込みを利用して，直接，報酬を受け取るマッチングの方式である。

(3) 発注型 (Order Type)
発注（分類）型クラウドソーシングは，作業者に対する発注の形態として，さらに，①マイクロタスク型，②コンテスト・コンペ型，③プロジェクト型（固定給型），④プロジェクト型（時給型）の4つの方式に分類することができる。
① マイクロタスク型（固定給型）では，作業者への発注として，データ入力やアンケート，説明文作成，リスト作成など，小さな単位の業務を低価格で多くの作業者に委託するマッチングの方式である。この方式では，業務の作業内容を詳細に細分化して，その細分化された作業内容ごとに発注先を決めることになる。

25　PeXは，PeX内とともに外部サイトなどで貯めたポイントを，PeXを通して現金やギフト券，電子マネーなどに交換できるサービスである。
26　PointExchangeは，提携サービスを通して，買い物や資料請求，会員登録などを行うと貯まるポイントをひとつにまとめて（移行して），現金や電子マネー，商品などに交換できるサービスである。
27　T-POINTは，レンタルビデオチェーンのTSUTAYAの会員証として利用のほか，ファミリーマートなどの提携企業の利用でもポイントが加算され，ポイント数に応じて優待サービスが受けられるサービスである。
28　PayPalは，メールアドレスを利用したオンライン送金システムで，PayPalに口座を持つユーザー間で電子決済ができるサービスである。PayPalの本社は米国カリフォルニア州サンノゼで，国際部門の拠点はシンガポール法人となる。

② コンテスト・コンペ型（固定給型）では，デザインやネーミング，キャッチコピーなど，クラウドソーシング・プラットフォームを介して，コンペ形式で作品を募集し，最も優れたものの中から選定するマッチングの方式である。この方式では，広く数多くの作品やアイディア，企画などを集めて，その中から優れたものを選定することになる。
③ プロジェクト型（固定給型）では，アプリケーション開発やホームページ制作など，発注者がクラウドソーシング・プラットフォームに対して告知した業務において，作業者からの提案を受けて，発注先を選定するマッチングの方式である。この方式では，各作業者の業務の質に関する情報を事前に入手することが可能で，その情報に基づきスキルや評価，コメントなどを判断したうえで業務の発注を行うことになる。または，見積もり（価格・納期・内容）を募集・入札し，発注先を決めることになる。
④ プロジェクト型（時給型）では，作業者のPCに時間管理のソフトを導入し，働いた分だけ，時間換算で報酬を支払うマッチングの方式である。固定報酬型では，何らかの成果物や納品物が必須となるが，この方式では成果物などがなくても作業に取り組みさえしていれば，報酬が発生することになる。

3.2 クラウドソーシングの機能

クラウドソーシングでの企業（事業者）と個人（作業者）の関係は，あくまでもインターネット上のWebサイト（クラウドソーシング・プラットフォーム）を介して，広く一般の不特定多数の人々に対する業務の発注であったり，受注者の募集であったりするので，特定の地域や個別の人に向けた作業依頼を行うビジネスモデルではない。

クラウドソーシングの仕組みでは，作業者はクラウドソーシング・プラットフォームに提供されるプロジェクト（業務）情報の中から，仕事内容を閲覧・確認し，好きな業務を選択，好きな場所で好きな時間に好きなだけ作業を行うことができる。そして，作業者は，業務の経済的な見返りとして，「Amazonギフト券」や「iTunesギフト」，「PeX」「PointExchange」，「Tポイント」，あるいは「現金」などによる対価

を得ることになる。

ククラウドソーシングは，クラウドソーシング・プラットフォームの仕組みが事業者と作業者間に介在し，事業者の各種情報と作業内容・条件が作業者に対して，直接，広範囲に伝わる。また，プロジェクトに関する作業者の業務評価は，発注した事業者による評価やコメントなどが行われて，その作業内容がスクリーニング（screening）されている。したがって，事業者は，作業者の業務評価をリアルタイムで確認し，業務コストと作業内容に最適な作業者を選択して，作業発注できることが新しいビジネスモデルと言える。

なお，クラウドソーシング・プラットフォームの主要な機能として，表2-3に示すように，①連絡・報告機能，②業務案件マッチング機能，③契約進捗・決済管理機能，④業務フォロー機能，⑤業務スカウト機能，

表2-3 クラウドソーシング・プラットフォームの主要機能

機能	概要
連絡・報告機能	すべての作業者の登録メールアドレスへ，一斉にメールを送信する機能である。また，メール本文に定型フォーマットを利用することで，迅速的かつ効率的に情報を配信することが可能となる。
業務案件マッチング機能	業務を受注する場合，作業者自らが業務を探すことで希望の作業内容に応募できる機能である。また，事業者が業務を発注する場合，受注希望の作業者を探索することで，迅速的かつ効率的に業務を発注することが可能となる。
契約進捗・決済管理機能	発注者（事業者）と受注者（作業者）の一連の契約と案件の進捗管理を行う機能である。また，報酬の支払いもクラウドソーシング・プラットフォームが仲介・管理を行うことで，迅速的かつ効率的に契約進捗・決済管理を実現することが可能となる。
業務フォロー機能	作業者は作業内容，および事業者は作業者をフォローできる機能である。また，それぞれが迅速的かつ効率的に，各情報を確認することが可能となる。
業務スカウト機能	事業者は作業者が公開しているプロフィールや業務評価などの情報を参考にして，直接，作業者にアプローチを行うことができる機能である。また，直接，事業者が作業者にアプローチを行うことで，迅速的かつ効率的に業務を開始することが可能となる。
運営者管理機能	報酬金の仮払いや追加払い時の手数料を設定できる機能である。また，クラウドソーシング・プラットフォームの運営会社では，この機能を有することで，ビジネスモデル構築による安定的な収入を得ることが可能となる。

（出所）クラウドソーシングサイト構築システム（2015）を加筆・修正して作成。

⑥運営者管理機能などがある（クラウドソーシングサイト構築システム，2015年）。これらの機能では，広く一般の不特定多数の人々に対して，事業者と作業者とのマッチングを行い業務の発注を行ったり，受注者の募集を行ったりする。

① 連絡・報告機能は，事業者から提供される業務の内容，および受注の条件などの情報について，作業者登録をしているすべてのメールアドレスへ，一斉にメールを送信する機能である。また，メール本文では，事前に登録している定型フォーマット（雛形）を利用することで，迅速的かつ効率的に情報を配信することが可能となる。

② 業務案件マッチング機能は，作業者が業務を受注する場合，作業者自らが業務を探して，希望の作業内容に直接応募できる機能である。また，大企業や中小企業，ベンチャー企業，一般社団法人，NPO法人などの事業者が業務を発注する場合，受注希望の作業者をいち早く探索することができ，迅速的かつ効率的に業務を発注することが可能となる。

③ 契約進捗・決済管理機能は，発注者（事業者）と受注者（作業者）の一連の契約を行うとともに，案件の状況と進捗の管理を行う機能である。また，作業者への報酬の支払いもクラウドソーシング・プラットフォームが仲介し，その管理を行うことで，迅速的かつ効率的に契約進捗・決済管理を実現することが可能となる。

④ 業務フォロー機能は，作業者は受注した業務の内容について，および事業者は作業者の業務内容の評価をフォローし，相互に確認できる機能である。また，事業者と作業者のそれぞれが，迅速的かつ効率的に必要な情報を確認することが可能となる。

⑤ 業務スカウト機能は，事業者は作業者が公開しているプロフィールや業務評価などの情報を参考にして，直接，作業者に対してアプローチを行うことができる機能である。また，事業者が，直接，作業者にアプローチを行うことで，迅速的かつ効率的に業務を開始することが可能となる。

⑥ 運営者管理機能は，作業者に対する報酬金の仮払いや追加支払い時の手数料を設定できる機能である。また，クラウドソーシング・

プラットフォームの運営会社では，この機能を有することで，ビジネスモデル構築による安定的な収入を得ることが可能となる。

これまでの企業（事業者）と個人（作業者）の関係では，人材雇用による業務遂行やアウトソーシングによる外部への業務委託などにおいて，業務の発注を行う前に雇用する個人や作業を依頼する個人の業務評価を把握することは困難であった。しかし，ククラウドソーシングの活用では，各作業者の業務の質に関する情報について，クラウドソーシング・プラットフォームを介して事前に入手することが可能となる。事業者は，その情報に基づいて，スキルや評価，コメントなどを判断したうえで業務の発注を行うことになるので，従来の採用してから作業者の業務の質を確認することによるミスマッチのリスクを低減させることができるのである。

このように，ICTを活用することにより，ククラウドソーシングは，従来は困難であった最適かつ迅速な事業者と作業者のマッチングを実現させることを可能としたビジネスモデルである。

4 ■ クラウドソーシングの実態

4.1 クラウドソーシングの市場規模

現代の情報化社会においては，図2-2と図2-3に示すように，大企業や中小企業，ベンチャー企業，一般社団法人，NPO法人などの事業者（発注者）が，様々な事業分野での競争優位性を確立しようとしているために，国内でも海外でもクラウドソーシングの市場規模は増加している（矢野経済研究所編，2014年b）。

わが国のクラウドソーシング市場規模は，図2-2に示すように，2011年度44億円，2012年度106.6億円（前年比242.3％増），2013年度215億円（前年比201.7％増），2014年度見込408億円（前年比189.8％増），2015年度予測650億円（前年比159.3％増），2016年度予測950億円（前年比146.1％増），2017年度予測1,350億円（前年比142.1％増），2018年度予測1,820億円（前年比134.8％増）と急成長すると見込まれている。

わが国市場の特徴は，クラウドソーシング・ビジネスの対象が日本

図2-2　国内のクラウドソーシング市場規模の推移と予測

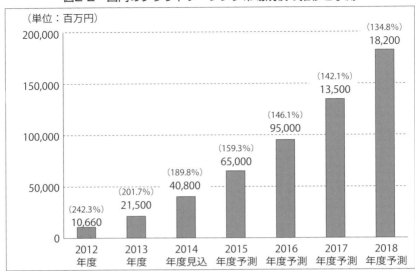

（注）クラウドソーシング上での仕事依頼金額ベースの金額である。
（出所）矢野経済研究所編（2014b）を基にして作成。

市場中心となっていることである。これは，クラウドソーシング・プラットフォームを介する事業者と作業者との業務のやり取り（コミュニケーション）が日本語で行われているところが多いからである。

　現在，日本語文化圏であるわが国の市場規模は限られており，近い将来に飽和状態が予想されて，永続的な成長は期待できない。したがって，今後はわが国の未開拓の業務分野や必要とされる作業者層などへの普及のためには，多言語化を含めた世界市場を見越した対応を行うことで，市場規模は新たな市場成長性は望める。

　一方，海外のクラウドソーシング市場規模は，図2-3に示すように，2009年131億円，2010年174億円（前年比132.8％増），2011年289億円（前年比166.1％増）と成長している。なお，海外の市場規模データについては，クラウドソーシングに関する米国団体Crowdsourcing.orgの加入企業15社の仕事の発注金額総額であり，InnoCentiveやAmazon Mechanical Turkなどの主要サービス企業の

図2-3 海外のクラウドソーシング市場規模の推移

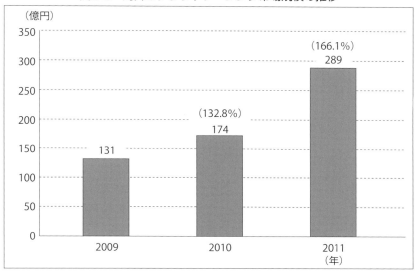

(注) 1. 市場規模は，Crowdsourcing.orgの加入企業15社の仕事の発注金額総額。このデータには，InnoCentive や Amazon Mechanical Turk など主要サイトのいくつかが含まれていない。
2. 各年の年末時点での為替レートを反映し，日本円に換算して表示している。
(出所) Massolution（2012）を基にして作成。

発注金額は含まれていない。

　海外市場の特徴は，クラウドソーシング・プラットフォームを介する事業者と作業者との業務のやり取り（コミュニケーション）が英語＋αで行われていることである。また，世界中に張りめぐらされた蜘蛛の巣状のインターネットの上で構築されるWebサイトのクラウドソーシング・プラットフォームは，インターネットの環境さえあれば，その利用が限定されることはない。したがって，クラウドソーシング・プラットフォーム自体は，日本市場を含む全世界の市場を対象としたもので，市場規模も大きく，世界中の事業者が発注者となり，かつ世界中の人々が受注者となって，高い成長性が見込まれている。

4.2　クラウドソーシング業務の特徴

　大企業や中小企業，ベンチャー企業，一般社団法人，NPO法人な

どの事業者は，業務を遂行するうえでクラウドソーシングを利用して，①適時・適切に作業者への業務を依頼できる，②即座に専門家や特殊スキルを保有している作業者への業務を発注ができる，③必要に応じて安価に多数の作業者の確保ができる，といった外部の労働力を素早く，安価にその専門性やスキルを判断して，しかも簡単に活用することが可能となっている。

　例えば，クラウドソーシングによる業務の発注では，適時・適切の面ではクラウドソーシング・プラットフォームを介することで，最短15分でのマッチングが可能となる。また，価格（安価）の面では，企業における各種業務の従来の費用が10分の1から2分の1での発注が可能となる。さらに，専門家への発注や高スキルの方への発注では，オンラインによる作業者の質を確かめながらの分割発注が可能となるので，業務遂行上において大幅なコストダウンが可能となる（吉田，2014年）。

　これまで，事業者では，外部に業務を委託するアウトソーシングの活用，あるいは外部の労働者を雇用する中途採用などの外部の労働力を活用する場合においては，委託対象の作業者を探し出したり，作業者との雇用契約書の作成を行ったり，あるいはそれらの作業に費やす時間などを含めて，業務開始までに膨大なコストが発生していた。また，契約締結後は，作業者が契約通りの期限で作業を行っていることを確認したり，契約内容に基づく作業を行っていることを確認したり，契約相手の作業者に契約内容を守らせたりする費用（動機付け費用）も必要である。しかし，クラウドソーシングの利用では，これらのコスト面での問題点を解決した業務を遂行し，競争優位性のひとつを確立することができるのである。

　一方，作業者は，作業場所や作業内容，作業量，作業時間，作業経験の有無，特殊スキルの有無，報酬額などの作業条件情報を自分自身で精査して，その内容を確かめながら業務分量を直接，自分でコントロールすることができる。例えば，専業主婦の場合は，家事や育児，介護などの日常の合間において，自分の興味のある作業や趣味を生かせる作業，あるいは自らのスキルを生かせる作業などの作業を受注で

きるようになったのである。このような企業（事業者）と個人（作業者）の双方のニーズに応える形で，様々な形態のクラウドソーシングにおける業務が発展してきたのである。現在，表2-4と表2-5に示すように，わが国および海外にはクラウドソーシング・サービスを提供する数多くの企業が存在する。

　クラウドソーシング・サービスを提供する事業者には，①システム開発，デザイン，ライティング，写真・動画撮影，データ入力・アンケート・インタビュー・質問・留守番電話・各種代行，チェック，事務，秘書などの職種や業種，分野を限定せずに幅広い業務を取り扱う事業者，②パンフレット，カタログ，チラシ，ポスター，会社案内，名刺，ポストカード，ロゴマーク制作などに特化し，業務の発注を行う事業者，③自社の事業課題を世界中に告知し，自社で保有していない企画力や技術力，開発力を外部の第三者に広く求めて，業務の発注を行うことなどが見られる。また，その一方で，単体業務を展開する事業者，複合業務を展開する事業者などの多様な事業形態が見られる。

4.3　クラウドソーシング事業者のポジショニング

　クラウドソーシング・サービスを提供する運営会社（クラウドソーシング事業者）は，自らのクラウドソーシング・プラットフォームが取り扱う業務を特徴付けている。それは，図2-4と図2-5に示すように，事業者が発注する作業内容や報酬の形態などに基づいて，縦方向には「品揃えの多い業務」と「業務特化型」，および横方向には「専門性の低い業務・単純な業務」と「専門性の高い業務・スキルが要求される業務」のマトリックス（類型）のもと，自社と他社とのサービスを差別化するために自社のポジショニングを定めていることである（内藤，2014年）。

（1）多品揃業務（総合型：General Type）

　この分野のクラウドソーシング事業者は，図2-4と図2-5の中央上部に位置しているように，自社を他社とサービスの差別化するために自社のポジショニングを「総合型」と位置付けている。

　そのうえで，作業者に対しては，Webサイト製作のプログラミン

表2-4　わが国のクラウドソーシング・サービスを提供する主な企業

	サービス名	事業者とHP	サービス開始，または会社設立	登録会員数（概算）	主な業務内容
1	Abift	株式会社GMW http://www.g-m-w.jp/	2008年12月		ロゴデザイン，イラスト制作，パッケージデザイン，DTP/カタログ制作，ライティング，写真/動画撮影，バナー制作，ページデザイン制作，サイト更新，FLASH・動画制作，サイト構築，CMS/カートシステム導入，データベース構築，アプリケーション開発/業務系システム構築，データ入力/アンケート/インタビュー/質問/留守番電話/各種代行，画像加工，チェック
2	COMPE JAPAN（コンペジャパン）	株式会社ベレネッツ http://www.compe-japan.com/	2010年6月	コンペ数 52	イラスト制作，パッケージデザイン，DTP/カタログ制作，ライティング，バナー制作
3	Craudia	株式会社エムフロ http://www.craudia.com/	2012年9月	298,700	ロゴデザイン，イラスト/2D・3Dグラフィックデザイン，パッケージデザイン，DTP/カタログ制作，写真/動画撮影，バナー制作，ページデザイン制作，サイト更新，FLASH・動画制作，サイト構築，CMS/カートシステム導入，データベース構築，アプリケーション開発/業務系システム構築，データ入力/アンケート/インタビュー/質問/留守番電話/各種代行，画像加工，チェック
4	CROWD	株式会社リアルワールド http://www.realworld.jp/crowd/	2008年12月	790,000	ライティング，写真/動画撮影，データ入力/アンケート/インタビュー/質問/留守番電話/各種代行，チェック
5	CrowdGate	クラウドゲート株式会社 http://www.crowdgate.net/	2012年4月	15,580	ロゴデザイン，イラスト制作
6	CrowdWorks	株式会社クラウドワークス http://crowdworks.jp/	2012年3月	700,000	ロゴデザイン,イラスト制作,パッケージデザイン,DTP/カタログ制作,ライティング,写真/動画撮影,バナー制作,ページデザイン制作,サイト更新,FLASH・動画制作,サイト構築,CMS/カートシステム導入,データベース構築,アプリケーション開発/業務系システム構築,データ入力/アンケート/インタビュー/質問/留守番電話/各種代行,画像加工,チェック
7	C-team	株式会社リクルートホールディングス http://c-team.jp/	2008年8月		バナー制作
8	ランサーズ	ランサーズ株式会社 http://www.lancers.jp/	2008年12月	867,787	ロゴデザイン，イラスト制作，パッケージデザイン，DTP/カタログ制作，ライティング，写真/動画撮影，バナー制作，ページデザイン制作，サイト更新，FLASH・動画制作，サイト構築，CMS/カートシステム導入，データベース構築，アプリケーション開発/業務系システム構築，データ入力/アンケート/インタビュー/質問/留守番電話/各種代行，画像加工，チェック
9	designclue	ランサーズ株式会社 http://www.designclue.co/	2012年9月	クライアント数 1,767	ロゴデザイン，イラスト制作，パッケージデザイン，DTP/カタログ制作
10	EC workers	エンパワーショップ株式会社 http://empowershop.co.jp/	2012年8月	デザイン作品 1,205	事務所デザイン，オフィスデザイン
11	Skillots	エフ・プラット株式会社 http://www.skillots.com/design/	2006年2月	11,832	ロゴデザイン，イラスト制作，パッケージデザイン，DTP/カタログ制作
12	FASTPHOTO	エフ・プラット株式会社 http://www.fast-p.com/	2011年1月	カメラマン数 319	写真/動画撮影
13	GROUP CREATE	株式会社ホットココア http://group-create.jp/	2010年4月		バナー制作
14	Job-Hub	株式会社パソナテック https://jobhub.jp/	2012年8月	ワーカー数 969 Job数 208	ロゴデザイン，イラスト/2D・3Dグラフィックデザイン，ライティング，写真/動画撮影，バナー制作，ページデザイン制作，サイト更新，FLASH・動画制作，サイト構築，CMS/カートシステム導入，データベース構築，アプリケーション開発/業務系システム構築，データ入力/アンケート/インタビュー/質問/留守番電話/各種代行，画像加工，チェック

特徴	支払い方法（報酬受取）	利用手数料	発注方式
500円のワンコインでできることを売買する。		販売代金の30%	コンペ型
プロのデザイナーのみが登録できる。名刺・封筒・ポスター・チラシ・マンガ・キャラクターなどのデザインコンペが賞金制で行える。	PayPal，銀行振込	案件により異なる 1.5万円からコンペ開催可能	コンテスト/コンペ型
開発・デザイン・執筆など幅広い業務を掲載している。	銀行振込	採用報酬の3%から15%	マイクロタスク型，コンテスト/コンペ型，プロジェクト型，タイムカード型
記事作成・ライティング，写真撮影，データ入力などを行う。報酬はポイントで支払われる。	PointExchange	無料	マイクロタスク型
ゲームイラストなどに強みがある。	銀行振込	依頼金額の15%	コンテスト/コンペ型，プロジェクト型
ランサーズとともに，日本市場の中心的存在である。経産省など官庁・行政関連の業務も受注する。大手企業とも連携している。	銀行振込	受注金額の5%から15%	マイクロタスク型，コンテスト/コンペ型，プロジェクト型
クリエイティブエージェンシーとして，バナー広告に特化していた。（2015年5月29日(金)にてサービス提供を終了）	銀行振込	無料	コンテスト/コンペ型
日本のクラウドソーシングにおけるさきがけ的存在である。	銀行振込	受注金額の5%から20%	プロジェクト型
ロゴとアイコンデザインに強み，登録デザイナーの全体の95%以上が海外のデザイナーで，報酬はUSD建てである。	PayPal	16,900円から	コンペ型
ECサイト運営に関する業務に特化している。		8,000円から	プロジェクト型
広告やパッケージなどで使うイラストや漫画，チラシデザインなどを行う。	PayPal，銀行振込	制作料金の30%	コンテスト/コンペ型，プロジェクト型
プロによる写真撮影に特化している。	銀行振込		プロジェクト型
バナー広告制作に特化している。作成バナーのクリック率で報酬がもらえる。	Amazonギフト券	平均相場の約1/2	コンペ型
エンジニア・クリエイターのみならず，事務系業務も掲載している。他社は作業者に対して手数料を徴収しているのに対して，Job-Hubでは依頼者側から10%の手数料を取っている。	銀行振込	10%	マイクロタスク型，コンテスト/コンペ型，プロジェクト型

	名称	運営会社 / URL	開始時期	登録数	業務内容
15	LOGO.JP CONCOURS（ロゴジェーピーコンクール）	株式会社ベレネッツ http://compe.logo.jp/concour/	2009年10月	提案数 14,364	ロゴデザイン
16	LOGO.JP（ロゴジェーピー）	株式会社ベレネッツ http://www.logo.jp/	1999年8月		ロゴ制作
17	MUGENUP	株式会社MUGENUP http://mugenup.com/	2011年6月	クリエイター数 31,530	イラスト制作，3D制作，動画制作
18	nanapiワークス	株式会社nanapi http://works.nanapi.jp/	2010年8月	48,400	ライティング
19	OFFARTS	合同会社ゼソット www.offarts.co.jp/top/	2012年5月		DTP/カタログ制作
20	Green	株式会社アトラエ http://www.green-japan.com/	2012年3月	300,000	ロゴデザイン，イラスト制作，パッケージデザイン，DTP/カタログ制作，バナー制作，ページデザイン制作，サイト更新，FLASH・動画制作，サイト構築，CMS/カートシステム導入，データベース構築，アプリケーション開発/業務系システム構築
21	REPO	サクラサクマーケティング株式会社 https://www.blogrepo.net/	2012年11月	ライター数 169,625	ライティング
22	サグーワークス	株式会社ウィルゲート https://works.sagooo.com/	2012年12月	105,384	ライティング，コンテンツ，チェック，データ入力
23	漫画アド	株式会社サムライファクトリー http://manga-ad.shinobi.jp/	2010年4月		イラスト制作
24	Shinobi マイクロタスク	CROCO株式会社 https://micro.biz-samurai.com/	2013年12月	ワーカー数 300,000	データ入力，アンケート，インタビュー，質問，各種代行
25	Shinobi ライティング	CROCO株式会社 http://crowd.biz-samurai.com/	2011年8月	ライター数 306,902	ライティング
26	Skets	株式会社ADDIX https://www.skets.jp/	2014年10月	タスク数 651	アンケート，モニタリング，デザイン，ライティング
27	SmartWork	デジタルハリウッド株式会社 http://www.smartwork-jp.net/	2012年5月		ロゴデザイン，イラスト制作，パッケージデザイン，DTP/カタログ制作，ライティング，写真/動画撮影，バナー制作，ページデザイン制作，サイト更新，FLASH・動画制作，サイト構築，CMS/カートシステム導入，データベース構築，アプリケーション開発/業務系システム構築
28	TALENT	株式会社フルスピード http://talent-worker.com/	2013年4月	ワーカー数 2,118	ロゴデザイン，イラスト制作，パッケージデザイン，DTP/カタログ制作，ライティング，バナー制作，ページデザイン制作，サイト更新，FLASH・動画制作，サイト構築，CMS/カートシステム導入，データベース構築，アプリケーション開発/業務系システム構築，チェック
29	TESTERA	株式会社楽堂 https://www.testera.jp/	2010年2月	テスター数 1,978	ソフトウェアテスト
30	Voip!	ココン株式会社 http://voi-p.com/	2013年1月	声優数 8,523	音声素材
31	Yahoo! JAPANクラウドソーシング	ヤフー株式会社 http://crowdsourcing.yahoo.co.jp/	2013年1月	タスク数 5,706	ライティング，その他分野(データ入力/アンケート/インタビュー/質問/各種代行)

プロのデザイナーのみが登録できる。ロゴデザインをコンクール賞金制でコンペができる。楽天と提携しており，楽天ショップ店舗の人は賞金設定可能である。	PayPal，銀行振込	楽天ショップ店舗限定：9,800円から，一般オーダー：30,000円から	コンテスト/コンペ型
ロゴ制作に特化している。プロのデザイナーのみを採用している。	PayPal，銀行振込	セミオーダー15,000円から フルオーダー30,000円から	コンテスト/コンペ型
ゲーム向けのクリエイティブ制作（2Dイラスト/3D）に特化している。	銀行振込	クリエーターは無料	マイクロタスク型，コンテスト/コンペ型，プロジェクト型
nanapiの記事執筆に特化している。報酬はポイントで支払われる。	PeX	無料	コンペ型
パンフレット・カタログ・チラシ・ポスター・会社案内・名刺・ポストカード・ロゴマーク制作に特化している。	銀行振込		プロジェクト型
Facebookアカウントを利用，フリーランスエンジニア・デザイナーと依頼者を人脈で結んでいる。（2014年7月1日（火）より，株式会社I ＆ Gパートナーズから社名変更）			プロジェクト型
記事や口コミなどの執筆案件に特化している。（2015年3月2日（月）より，株式会社ブルトアから社名変更）	銀行振込	無料	マイクロタスク型
簡単な記事作成に特化している。	銀行振込 Amazonギフト，iTunesギフト	300円から	コンテスト/コンペ型
漫画広告作成に特化している。（2015年5月29日（木）にてサービス提供を終了）			コンペ型
誰でも手軽・簡単にできる仕事，好きな業務内容を好きな時間に好きなだけ作業を行うことができる。報酬はポイントで支払われる。（2015年12月21日（月）より，株式会社サムライファクトリーのwebマーケティング事業を承継）	Amazonギフト券，iTunes，PeX	無料	マイクロタスク型
執筆案件に特化している。報酬はポイントで支払われる。（2015年12月21日（月）より，株式会社サムライファクトリーのwebマーケティング事業を承継）	Amazonギフト券，iTunes，PeX	無料	マイクロタスク型
Webサイト診断・モニタリング・アンケートに特化している。		10%から20%	マイクロタスク型
デジタルハリウッド卒業生のネットワークを生かした運営である。デジタルハリウッドが契約主体となる。		0円から315円	プロジェクト型
1回の依頼で複数のテーマが設定できる。	銀行振込	2,000円から 報酬額の12%	マイクロタスク型，コンテスト/コンペ型，プロジェクト型
オンデマンドでWebアプリケーションなどのテストに特化している。	銀行振込	事務手数料はテスト報酬の15%	マイクロタスク型，プロジェクト型
声の業務（声優）に特化している。（2015年7月1日（水）より，Panda Graphicsから社名変更）			プロジェクト型
簡単で単純な仕事に特化している。報酬はTポイントで支払われる。他社のクラウドソーシングへもリンクを貼っている。	Tポイント		マイクロタスク型

	名称	会社名/URL	設立	規模	サービス内容
32	ココナラ	株式会社ココナラ http://coconala.com/	2012年1月	ユーザー数 20,000	ロゴデザイン、イラスト制作、パッケージデザイン、DTP/カタログ制作、ライティング、写真/動画撮影、バナー制作、ページデザイン制作、サイト更新、FLASH・動画制作、サイト構築、CMS/カートシステム導入、データベース構築、アプリケーション開発/業務系システム構築、データ入力/アンケート/インタビュー/質問/留守番電話/各種代行、画像加工、チェック
33	在宅ワークシュフティ	株式会社うるる http://www.shufti.jp/crowdsourcing	2001年8月	ユーザー数 274,616	データ入力やライティングなどの事務作業専門
34	シュフティ	株式会社うるる http://www.shufti.jp/	2007年10月	ユーザー数 274,576	ロゴデザイン、イラスト制作、パッケージデザイン、DTP/カタログ制作、ライティング、写真/動画撮影、バナー制作、ページデザイン制作、サイト更新、FLASH・動画制作、サイト構築、CMS/カートシステム導入、データベース構築、アプリケーション開発/業務系システム構築、データ入力/アンケート/インタビュー/質問/留守番電話/各種代行、画像加工、チェック
35	フリーストック	株式会社アールストーン https://www.rstone-jp.com/wc.html	2010年3月		デザイン・開発
36	ポストコ	株式会社ウェブレッジ http://postco.jp/	2011年1月	レビュー数 52,206	スマホアプリ・Webサイトのレビュー
37	口コミ被リンク対策 Analys	株式会社ウェブサービス http://www.analys.jp/	2010年5月	ライター数 10,000	ライティング
38	まとめーたー	株式会社ウェブサービス http://www.matomater.com/	2012年12月	記事数 4,930	ライティング
39	みんテス	株式会社SHIFT http://mintest.jp/	2011年4月		チェック
40	ワークシフト	ワークシフト・ソリューションズ株式会社 https://workshift-sol.com/	2014年2月	25,000	ロゴデザイン、イラスト/2D・3Dグラフィックデザイン、パッケージデザイン、DTP/カタログ制作、ライティング、写真/動画撮影、バナー制作、ページデザイン制作、サイト更新、FLASH・動画制作、サイト構築、CMS/カートシステム導入、データベース構築、アプリケーション開発/業務系システム構築、データ入力/アンケート/インタビュー/質問/各種代行、画像加工、その他分野（海外市場調査、翻訳）
41	PIXTA（ピクスタ）	ピクスタ株式会社 https://pixta.jp/	2005年8月	クリエイター数 182,444	写真/動画撮影
42	StartupLabo	株式会社StartupTechnology https://startup-labo.com/	2014年10月		Ruby on Rails専門（git-flow, PullRequest開発）
43	Dmet idea	株式会社阪神メタリックス https://dmetidea.com/	1964年10月		様々なアイデアの実現
44	Wemake	株式会社A（エイス） https://www.wemake.jp/	2012年4月		コンセプトの提案
45	Bears	株式会社ベアーズ http://www.happy-bears.com/	1999年10月		女性の愛する心を支援
46	Conyac	株式会社エニドア http://any-door.com/	2009年2月	ユーザー数 50,000	世界中の翻訳者ネットワークを構築
48	Viibar	株式会社Viibar http://viibar.com/	2013年4月	クリエイター数 2,000	日本最大級の動画制作プラットフォーム
49	WishScope	ザワット株式会社 http://www.wishscope.com/	2011年5月	3,698	みんなのスキル・興味関心を検索

（注）2016年1月27日現在のデータである。
（出所）税所哲郎（2016）を加筆・修正して作成。

モノを売らないフリーマーケット機能である。（2014年6月1日(日)より，株式会社ウェルセルフから社名変更）		販売価格の30%	コンペ型
在宅ワーカーと企業の仕事マッチングサイトである。			
データ入力やライティングなどの事務作業を掲載から発展させる。	銀行振込	請求確定金額の10%	プロジェクト型
システム開発，Webデザインなどに特化している。人材紹介会社が運営している。	銀行振込	仮入金システム（エスクロー）利用	プロジェクト型
クラウドソーシング型評価・検証システムを行う。テストのほかWebサイトのレビューなども行う。報酬はポイントで支払われる。	PeX	無料	マイクロタスク型
Webサイトにクチコミ記事を作成している。	銀行振込	ランクや参加数で変動する	プロジェクト型
Webサイトにまとめ記事を作成している。	銀行振込	無料	マイクロタスク型
モバイル向けソーシャルゲーム特化型のテストマーケティングサービスを行う。主婦向けにはテスト特化の「ママテス」も運営していた。（2015年10月23日(金)にてサービス提供を終了）			マイクロタスク型
アジアを中心に，世界106カ国から登録している。海外に強いクラウドソーシングである。日本初の海外「日本⇔海外」取引に特化している。	PayPal，銀行振込	5万円以下：20%，5万円を超える部分：10%，50万円を超える部分：5%	コンテスト/コンペ型，プロジェクト型
写真・イラスト・動画などのデジタル素材に特化している。			
シードスタートアップをクライアント対象としている。完全時給型を実施している。	銀行振込		
クラウドソーシングやクラウドファンディングなどをミックスしたサービスを提供している。			
商品コンセプトと技術力のあるメーカーを結び，ユニークな新商品・新サービスをつくる。			
家事代行・家政婦，ハウスクリーニング，キッズ＆ベビーシッターなどに特化している。			
WEBサイト上でユーザー参加型の多言語翻訳サービスを展開する。登録バイリンガルは107カ国にのぼる。	クレジットカード，PayPal，銀行振込	2%から15%	
動画をつくりたいクライアントとプロのクリエイターとが出会い，動画をつくり上げる。	銀行振込		
スキルや不用品の売買やコラボ仲間の募集など，小さなニーズを投稿すると解決してくれる人が即効で見つかる。			

表2-5 海外のクラウドソーシング・サービスを提供する主な企業

	サービス名	事業者（創業）	HP	設立
1	Elance	Upwork Global Inc.（米国）	http://ptc.elance.com/	1998年
2	oDesk	Upwork Global Inc.（米国）	https://www.upwork.com/	2005年
3	Freelancer	Freelancer Technology Pty Limited（オーストラリア）	https://www.freelancer.com/	2009年
4	Marblar	Marblar Ltd,（米国）	http://marblar.com/technologies	2012年
5	InnoCentive	InnoCentive, Inc.（米国）	http://www.innocentive.com/	2001年
6	SmartShoot	SmartShoot Inc.（米国）	http://www.smartshoot.com/	2012年
7	Directly	Directly,Inc.（米国）	https://www.directly.com/home	2011年
8	Babelverse	Babelverse（米国）	http://babelverse.com/	2012年
9	99designs	99designs（オーストラリア）	http://en.99designs.jp/	2008年
10	LawPivot	Law Pivot Inc.（米国）	https://angel.co//awpivot	2009年
11	Bugcrowd	Bugcrowd（米国）	https://bugcrowd.com/	2012年
12	Assembly	Assembly（米国）		2013年
13	Zirtual	Zirtual（米国）	https://www.zirtual.com/	2013年
14	GoodBlogs	GoodBlogs, LLC.（米国）	http://www.goodblogs.com/	2011年
15	TaskRabbit	TaskRabbit（米国）	https://www.taskrabbit.com/	2009年
16	Zaarly	Zaarly（米国）	https://www.zaarly.com/	2011年
17	Amazon Mechanical Turk	Amazon.com,Inc（米国）	https://www.mturk.com/mturk/welcome	2005年
18	CrowdFlower	CrowdFlower,Inc.（米国）	http://www.crowdflower.com/	2009年
19	Scoopshot	Scoopshot Inc.（フィンランド）	https://www.scoopshot.com/	2010年
20	Homejoy	Homejoy, Inc.（米国）		2012年
21	Mobee	Mobee（米国）	http://www.getmobee.com/	2012年
22	crowdSRRING	crowdSPRING,LLC.（米国）	http://www.crowdspring.com/	2008年

	概要
	米国ではじめて生まれたサービスで，最も歴史の長いクラウドソーシングサイトを運営。仕事の種類はIT関連とプログラミングが中心である。
	クラウドソーシングサイトでは世界最大のサービス提供会社である。2013年12月にElance社と対等合併を行い，2つのサービスは世界最大手となった。
	あらゆる技術，プロフェッショナル，クリエイティブ，すべてのソリューションの提供を代表する専門家である。
	大学で開発され現在は使われていない技術や特許を公開，それをもとにユーザーがアイデアを出し，商用化や何らかの形で利用できるようにするサービスを提供する。
	コンペ形式を採用，事業者は報酬額と期限を明記して課題を提示，作業者が解決に取り組み，最良の解決案に報酬を支払うサービスを提供する。
	あらゆる規模のプロジェクトのための最高の写真家や映画製作者とをつなぐサービスを提供する。
	企業の従業員がわからないことをプラットフォーム上で質問すると，特定のスペシャリストが時間のあるときに答えてくれるサービスを提供する。
	誰もが使える翻訳のソリューションで，低価格ながら便利なカンファレンス向けの同時通訳サービスを提供する。
	世界各国のデザイナーを活用，コンテスト/プロジェクト形式にて，企業が高品質なデザインを安価に製作するサービスを提供する。
	24時間以内に弁護士からの法的助言を保証，誰でもが必要とする法的援助を得ることを簡単に可能とするサービスを提供する。
	開発したアプリのバグ出しや脆弱性調査を行い，バグを見つけたテスターに報奨金を支払うサービスを提供する。
	Webサービスやアプリ制作などのアイディアを実現させる際に必要となるプログラミングやマーケティングなどのスキルを持った仲間を集めるサービスを提供する。（2015年12月6日（日）にてサービス提供を終了）
	米国のスタートアップ企業，金融サービス企業，会計・弁護士事務所，独立コンサルタントなどで，バーチャル秘書サービスを提供する。
	コンテンツマーケティングを意識したブログ記事やテキストコンテンツを外部へ委託，記事執筆を専門としたライター向けのサービスを提供する。
	委託したい用事に希望価格をつけホームページに掲載すると，審査にパスした登録者がそれを見て名乗りを挙げるというサービスを提供する。
	現在地周辺のコミュニティや自分のソーシャルコミュニティの間で，物品やサービスを簡単に売買するためのサービスを提供する。
	単純作業ではあるがプログラムでは効率的に処理することのできない，いわばソフトウェアの苦手作業を人手によって代行するサービスである。
	世界各国でマイクロタスクに強いクラウドソーシング企業と提携をしており，多様な言語の様々な案件を実施するサービスを提供する。
	写真を共有するのではなく，メディアとフォトグラファーをつなぎ，誰でもフォトグラファーとしてメディアへ写真投稿できるサービスを提供する。
	一時間20ドルのホームクリーニングサービスで，現場を徹底的に理解してリーズナブルな掃除代行を実現するサービスを提供する。（2015年7月31日（金）にてサービス提供を終了）
	ユーザーからのリアル店舗のキレイ具合，ホスピタリティなどの情報をデータとして集めてレーティングするサービスを提供している。
	コンペ形式を採用，ロゴ・グラフィックデザイン・ネーミングのプロジェクト概要と報酬額，期限を明示，作業者が提案した中から最も気に入った作品に報酬を支払うサービスを提供する。

23	GradCAD	GradCAD（米国）	https://grabcad.com/	2011年	
24	Kaggle	Kaggle Inc.（米国）	https://www.kaggle.com/	2010年	
25	Logotournament	Quinn Ventures Inc.（米国）	http://logotournament.com/	2007年	
26	NineSigma	NineSigma,Inc.（米国）	http://www.ninesigma.com/	2000年	
27	PeoplePerHour	PeoplePerHour Inc.（ギリシャ）	https://www.peopleperhour.com/	2007年	
28	Quirky	Quirky,Inc.（米国）	https://www.quirky.com/	2009年	
29	uTest	uTest Inc.（米国）	http://www.utest.com/	2007年	
30	yet2.com	yet2.com（米国）	http://www.yet2.com/	1999年	
31	YourEncore	YourEncore（米国）	http://www.yourencore.com/	2007年	
32	Witmart（猪八戒）	ZBJ Network Inc.（中国）	http://www.witmart.com/cn/	2006年	

（注）2016年1月27日現在のデータである。
（出所）税所哲郎（2016）を加筆・修正して作成。

図2-4　クラウドソーシング事業者のポジショニング（日本）

（出所）税所哲郎（2016）を加筆・修正して作成。

	メカニカル設計エンジニア向け3Dモデルの情報を公開，コメントの書き込みとコラボレーションで，効率的なデザイン・プロセスのサービスを提供する。
	企業は手数料と賞金を準備して技術開発コンテストを実施，企業と技術者を結び付けて，様々な専門性を持つ人々の技術を安く得るサービスを提供する。
	会社名や業務内容，好きなロゴのデザインなどを入力して，自分のコンテストを開催し，作業者が提案した中から最も気に入った作品に報酬を支払うサービスを提供する。
	オープンイノベーションの概念に基づき，社内だけでは解決できない/開発が間に合わない技術を，広く世界中から探し出すサービスを提供する。
	世界中の人にデザイン，システム開発，コンテンツ，プロモーション関する仕事を発注，個人の得意なスキルを販売してもらうサービスを提供する。
	自分の考えたアイディアや企画を専門的なプロフェッショナルの視点でブラッシュアップ，商品製造する資金を調達するサービスを提供する。
	システム会社はバグチェックをしたいWebシステムを登録，見つけたバグに応じてテスターに報酬が支払われるサービスを提供する。
	技術移転市場を活性化させることで，各企業の投資に対するリターンを高めるようなサービスを提供する。
	退職した科学者や技術者の深い技術ノウハウと結果の実績を持った専門家のネットワークを構築するサービスを提供する。
	企業，公共機関や個人にオーダー制のソリューションを提供し，創意・知恵・技術によってビジネス価値と社会価値を生み出すサービスを提供する。

図2-5 クラウドソーシング事業者のポジショニング（海外）

（出所）内藤聡（2014）を加筆・修正して作成。

グやライティング，翻訳，デザインなどの高いスキルが求められる専門性の高い業務から単純な文章作成やデータ入力などの専門性の低い業務，および豊富で幅広い品揃えの業務を提供している。

　代表的なクラウドソーシング事業者としては，表2-4と表2-5に示すように，わが国ではランサーズやクラウドワークスなどの企業，海外では米国のElance（Upwork Global Inc.）とoDesk（Elanceと合併），オーストラリアのFreelancerなどの企業が事業を展開している。

（2）多品揃業務＋高専門性業務（多機能型：Advanced Expertise Type）

　この分野のクラウドソーシング事業者は，図2-4と図2-5の右側上部に位置しているように，自社を他社とサービスの差別化するために自社のポジショニングを「高専門性」の「多機能型」と位置付けている。

　そのうえで，作業者に対しては，Webサイトを介して商品コンセプトと技術力のあるメーカーを結ぶなど，ユニークな商品・サービスを開発したり，既存のサービスをミックスしたサービスを提供したり，専門性の高いスキルが要求される業務を揃えて提供している。

　代表的なクラウドソーシング事業者としては，表2-4と表2-5に示すように，わが国ではDmet idea（様々なアイディアの実現），Wemake（コンセプトの提案）などの企業，海外ではMarblar（技術・特許利用），InnoCentive（専門家の解決策）などの企業が事業を展開している。

（3）特定業務＋高専門性業務（特定機能型：Advanced Functions Type）

　この分野のクラウドソーシング事業者は，図2-4と図2-5の右側下部に位置しているように，自社を他社とサービスの差別化するために自社のポジショニングを「高専門性」の「特定機能型」と位置付けている。

　そのうえで，作業者に対しては，各分野の専門家がカスタマーケアを代行する。例えば，プロのカメラマンが写真や動画を撮影，モバイル端末を通じてリアルタイム通訳，ロゴ作成やデザインをコンペ形式で発注，会社のブログ執筆を外部のブロガーに依頼するなどの特定業務に特化，専門性の高い業務・スキルが要求される業務を提供している。

　代表的なクラウドソーシング事業者としては，表2-4と表2-5に示すように，わが国ではConyac（翻訳），Voip!（音声素材），MUGENUP

（イラスト制作），designclue（デザイン・イラスト制作），Viibar（動画制作）などの企業，海外ではSmartShoot（写真・動画撮影），Directly（カスタマーケア），Babelverse（通訳），99designs（デザインコンペ），LawPivot（弁護士），Bugcrowd（バグ発見），Zirtual（秘書），GoodBlogs（ブログ執筆）などの企業が事業を展開している。

（4）多品揃業務＋低専門性業務（多機能型：Low Expertise Type）

　この分野のクラウドソーシング事業者は，図2-4と図2-5の左側上部に位置しているように，自社を他社とサービスの差別化するために自社のポジショニングを「低専門性」の「多機能型」と位置付けている。

　そのうえで，作業者に対しては，簡単な家事やお使いなどを代行，オンラインでの入力作業や簡単なアンケートなどの作業，データ入力やライティングなどの事務的作業，あるいはフリーマーケット機能での売買などの特定業務に特化，専門性の低い業務・スキルが要求されない業務を提供している。

　代表的なクラウドソーシング事業者としては，表2-4と表2-5に示すように，わが国ではココナラ（モノを売らないフリーマーケット），nanapiワークス（記事執筆）などの企業，海外ではTaskRabbit（家事・お使い代行），Zaarly（家事・お使い代行），Amazon Mechanical Turk（入力作業・アンケート），CrowdFlower（事務作業の委託・管理）などの企業が事業を展開している。

（5）特定業務＋低専門性業務（特定機能型：Low Functions Type）

　この分野のクラウドソーシング事業者は，図2-4と図2-5の左側下部に位置しているように，自社を他社とサービスの差別化するために自社のポジショニングを「低専門性」の「特定機能型」と位置付けている。

　そのうえで，作業者に対しては，依頼主（事業者）が出すお題に対して気に入ったものを買い取る，部屋の掃除を代行する，実店舗でのアンケートを依頼するなどの特定業務に特化，専門性の低い業務・スキルが要求されない業務を提供している。

　代表的なクラウドソーシング事業者としては，表2-4と表2-5に示すように，わが国ではBears（女性の愛する心を支援），在宅ワーク・

シュフティ（事務作業専門）などの企業，海外ではScoopshot（写真撮影），Mobee（アンケート）などの企業が事業を展開している。

4.4 クラウドソーシングのメリットとデメリット

　クラウドソーシングのビジネスモデルにおいて，作業を委託（発注）する大企業や中小企業，ベンチャー企業，一般社団法人やNPO法人などの事業者（発注者），および作業を受注する広く一般の不特定多数の個人である作業者（受注者）には，以下のような主なメリットとデメリットが存在する。

（1）**事業者のメリットとデメリット**
①事業者のメリット
　第1は，事業者にとっては，クラウドソーシングを活用することで，最適な作業者を短時間で探索できることである。これまで，外部の人材を正社員として雇用する場合には，社員の募集，履歴書提出，面接，採用，試用期間，正規採用などの手続きと時間が必要であった。また，採用した人材の品質（能力や素行など）は，採用後の一定期間を経ないと正当に判断することが不可能であった。
　しかし，クラウドソーシングの活用では，作業者に関する評価・評判などを事前に入手しての探索が可能で，迅速に業務内容とその能力に見合った作業者の業務委託ができることである。
　第2は，事業者にとっては，クラウドソーシングを活用することで，ビジネス上の業務コストを圧縮できることである。これまで，正社員として雇用する場合には，業務繁忙期においても，あるいは業務閑散期においても，ある一定以上のコスト（給与や社会保険費用などの人件費）が発生していた。
　しかし，クラウドソーシングの活用では，作業者の採用にかかる費用は，労働集約的な単純な業務から，高度なスキルが伴うコア・コンピタンスを確立できる業務にまで適用可能である。また，従来は，業種・業態によっては，月末のみ多忙な業務や突発的に発生する業務などの作業の量に波がある場合に備えて，人員を配置する必要があったが，クラウドソーイングでは必要に応じて活用すれば良いのである。

第3は，事業者にとっては，クラウドソーシングを活用することで，業務のコラボレーションができることである。これまで，人材を正社員として雇用し，業務（プロジェクト）を担当させる場合には，組織内の個人業務として，あるいはグループでの業務として職務全体を遂行させていた。
　しかし，クラウドソーシングの活用では，業務をいくつかのサブ業務に分割したうえで，一部作業部分のみを個別に発注できる。業務を発注する場合，いくつかの作業に分割することで，参加する作業者に対しては，得意分野のみを任せることが可能で，効率的な作業を遂行できることである。

②事業者のデメリット
　第1は，事業者にとっては，クラウドソーシングを活用する場合，十分な情報セキュリティの確保が必要となることである。事業者のクラウドソーシングの活用では，組織外の作業者へ業務委託（発注）することになる。業務には，作業者に自社ビジネスのアイデアやプラン，ビジネススキーム，ノウハウ，顧客情報などの機密情報を渡さないと業務委託（発注）が成り立たないこともあるため，作業者を介して社内の機密情報が外部へ漏れる可能性がある。
　したがって，作業者に業務委託した場合，知り得た機密情報，あるいは個人情報の扱いについて，どのように対応するのかを発注前に決めておく必要がある。
　第2は，事業者にとっては，クラウドソーシングを活用する場合，作業者における資質の管理が必要となることである。事業者は，業務委託（発注）した業務が期限通りに，かつ期待した内容で業務が遂行されるかの確認が必要である。特定の作業者では，過去の実績や評価をもとに継続した業務委託をする場合，納品される業務の成果に対しての心配は必要ない。しかし，実際の業務委託の案件では，常に10件以上の応募が集まるので，特定の作業者への連続した業務委託は困難が予想される。
　したがって，過去の実績をもとに継続して業務委託するほうが，新しい作業者を探し出すよりも手間，時間，コストがかからない場合も

ある。また，発注候補者である作業者のスキルや過去の仕事内容，評価を確認する必要もある。

　第3は，事業者にとっては，クラウドソーシングを活用する場合，手数料が発生することである。事業者と作業者がインターネット上のWebを介して業務に関するマッチングを行うためには，クラウドソーシング事業者（クラウドソーシング・プラットフォーム）を利用する必要がある。しかし，クラウドソーシング・プラットフォームには，システム開発，デザイン，画像処理，データ入力など，クラウドソーシング事業者の得意な業務分野によってポジショニングが異なることになるが，その手数料もそれぞれのクラウドソーシング事業者によって異なることになる。

　したがって，その意味では，当該事業者のビジネスが低価格で効果的な成果を発揮するためには，クラウドソーシング事業者の選択は重要となってくるのである。

（2）作業者のメリットとデメリット
①作業者のメリット
　第1は，作業者にとっては，クラウドソーシングを活用する場合，時間の効率的な活用が可能となることである。作業者は，業務を開始する時間も，終了する時間も，業務継続時間も，すべて自分で管理することが可能である。

　したがって，主婦であれば家事の合間や子育ての合間，介護の合間など，あるいは学生であれば授業がない時間や休祭日など，それぞれ隙間時間をうまく使って，短い時間で完了できる業務やアイデア募集形態の業務を受注することが可能となる。

　第2は，作業者にとっては，クラウドソーシングを活用する場合，自由に業務（作業）条件を選択できることである。作業者は，業務の場所や建物を選ばずにどこでも作業ができる。これまで，正社員による雇用では，決められた場所，決められた時間帯，決められたスケジュール，決められたデバイス，あるいは決められた制服などに基づいた業務の遂行が必須であった。

　しかし，クラウドソーシングでは，インターネットの利用環境さえ

あれば，作業者は都市部や農村部，過疎地，島嶼（とうしょ），および海外などの特定の地域や場所，エリア，敷地，建物，場所などを選ばずに，いつでもどこでも業務を行うことが可能となる。

第3は，作業者にとっては，クラウドソーシングを活用する場合，自由に業務（作業）内容を選択できることである。作業者は，自分の好きな業務や得意とする業務，スキルを有する業務などの作業ができることである。これまで，正社員による雇用では，当該組織における上司から部下への業務命令に基づいて，あらゆる業務を遂行することが必須となっていた。

しかし，クラウドソーシングでは，作業者が自由に興味のある業務内容や業務部分，あるいは高いスキルを身に付けている業務などの好きな作業や楽しい作業，能力を生かせる作業のみを選択できるのである。

第4は，作業者にとっては，クラウドソーシングを活用する場合，煩わしい人間関係が発生しないことである。クラウドソーシングにおいて，事業者と作業者とのコミュニケーションには，基本的にはメールが利用される。作業者が業務を進めるうえで，直接，事業者に会う必要もないので，余分なコミュニケーションが発生することなく，煩わしい人間関係は発生しないことになる。また，やりとりそのものはもちろんのこと，そのためのスペースの確保，そこへ向かうまでの交通費も必要ないことである。

②作業者のデメリット

第1は，作業者にとっては，クラウドソーシングを活用する場合，正社員で得られる報酬より，相対的に低いことである。事業者がクラウドソーシングを利用するメリットのひとつは，これまでの正社員や外部（第三者）のアウトソーシングによる費用よりも安価に業務を発注できることである。また，一般的に業務（プロジェクト）の発注形態は，全体での発注の場合も考えられるが，業務を細分化して，特定の作業者に業務を集中させない，一部作業部分のみの発注も可能となっている。

したがって，そのために高スキルが要求される業務においても報酬額は高い金額とは言えず，ある一定の報酬額を希望する場合には，あ

る程度の作業数をこなす必要がある。

　第2は，作業者にとっては，クラウドソーシングを活用する場合，信頼できる事業者の確認を要することである。前述のように，事業者と作業者とのコミュニケーションは基本的にはメールで行われるので，直接，出会ってのコミュニケーションではない分，業務遂行上における意思疎通ができていない場合がある。また，事業者のなかには，契約条項にはない業務を押し付けたり，プロジェクトの進行中に音信不通になったり，報酬を踏み倒そうとする可能性なども有り得る。

　したがって，実際に作業を受注する際には，発注内容や規則などを確認し，事業者が過去に発注した依頼内容を事前に確認する必要がある。

　第3は，作業者にとっては，クラウドソーシングを活用する場合，信頼できる情報システムの利用である。前述のように，当初，事業者と作業者とのコンタクトは，インターネット上のWebサイトであるクラウドソーシング・プラットフォームを介して行われる。近年，水飲み場型攻撃，およびやり取り型（メール）攻撃などの標的型攻撃などの高度サイバー攻撃が極めて大きな脅威となっており，特定の目的のもと，特定の組織に狙いを定めた第三者からの攻撃が行われる傾向が見られる。

　したがって，クラウドソーシング・プラットフォームにおいても例外ではなく，これらの脅威に対応していくことが情報システム上の課題である。これらへの対応が疎かになると，作業者情報やビジネスの機密情報が漏洩したり，作業に関する架空の発注・受注が行われたり，身に覚えのない被害を招く可能性が高いからである。

5 ■ おわりに

　これまで考察してきたように，現在の情報化社会においては，インターネット上のWebサイトを介して見知らぬ事業者（企業）と不特定多数の作業者（個人）を結び付ける新しいビジネスモデルであるマッチング・ビジネスとして，注目を浴びているのがクラウドソーシングである。インターネットの活用では，以下に示す「能動性」，「双方向性」，「検索性」，「リピート性」の4つの特性があり，クラウドソー

シングではこれらの4つの特性を生かしたビジネスを展開している。

能動性（Motility）とは，個人ユーザーがインターネットを活用して能動的に自分の知りたい情報を探す特性のことである。クラウドソーシングでは，作業者がWebサイトであるクラウドソーシング・プラットフォームを有効的に活用して，自らの目的の業務情報に辿り着くようになっている。

双方向性（Interactivity）とは，個人ユーザーと情報発信者間の双方向のコミュニケーション特性のことである。クラウドソーシングでは，事業者からのひとつの業務情報が多数の作業者のレスポンスによって，様々な派生的情報（経歴・評価・評判・スキルなど）を生み出す空間に生まれ変わっている。

検索性（Search Characteristics）とは，ICTによってインターネット上のあらゆる情報を検索できる特性のことである。クラウドソーシングでは，事業者も作業者も今日の膨大な情報（ビックデータ）のなかから，自分が入手したい情報を入手することが，ほとんど手間をかけることなくできるようになっている。

リピート性（Repeat Characteristics）とは，一度消えた情報に再びアクセスし入手する特性のことである。クラウドソーシングでは，事業者と作業者は，それぞれが業務に関する情報を意図的に削除しない限り，それらの情報は必ず残っていて，コンテンツの更新はあるにしても重要な情報は，参加者間において共有されるとともに維持される。

クラウドソーシングでは，ICTを活用した作業形態を提供することで，従来の正社員を中心とした雇用形態までも変えようとしている。従来のわが国における人材雇用の形態では，作業者においては企業と個人との雇用契約の締結による正社員，あるいはアルバイト，パートタイマー，季節従業員，さらには派遣社員というのが主要な作業形態であった。いずれの場合においても，作業者における作業形態は，決められた作業場所や建物，決められた作業時間などにおいて業務を行うことが求められていた。

しかし，クラウドソーシングでは，事業者が広く一般の不特定多数の個人に対する業務を発注することで，企業と個人との間で雇用契約

の締結による雇用関係は存在せずに業務を遂行できるようになったのである。また，インターネット環境さえあれば，作業者は都市部や農村部，過疎地，島嶼（とうしょ），および海外などの特定の作業場所や時間帯を選ばずに，いつでもどこでも業務を行うことが可能となったのである。

一方，クラウドソーシングの導入は，作業者の生活スタイルも変えている。例えば，地方や島嶼（とうしょ）に住居する人や育児中の人，家事に忙しい人，介護を抱えている人などに対して，新たな仕事を創出することが可能となり，働き方の新しいスタイルを提供することにもつながっている。さらに，専門的なスキルを持ち合わせているが，結婚退職などでスキルを生かせない人，時間的な都合がなくスキルを生かせない人などに対して，新たな仕事を創出することが可能となり，専門家に対して活躍の場を生み出し，これまで高額な報酬が必要であったサービスを安価で享受可能になったのである。

クラウドソーシングという仕組みが広まることで，個人の働き方や生き方には選択肢が生まれてきており，今後，クラウドソーシングが普及していくことにより，様々な活用の仕方が見られるようになっていくものと思われる。

〈参考文献〉

Barry Libert, Jon Spector, Don Tapscott（2007），*We Are Smarter Than Me: How to Unleash the Power of Crowds in Your Business*, Wharton School Publishing.（野津智子訳（2008）『クラウドソーシング―世界の隠れた才能をあなたのビジネスに活かす方法―』英治出版。）

Brandon K. Hill（2012a），【ネットで日常生活を豊かに】アメリカで注目のO2Oサービス20選, August 15, 2012, btrax, Inc.〈http://blog.btrax.com/jp/2012/08/15/o2o/〉（2015年11月8日確認）

Brandon K. Hill（2012b），アメリカで話題のクラウドソーシングサービス15選, December 3, 2012, btrax, Inc.〈http://blog.btrax.com/jp/2012/12/03/crowdsourcing/〉（2015年11月8日確認）

David Weidner（2014），*Using the Wisdom of the Crowd to Democratize Markets*, Aug 1, 2014, Dow Jones & Company, Inc.〈http://blogs.wsj.com/moneybeat /2014/08/01/using-the-wisdom-of-the-crowd-to-democratize-markets/〉（2015年11月8日確認）

Eric Blattberg（2013），"oDesk and Elance merge, forming one giant freelancer company（updated）", December 18, 2013, VentureBeat.〈http://venturebeat.com/

2013/12/18/odesk-elance-merger/〉（2015年11月8日確認）

Freelancers Union & Elance-oDesk（2014），*Freelancing in America: A National Survey of the New Workforce*.〈https://fu-web-storage-prod.s3.amazonaws.com/content/filer_public/c2/06/c2065a8a-7f00-46db-915a-2122965df7d9/fu_freelancinginamericareport_v3-rgb.pdf〉（2015年11月8日確認）

Gillian Tan（2013a），"Australia's Freelancer Targets November 15 IPO", Oct 14, 2013, Dow Jones & Company, Inc.〈http://blogs.wsj.com/moneybeat/2013/10/14/australias-freelancer-targets-november-15-ipo/〉（2015年11月8日確認）

Gillian Tan（2013b），"Australia's Freelancer Soars on IPO Debut", Nov 14, 2013, Dow Jones & Company, Inc.〈http://blogs.wsj.com/moneybeat/2013/11/14/australias-freelancer-soars-on-ipo-debut/〉（2015年11月8日確認）

Jeff Howe（2006a），*The Rise of Crowdsourcing*, Wired Magazine.〈http://www.wired.com/wired/archive/14.06/crowds.html〉（2015年11月8日確認）

Jeff Howe（2006b），*Crowdsourcing: A Definition*, crowdsourcing.〈http://crowdsourcing.typepad.com/cs/2006/06/crowdsourcing_a.html〉（2015年11月8日確認）

Jeff Howe（2009），*Crowdsourcing: How the Power of the Crowd is Driving the Future of Business*, Random House Business.（中島由華訳（2009）『クラウドソーシング―みんなのパワーが世界を動かす―』早川書房。）

Massolution（2012），*Crowdsourcing Industry Report: Enterprise Crowdsourcing: Market, Provider and Worker Trends*, Crowdsourcing.org.〈http://www.crowdsourcing.org/document/enterprise-crowdsourcing-research-report-by-massolution-market-provider-and-worker-trends/13132〉（2015年11月8日確認）

Shaun Abrahamson, Peter Ryder, Bastian Unterberg（2013），*Crowdstorm: The Future of Innovation, Ideas, and Problem Solving*, Wiley.（須川綾子訳（2014）『クラウドストーミング―組織外の力をフルに活用したアイディアのつくり方―』CCCメディアハウス。）

2015年5つのITトレンドと関連するHRスタートアップ（前半）（2015）〈http://www.hrtech.work/entry/2015/03/03/142523〉（2015年11月8日確認）

2015年5つのITトレンドと関連するHRスタートアップ（後半）（2015）〈http://www.hrtech.work/entry/2015/03/04/100911〉（2015年11月8日確認）

アメリカの事例からクラウドソーシングを学ぶ（2015）〈http://w-kawara.jp/money/huge-black-ships-looming-quietly-2/〉（2015年11月8日確認）

エンジニアに仕事を依頼できるクラウドワークスの案件の4割は時給制での利用に（2012）〈http://jp.techcrunch.com/2012/07/18/jp20120718crowdworks-data/〉（2015年11月8日確認）

楓セビル（2009）「Crowdsourcing / Why the Power of Crowd is Driving the Future of Business」『AD・STUDIES』Vol.27 Winter 2009（2月25日号），pp.33-34，吉田秀雄記念事業財団。

活用の仕方が多様化する「クラウドソーシング」という仕組み（2014）〈http://www.recruit.jp/meet_recruit/2014/12/pr03.html〉（2015年11月8日確認）

クラウドソーシング協会（2015）〈https://crowdsourcing.jp/〉（2015年11月8日確認）

クラウドソーシング比較しちゃいました！（2014）〈http://www.biz-samurai.com/crowd-sourcing/remuneration.html〉（2015年11月8日確認）

クラウドソーシングサイト構築システム（2015）〈http://www.cs-system.com/〉（2015年11月8日確認）

クラウドソーシングと印刷通販の比較一覧（2015）〈http://newcrowdnote.net/〉（2015年11月8日確認）

クラウドワークスの働き方（2015）〈http://redsunset777.blog.fc2.com/blog-entry-94.html〉（2015年11月8日確認）

小池良次（2012）『クラウドの未来―超集中と超分散の世界―』講談社。

税所哲郎（2016）「ICTを活用した新しいビジネスモデルに関する一考察―クラウドソーシングの実態と課題―」『商学論纂』第56巻 第5・6号，pp.111-157，中央大学商学研究会。

在宅ワークマガジン（2015）〈http://www.shufti.jp/magazine/〉（2015年11月8日確認）

佐藤厚（2014）『新しい在宅ワーク―クラウドソーシング超入門―』インプレス。

柴沼俊一・瀬川明秀（2013）『アグリゲーター―知られざる職種 5年後に主役になる働き方―』日経BP社。

総務省編（2014）『平成26年版 情報通信白書』。

タスク制のクラウドソーシングの時給は一体いくら？クラウドソーシングは稼げるのか？（2015）〈http://www.hibinonikki.club/entry/2015/02/13/065433〉（2015年11月8日確認）

ダニエル・ピンク（池村千秋訳）（2014）『フリーエージェント社会の到来（新装版）―組織に雇われない新しい働き方―』ダイヤモンド社。

ちきりん（2013）『未来の働き方を考えよう―人生は二回，生きられる―』文藝春秋。

中小企業庁編（2014）『2014年版 中小企業白書～小規模事業者への応援歌～』。

中小企業庁編（2015）『2015年版 中小企業白書～地域発，中小企業イノベーション宣言！～』

内藤聡（2014）『クラウドソーシングは特化型へ，海外のプレイヤーから見るクラウドソーシングの今』TechCrunch Japan。〈http://jp.techcrunch.com/2014/04/07/crowdsourcing-trend/〉（2015年11月8日確認）

長沼博之（2013）『ワーク・デザイン―これからの〈働き方の設計図〉―』CCCメディアハウス。

比嘉邦彦・井川甲作（2013）『クラウドソーシングの衝撃―雇用流動化時代の働き方・雇い方革命―』インプレスR&D。

比嘉邦彦監修・松浦拓平・吉村恭輔・後藤匠・井川甲作（2014）『実践クラウドソーシング』インプレスR&D。

ボクシルマガジン！（2015）〈http://boxil.jp/magazine/multi-crowdsourcing/〉（2015年11

月8日確認）
宮崎康二（2015）『シェアリング・エコノミー―Uber，Airbnbが変えた世界―』日本経済新聞出版社。
森洋一（2009）『クラウドコンピューティング―技術動向と企業戦略―』オーム社。
矢野経済研究所編（2014a）『クラウドソーシングサービス市場に関する調査結果2014』矢野経済研究所。
矢野経済研究所編（2014b）『2014 クラウドソーシング市場の実態と展望』矢野経済研究所。
吉田浩一郎（2014）『クラウドソーシングでビジネスはこう変わる』ダイヤモンド社。
リンダ・グラットン（池村千秋訳）（2012）『ワーク・シフト―孤独と貧困から自由になる働き方の未来図〈2025〉―』プレジデント社。

〈参考URL〉

crowd.net（2015）〈http://www.crowd.net/〉（2015年11月18日確認）
crowdsourcing.japan（2015）〈http://crowdsourcing.jpn.com/〉（2015年11月18日確認）
PayPal（PayPal Pte. Ltd）〈https://www.paypal.com/jp/webapps/mpp/home〉（2015年11月18日確認）
PeX（VOYAGE MARKETING Inc.）〈http://pex.jp/〉（2015年11月18日確認）
PointExchange（REALWORLD,inc.）〈http://www.point-ex.jp/〉（2015年11月18日確認）
T-POINT（Culture Convenience Club Co.,Ltd.）〈http://tsite.jp/〉（2015年11月18日確認）
（注）クラウドソーシング事業者のURLについては，表2-4・表2-5を参照のこと。

第3章 マーケティング戦略
Chapter 3
Marketing Strategy

1 ■ はじめに

　わが国の産業は，かつては政府および行政機関による経済制度や経済政策，行政指導などが行われ，様々な規制と慣行によって各々に産業や業態が守られた規制色の強い保護政策のもとにあった。

　従前の保護政策では，自動車業界・コンピュータ業界・家電業界・縫製業界・金融業界・流通業界などの各産業，および大企業・中小企業・零細企業・ベンチャー企業などの各企業形態ごとに明確な棲み分けが行われ，商品・サービス，価格は産業内，業態内で同質的，画一的，同価格帯な横並びのものとして考えられていた。

　また，それらのマーケティングにおいても，流通業者（卸売業者，小売業者）や消費者（顧客）に対する営業手法や販売手法は産業内や業態内，企業規模に関わらず同じような手法がとられたのである。

　このような規制と慣行で守られた経営環境では，規模の利益がそのまま企業の収益に直結したビジネスモデルであり，戦略的なマーケティングを展開する必要がなかった。しかし，現代社会における情報通信技術（ICT：Information and Communication Technology）の進歩に伴う情報化社会の進展，および規制緩和や中央省庁再編[1]などの経済構造改革[2]の

1　わが国の中央省庁再編は，中央省庁等改革基本法（平成10年法律第103号）に基づき2001年（平成13年）1月6日施行，それまでの1府22省庁は1府12省庁に再編統合された。2016年（平成28年1月27日）現在，内閣府（宮内庁，公正取引委員会，国家公安委員会・警察庁，金融庁，消費者庁，特定個人情報保護委員会），復興庁，総務省（公害等調整委員会，消防庁），法務省（公安調査庁），外務省，財務省（国税庁），文部科学省（文化庁），厚生労働省（中央労働委員会），農林水産省（林野庁，水産庁），経済産業省（資源エネルギー庁，特許庁，中小企業庁），国土交通省（観光庁，気象庁，運輸安全委員会，海上保安庁），環境省，防衛省の1府1庁11省が存在している。

2　政府は，農協改革として，2015年1月，全国に約700ある地域の農業協同組合（JA：Japan Agricultural Co-operatives）を束ねてきたJA全中（全国農業協同組合中央会）が農協法で認められている監査権などの権限をすべてなくし，解体する方針を固めた。農協改革では，

実施,人口減少に伴う市場縮小や超低金利を背景に企業を取り巻く経営環境は急激に変化した。

つまり,あらゆる産業組織においては,金融・航空・電話・電力・ガス・郵便・医薬品・農業などのあらゆる業界における株式会社組織による参入,および外国資本や異業種からの参入も含めた,より幅広い組織間・企業間での厳しい競争が行われるようになったのである。

現在では,それぞれの産業組織における各業態や企業規模,規制などによって長い間にわたって築かれてきた顧客間関係やネットワーク組織を活用したビジネス形態は希薄化している。例えば,問屋を仲介しない中抜きなど,企業が最終消費者である顧客に対して,直接,商品・サービスなどのモノを提供する新しいビジネスモデルであるマッチング・ビジネスが構築されている。また,これらのビジネスモデルでは,利便性や機能性,デザイン性,価格帯などのモノの内容が,企業の収益に直結するようになったのである。

これらのことは,企業においては,伝統的な手法である規模の利益を目指した横並びの経営が終焉したことを意味しており,新たに顧客との良好な関係を重視した顧客満足度(CS:Customer Satisfaction)の向上を目指した経営が展開されるようになった。

CSの考え方は,1980年代に米国で流行,その後,各国に普及したマーケティング手法で,顧客がどれだけ自社の商品・サービスに満足をしているかを数値化して把握,企業が顧客との良好な関係を維持・発展させていこうという考え方のことである。そのために,企業では,それまで希薄であった顧客に対してもフォーカスを当てて,顧客ニーズに基づいた商品・サービスを提供していくマーケティング戦略を重視するようになったのである。

これまでのマーケティングは消費財を中心に発展してきた考え方であるため,その代表的な業種である製造業と様々なサービス産業が

JA全中による地域農協の統制をなくし,自由な発想で農業を振興する環境をつくる方針である。

3 本書では,便宜的に物理的な商品・製品の所有権移転を伴うものを製造業,そうでないものは複合サービス業として区別する。ただし,金融商品やソフトウェア,映画,音楽などのように所有権の移転は伴うが,財(物的資産)の移転が伴わないもの,つまり商品を「目で見て」「聴いてみて」「手

融合して新しい事業を展開する複合サービス業[4]との対比を行うことは，今後のマーケティングにおいて企業と顧客とはどのように付き合っていくべきかといった，対顧客インターフェースのあり方を管理するのに非常に有用である。複合サービス業は，情報化社会が進展した結果，あらゆるサービス産業が複雑に融合することで，複合的に新たなサービス事業を展開している業種のことを示している。

本章[5]では，情報化社会におけるマッチング・ビジネスのマーケティングについて，複合サービス業を製造業のマーケティング戦略と比較し，その実態と可能性について論じていくこととする。

2 ■ 製造業におけるマーケティング戦略

2.1 製造業のプッシュ戦略とプル戦略

テレビやラジオ，ブルーレイレコーダー，冷蔵庫，洗濯機，掃除機，エアコンなどの家電品，および自動車，パソコン，衣料品といったものを製造している製造業の企業は，自社の商品・サービスに関する情報を消費者や流通業者に提供し，顧客への販売実現や購入頻度を高めたり，購入費を増加させたりするための活動であるマーケティング戦略を積極的に展開してきた。

つまり，この戦略では，優れた製品を生産し，価値に見合う適正な価格をつけ，適切な場所で提供するとともに，効果的なプロモーション（販売促進）を行って，販売拡大を図ってきたのである。

このような製造業におけるマーケティングのひとつが，プロモーション戦略（Promotion Strategy）である。プロモーション戦略では，主に営業部門を通じた販売，広告，パブリシティ，セールス・プロモーションなどの手段を用いてマーケティングを展開している。この戦

に取って」「味見をして」「嗅いでみて」といった人間の五感による内容の確認が直接できないものを取り扱う場合には，複合サービス業として位置付けることとする。

4　2002年（平成14年）の日本標準産業分類改訂で，サービス業の見直しが行われた。その結果，協同組合と郵便局が統合されて「複合サービス事業」の分類となったが，本書では，この分類とは異にする。

5　本章は，税所哲郎（2004）を大幅に加筆・修正したものである。

略は，対象とする商品・サービスのタイプ，および消費者（顧客）や流通業者（卸売業者，小売業者）への働きかけの特性の違いによって，「プッシュ戦略（Push Strategy）」と「プル戦略（Pull Strategy）」という2つに大別できる。

2.2 製造業のプッシュ戦略

製造業におけるプッシュ戦略（Push Strategy）とは，図3-1に示すように，家電製品や自動車，パソコン，衣料品などの企業（メーカー）が，マーケティングであるプロモーション戦略を展開するにあたり，ダイレクトにメーカーから消費者（顧客）や流通業者（卸売業者，小売業者）へ働きかけて製品の需要を喚起する方法である。

メーカーは，卸売業者に対して，商品・サービスに関する各種の援助や指導，説明を行い，卸売業者は小売業者に対して同様の援助や指導，説明を行うことになる。そして，小売業者は消費者に対して商品をすすめるという，主に営業員やマーケター，オーダーテーカーなどの人的販売に重点を置いたのがプッシュ戦略である。

図3-1 製造業のプロモーション戦略の概要

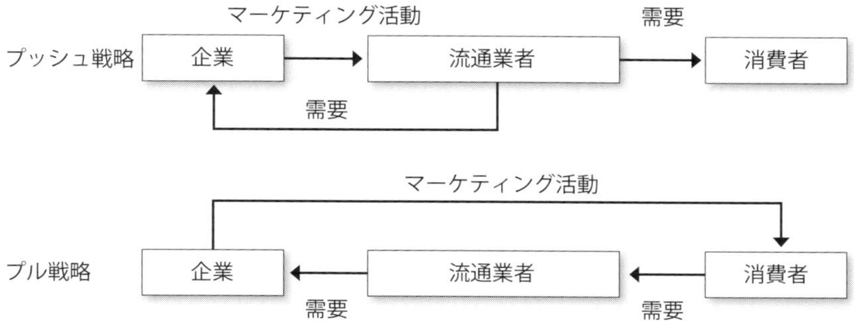

プッシュ戦略：企業 →（マーケティング活動）→ 流通業者 →（需要）→ 消費者／流通業者 →（需要）→ 企業

プル戦略：企業 ←（需要）← 流通業者 ←（需要）← 消費者／マーケティング活動：企業 ← 消費者

（出所）税所哲郎（2004）を大幅に加筆・修正して作成。

6　Philip Kotler & Gary Armstrong, *Principle of Marketing, 9th Edition*, Pearson Education, 2003（和田充夫監訳『マーケティング原理 第9版』ダイヤモンド社，2003年）では，プロモーション戦略をプッシュ戦略とプル戦略の2つに大別している。

7　家電製品のメーカーでは，メーカーから家電量販店に対して，販売員を売り場の最前線に派遣して，直接，消費者に対して自社の商品をすすめることもある。

現在の情報化社会が進展した状況では，業種や業態，企業規模を問わずに人事管理や財務管理，総務などの基幹業務においてICTを活用しているが，その他にもR&D（研究開発）やデザイン，流通，販売管理などの企業活動において積極的にICTを活用している。これは情報化社会では，ICTの利用を各種組み合わせて，消費者の興味にあった販売促進活動を行えば，より効果的，かつ効率的にプッシュ戦略を実行できるからである。

　例えば，化粧品メーカーでは，データベース（Data Base）を用いて顧客の属性（氏名や住所，年齢，性別，血液型，皮膚の状態など）や購買額，購買履歴などの顧客情報を把握し，それらの情報を加工・分析することで，消費者の欲する化粧品，つまり消費者が必要とする化粧品，消費者自身の嗜好に合った化粧品を提供している。

　プッシュ戦略は，企業（メーカー）から流通業者へ（流通業者では，卸売業者から小売業者へ），および流通業者から消費者（顧客）へ，または企業（メーカー）から消費者（顧客）へと商品・サービスを積極的に販売，および提供していくことに重点を置く戦略である。

　このためプッシュ戦略では，相対的に人的資源の有効活用とICTの組み合わせに重点が置かれることになる。

　これはプル戦略のように，企業が広告活動を中心に展開して，直接，流通業者や消費者に対して自社の商品・サービス，ブランドの魅力（利便性や有用性，有効性，快適性，美味性，メリット，経済性，ステータスなど）をアピールして引きつけるのではなく，逆に自社の商品・サービスを流通業者や消費者に対して押し込んでいく，積極的に販売および提供していくマーケティングである。

2.3　製造業のプル戦略

　製造業におけるプル戦略（Pull Strategy）とは，図3-1に示すように，家電製品や自動車，パソコン，衣料品などのメーカーである企業が，消費者（顧客）や流通業者（卸売業者，小売業者）へのマーケティング戦略であるプロモーションを展開するにあたり，消費者や流通業者に対して，積極的に商品・サービス，ブランドに関する魅力をアピー

ルして広告・宣伝を行う方法である。

　最近では，自社独自の広告・宣伝方法として，メールマガジンや無料メーリングリストに対して広告を表示したり，人気のあるホームページに対してバナー広告やポップアップ広告，キーワード広告などを表示したりする企業が少なくない。また，eマーケットプレイスへの出店や自社のホームページに商品カタログの機能を持たせて，直接，消費者からの受注，さらには代金決済，商品発送までを行うといったICTが持つ即時性や双方向性という特性を有効的に活用したプル戦略も多く見られるようになった。

　このような企業戦略によって，購買心理を刺激・喚起された消費者は小売業者に注文を出し，小売業者は卸売業者に，卸売業者はメーカーに注文を取り次いで，あるいは消費者から直接メーカーに注文を出して，言わば消費者からの引き合い（リクエスト）によって商品が売れていくのである。

　プル戦略は，消費者および流通業者からの需要喚起を促して，その商品・サービスを販売・提供している店舗まで足を運ばせて，あるいは販売・提供している企業のホームページを参照させて，最終的にブランドの指名購買を行わせることに重点を置く戦略である。

　このためプル戦略では，相対的に効果的な広告・宣伝の方策に重点が置かれることになる。この戦略は，商品・サービス，ブランドに消

8　メールマガジン（Mail Magazine）は発行者が購読者に定期的にメールで情報を届けて，読みたい人が講読するようなメールの配信形態である。一方，メーリングリスト（Mailing List）は特定のテーマについて，複数のユーザー間で同時に情報交換するようなメールの配信形態である。

9　バナー広告（Banner Advertisement）はWebに表示する看板型の広告で，Webに広告の画像を貼って広告主のWebにリンクする。YAHOO!（ソフトバンク系）やInfoseek（楽天系），Goo（NTTレゾナント系）などの検索サイト，あるいは新聞社や雑誌社などのホームページで表示広告として使われている。また，ポップアップ広告（Popup Advertisement）はWebにアクセスすると広告のために別のウィンドウ（画面）が自動的に開いて広告を行うものであり，主にGeoCities，Infoseekなどの無料レンタルサーバーによるWebで行われることが多い。一方，キーワード広告（Keyword Advertisement）は，YAHOO!やInfoseek，Gooなどの検索サイトでのキーワードに連動した広告である。広告主は，特定のキーワードを検索サイト業者より購入することにより，検索サイトを訪れた人がそのキーワードで検索した際に，広告を検索結果の最上位に表示できるようになる。

表3-1　製造業のプッシュ戦略とプル戦略の比較

	プッシュ戦略	プル戦略
対象	主に流通業者への プロモーション	主に消費者への プロモーション
手段	人的販売に 重点をおいた営業力	マス広告 セールスプロモーション
流通	閉鎖的な流通経路	開放的な流通経路
価格	流通業者への高マージン （高い小売価格）	消費者へアピールできる 値ごろ感のある小売価格

（出所）税所哲郎（2004）を大幅に加筆・修正して作成。

費者や流通業者を引き寄せる，または引っ張ってくる（プルして営業を行っていく）という意味合いの戦略であり，これによって企業は流通チャネルによる取扱いを確保することができる。

　製造業のプッシュ戦略とプル戦略の違いは，表3-1に示すように，プッシュ戦略による営業員やマーケター，オーダーテーカーなどの人的販売に重点を置いて営業力や販売力を高めたプロモーションによって，消費者や流通業者に対して商品やサービスを前面に押し出す方法か，あるいはプル戦略による広告・宣伝といった手段でマスメディアに流される商品・サービスに関する報道であるパブリシティ[10]によって，消費者や流通業者を引っ張る方法かの違いに，見られる。

　しかし，プッシュ戦略を行う場合には広告・宣伝をまったく行わないとか，プル戦略を採用する場合には人的販売に重点を置いた営業推進活動をまったく行わないということではない。両方の戦略は，あくまでも企業内で相互補完的に組み合わされて展開されるべきものであり，企業の組織において単独で各々の戦略を展開するだけでは大きな効果は見込まれないのである。

10　パブリシティ（Publicity）とは，その企業や商品，サービスについて，テレビやラジオ，新聞，雑誌，インターネットなどのマスメディアにニュースや記事として取り上げられて情報が流れること。したがって，パブリシティでは，取り扱われる企業などの費用負担は発生しない。

3 ■ 複合サービス業におけるマーケティング戦略

3.1 複合サービス業のプッシュ戦略とプル戦略

　複合サービス業は，情報化社会が進展した結果，金融サービスや教育サービス，情報通信サービス，医療サービス，福祉サービスなどの様々なサービス産業が複雑に融合することで，複合的に新たなビジネスモデルを展開している業種のことを示している。

　そこで，わが国の複合サービス業の代表的な業種として金融サービス業を取り上げる。これは表3-2に示すように，グループ全体を統括する持株会社[11]および中間持株会社[12]のもとで，傘下の子会社や関連会社が金融サービスのみでなく，教育・研修サービスや情報通信サービス，不動産サービスなどの様々なサービスを提供して，グループ企業として複合サービス業を展開しているからである。

　わが国の金融サービス業におけるマーケティングの活用は，かつては少ない種類の商品・サービス，あるいは他社と同様の商品・サービス群を対象とするマスマーケティングであるテレビやラジオのコマーシャルを中心としたものであった。また，従前の顧客に対するマーケティング[13]では，ダイレクトメール発送や取引時の粗品進呈，年末のカレンダーや手帳の配布などにとどまっており，マーケティングの活用[14]はあまり目立たないものであった。

11　持株会社（Holding Company）とは，1997年（平成9年）の法改正に伴い，過度の資本集中が生じる場合を除いて，設立が解禁された企業形態である。持株会社自体は，具体的な事業活動を行わずに他の会社の株式を所有，その会社の事業活動を自社の管理下に置いて，その会社を実質的に支配することを目的として設立された会社形態のことで，多くの大企業が採用している。

12　中間持株会社（Immediate Stock Holding Company）とは，持株会社のうち親会社の傘下で近似の業種に属する複数の子会社を統括する会社のことである。親会社は持株会社でない場合もある。ソニーやソフトバンク，三菱UFJフィナンシャル・グループ，セブン＆アイ・ホールディングス，イオン，東武鉄道，小田急電鉄などの数多くの産業分野の企業が中間持株会社を設けている。

13　金融サービス業の顧客には，既に口座を開設して取引を頻繁に行っている既存顧客，口座開設は行って残高はあるが取引は行っていない休眠顧客，口座開設を行って過去に取引を行っているが現在は残高がない離脱顧客，さらに潜在的な顧客である見込み客がある。以下，本章では，特に断りのない限りは，このようなすべての顧客を指している。

14　朝野照彦・木島正明編著『金融マーケティング』（2000年）では「金融業界にマーケティングという発想が存在する必要すらなかった。」と述べているが，実際には高額納税者一覧，叙勲対象者一覧，上場企業役員一覧，あるいは多重債務者一覧，自己破産者一覧などの情報を入手して，情報のマルチターゲット（Multiple Targets）ではなかったがマーケティング活動は行っていた。

表3-2 わが国の金融持株会社とその主な傘下企業の一覧

種類	金融持株会社の名称	主な傘下企業
政府系	日本郵政	郵便局会社，郵便事業会社，ゆうちょ銀行，かんぽ生命保険
メガバンク系	三菱UFJフィナンシャル・グループ	三菱東京UFJ銀行，信託三菱UFJ信託銀行，三菱UFJモルガン・スタンレー証券，三菱UFJニコス，三菱UFJリース，アコム，MUFGユニオンバンク
メガバンク系	みずほフィナンシャルグループ	みずほ銀行，みずほ信託銀行，みずほ証券，みずほ総合研究所，みずほ情報総研，資産管理サービス信託銀行，みずほ投信投資顧問，DIAMアセットマネジメント
メガバンク系	三井住友フィナンシャルグループ	三井住友銀行，三井住友ファイナンス＆リース，SMBC日興証券，SMBCフレンド証券，三井住友カード，セディナ，SMBCコンシューマーファイナンス，日本総合研究所
メガバンク系	りそなホールディングス	りそな銀行，埼玉りそな銀行，近畿大阪銀行，りそな保証，大和ギャランティ，近畿大阪信用保証，りそな決済サービス，りそなカード，りそなキャピタル，りそな総合研究所，りそなアセットマネジメント，りそなビジネスサービス
信託銀行系	三井住友トラスト・ホールディングス	三井住友信託銀行，三井住友トラスト・カード，住信SBIネット銀行，東京証券代行，日本証券代行，三井住友トラスト不動産，三井住友トラスト不動産投資顧問，三井住友トラスト基礎研究所，三井住友トラスト・アセットマネジメント，日興アセットマネジメント，日本トラスティ・サービス信託銀行
地方銀行系	ほくほくフィナンシャルグループ	北陸銀行，北海道銀行，北銀リース，北陸カード，北陸保証サービス，北銀ソフトウエア，ほくほく債権回収，北銀ビジネスサービス，道銀ビジネスサービス，道銀カード，道銀地域総合研究所
地方銀行系	フィデアホールディングス	荘内銀行，北都銀行，フィデアカード，フィデアベンチャーキャピタル，フィデア総合研究所，フィデア情報システムズ
地方銀行系	じもとホールディングス	きらやか銀行，仙台銀行，きらやかカード，きらやかキャピタル，山形ビジネスサービス
地方銀行系	足利ホールディングス	足利銀行，足利信用保証，あしぎん総合研究所，あしぎんカード
地方銀行系	東京TYフィナンシャルグループ	東京都民銀行，とみん信用保証，とみんコンピューターシステム，とみん経営研究所，とみんカード，東京TYリース，八千代銀行，八千代サービス，八千代ビジネスサービス，八千代クレジットサービス，八千代信用保証
地方銀行系	池田泉州ホールディングス	池田泉州銀行，池田泉州TT証券，池田泉州リース，泉銀総合リース，池田泉州信用保証，池田泉州JCB，池田泉州キャピタル，池田泉州ビジネスサービス，池田泉州オフィスサービス，池田泉州モーゲージサービス，池田泉州システム，池田泉州投資顧問
地方銀行系	山口フィナンシャルグループ	山口銀行，もみじ銀行，北九州銀行，ワイエム証券，ワイエムリース，井筒屋ウィズカード，ワイエムコンサルティング，北九州経済研究所，三友，もみじ地所，やまぎん地所，ワイエム保証
地方銀行系	トモニホールディングス	徳島銀行，香川銀行，トモニシステムサービス，徳銀ビジネスサービス，香川ビジネスサービス，香川興産，トモニリース，香川銀コンピューターサービス，トモニカード，徳銀キャピタル
地方銀行系	ふくおかフィナンシャルグループ	福岡銀行，熊本銀行，親和銀行，福銀オフィスサービス，福銀事務サービス，福銀不動産調査，ふくおか債権回収，FFGカード，FFGビジネスコンサルティング，ふくおか証券，福岡コンピューターサービス，ふくぎん保証，マーキュリー・アセット・コーポレーション，ジュピター・アセット・コーポレーション
地方銀行系	九州フィナンシャルグループ	肥後銀行，鹿児島銀行，肥銀リース，かぎんオフィスビジネス，肥銀カード，かぎん会計サービス，肥銀コンピュータサービス，かぎん代理店，肥銀キャピタル，鹿児島経済研究所，肥銀用度センター，鹿児島保証サービス，肥銀ビジネス開発，鹿児島カード，肥銀事務サービス，鹿児島リース

保険系	T&Dホールディングス	太陽生命保険，大同生命保険，T&Dフィナンシャル生命保険，T&Dアセットマネジメント，ペット＆ファミリー少額短期保険，T&Dカスタマーサービス，T&Dコンファーム，T&D情報システム，T&Dリース，太陽信用保証，東陽保険代行，大同マネジメント，日本システム収納，全国ビジネスセンター
	損保ジャパン日本興亜ホールディングス	損害保険ジャパン日本興亜，損保ジャパン日本興亜ひまわり生命保険，損保ジャパン日本興亜アセットマネジメント，プライムアシスタンス，全国訪問健康指導協会
	東京海上ホールディングス	東京海上日動火災保険，日新火災海上保険，イーデザイン損害保険，東京海上ミレア少額短期保険，東京海上日動あんしん生命保険，東京海上アセットマネジメント，東京海上日動サミュエル，東京海上日動リスクコンサルティング，東京海上日動ビジネスサポート，東京海上不動産投資顧問
	MS&ADインシュアランスグループホールディングス	あいおいニッセイ同和損害保険，三井住友海上火災保険，三井ダイレクト損害保険，三井住友海上あいおい生命保険，インターリスク総研，MS&ADビジネスサポート，MS&ADスタッフサービス，MS&ADシステムズ，MS&AD事務サービス，MS&AD基礎研究所，安心ダイヤル，MS&ADローンサービス
証券系	野村ホールディングス	野村證券，野村アセットマネジメント，野村信託銀行，野村バブコックアンドブラウン，野村キャピタル・インベストメント，野村インベスター・リレーションズ，野村ビジネスサービス，野村ファシリティーズ，野村資本市場研究所
	大和証券グループ本社	大和証券，大和証券投資信託委託，大和総研ホールディングス，大和総研，大和住銀投信投資顧問，大和証券ビジネスセンター，大和プロパティ，大和企業投資，大和総研ビジネス・イノベーション，大和ネクスト銀行
	三菱UFJ証券ホールディングス（中間持株会社）	三菱UFJモルガン・スタンレー証券，三菱UFJモルガン・スタンレーPB証券，カブドットコム証券，MUSビジネスサービス，MUS情報システム
	シティグループ・ジャパン・ホールディングス	シティバンク銀行，シティカードジャパン，シティグループ・キャピタル・パートナーズ，シティグループ証券，シティグループ・サービス・ジャパン，シティリース，CFJ
	東海東京フィナンシャル・ホールディングス	東海東京証券，宇都宮証券，東海東京アセットマネジメント，東海東京ウェルス・コンサルティング，東海東京インベストメント，東海東京調査センター，東海東京アカデミー，東海東京サービス，東海東京ビジネスサービス
	岡三証券グループ	岡三証券，岡三オンライン証券，岡三にいがた証券，三晃証券，三縁証券，岡三アセットマネジメント，岡三情報システム，岡三ビジネスサービス，岡三興業
	岩井コスモホールディングス	岩井コスモ証券，岩井コスモビジネスサービス
	マネックスグループ	マネックス証券，マネックスベンチャーズ，トレード・サイエンス，マネックス・ハンブレクト
カード系	SMFGカード＆クレジット（中間持株会社）	三井住友カード，セディナ
為替・商品系	スターホールディングス	日本エネ製作，グリーンインベスト
	プリヴェ企業再生グループ	神田通信工業，プリヴェ運輸，プリヴェAG，プリベット，プリヴェエージェンシー
	ISホールディングスグループ	アイアンドエーエス，外為オンライン，アイネット証券，レオス・キャピタルワークス，ライブスター証券，アース・カー，日本ビルド，ひまわりホールディングス，グランドホテル白山

為替・商品系	あかつきフィナンシャルグループ	キャピタル・エンジン，ウェルス・マネジメント，NSホールディングス，あかつき証券，キャピタル・ソリューション，トレード・ラボ，リジェス・マネジメント，EWアセットマネジメント，マイトランク
	岡藤ホールディングス	日本フィナンシャルセキュリティーズ，岡藤商事，三京証券
	SBIホールディングス	SBI証券，住信SBIネット銀行，SBI損害保険，SBIカード，SBI FXトレード，SBIジャパンネクスト証券，SBI少額短期保険，SBIビジネス・ソリューションズ，SBIベネフィット・システムズ，SBIインベストメント，SBIアセットマネジメント，SBIキャピタル，モーニングスター，モーニングスター・アセット・マネジメント
	GMOクリックホールディングス	GMOクリック，FXプライムbyGMO
	東短ホールディングス	東京短資，東短リサーチ，東短インフォメーションテクノロジー，トウキョウフォレックス上田ハーロー，セントラル東短証券，ICAP東短証券，ジェイ・ボンド東短証券，ジェイ・ウィル・東短投資顧問
	ユニコムグループホールディングス	日本ユニコム，日産センチュリー証券
	アニコム ホールディングス	アニコム損害保険，アニコム フロンティア，アニコム パフェ，アニコム先進医療研究所，アニコム キャピタル
流通・製造業系	イオンフィナンシャルサービス（中間持株会社）	イオン銀行，イオン保険サービス，イオン少額短期保険，イオン住宅ローンサービス，エー・シー・エス債権管理回収，イオンプロダクトファイナンス，フェリカポケットマーケティング
	トヨタファイナンシャルサービス（中間持株会社）	トヨタファイナンス
	ソニーフィナンシャルホールディングス（中間持株会社）	ソニー生命保険，ソニーライフ・エイゴン生命保険，ソニー損害保険，ソニー銀行，ソニーペイメントサービス，ソニー・ライフケア

（注）2016年1月27日現在の金融持株会社，および中間持株会社の主な傘下企業。
（出所）各社のホームページより作成。

　しかし，ICTの急速な発展による情報化社会は，企業活動や個人生活における社会環境を一変させた。今日，インターネットの広がりとともにパソコンやスマートフォン，タブレット端末などの普及によって，何時でも，何処でも，誰とでも，何度でも，「情報を有効に利用できる」「情報を共有できる」「双方向でコミュニケーションができる」という社会基盤環境が整っている。そのような環境下，ICTを積極的に活用した新しいビジネスモデルであるマッチング・ビジネスが構築され，効果的・効率的なマーケティングの展開が必要になったのである。
　金融サービス業を展開する企業は，製造業といったメーカーと違って，モノの製造や流通を行って最終消費者である顧客に商品を提供している業態ではない。したがって，金融サービス業における業務の本質は，

「情報システム上におけるデータ処理そのもの」という特性があるために，ICT革新の恩恵を最も享受できる業態と言える。また，今日の金融サービス業は，アミューズメント[15]などの産業とともに一種の「装置産業」とも言われるほど，その業務はICTへの依存度を強めており，ICTと切り離した事業展開はできないと言える業態である。

　一方，これまでの金融サービス業の企業戦略は，セールスと顧客とのFace to Faceの顧客間関係を中心に営業員などの人的資源に注力した強力な営業展開が特徴であった。そのような戦略を地道に推進することで一定の成果をあげてきたが，その分のコストも高くなり，非効率となっていた。

　ところが，金融市場のグローバル化や情報化社会の進展といった金融ビジネスを取り巻く環境変化のもと，企業戦略の策定においてICTを積極的に活用したマーケティングの展開を実践しなければ，コストを削減することができずに，金融サービス業としての事業の維持や発展が見込めなくなったのである。つまり，企業経営においてICTを積極的，かつ適切に活用しなければ，低コストで顧客の要求する商品・サービスに関して最適なタイミングで，顧客に対して適切なアプローチと提案を行うことができずに，数少ないビジネス・チャンスを逃すことになったのである。さらに，ICTを活用しなければ，新規顧客の開拓や休眠顧客・離脱顧客の掘り起こし，既存顧客との取引機会を増やした継続的な取引，さらにはロイヤリティを強化して得られるCSの向上も困難となっている。

　このように金融サービス業では，積極的なICTの活用とともに，適時（タイムリー），かつ適切（タイミング良く）に活用したマーケティングの展開が重要となっている。これまでのマーケティングは，消費財を中心に発展してきたために，金融サービス業にとっては先行業態で様々な事例に基づく製造業のマーケティングを学び，その戦略を金融分野に応用していくことは非常に意義がある。そこで，以下では，金融サービス業で非常に重要となるプロモーション戦略において，製

15　アミューズメント（Amusement）とは，遊園地やテーマパーク，ゲームセンターなどの設備投資に基づく装置，機器の設置によって娯楽を提供する施設のことである。

造業の区分と同じようにプッシュ戦略（Push Strategy）とプル戦略（Pull Strategy）の2つに大別して考察する。

3.2 複合サービス業のプッシュ戦略

　複合サービス業の代表的な業種である金融サービス業の代表的なプッシュ戦略（Push Strategy）では，ICTにおいてはデータベース（DB：Data Base）を活用する。金融サービス業のプッシュ戦略では，自社のDBの内容を充実させて，蓄積した顧客情報[16]や商品・サービス情報，市場情報などを加工・分析する。そして，金融サービス業から広く一般の顧客に対して直接働きかけて，タイムリーに，かつタイミングよく，的確に商品・サービスに関するアプローチと提案を行い，マッチングさせるのである。

　プッシュ戦略の具体的な展開では，データベース・マーケティング・システム（DBMS：Data Base Marketing System）を導入した積極的なマーケティングを行うことになる。従前のプッシュ戦略では，営業員などが顧客に対して，電話や訪問，ダイレクトメールなどによる積極的な働きかけで営業を展開してきた。

　しかし，このような営業手法では，決算期や商品販売最終日などの営業締日に向けて，その場しのぎの場当たり的な営業が行われることが多く，かつ顧客にとっても最適な商品・サービスの選択ができないことも多かった。また，金融サービス業の人的資源を中心とする営業活動は非効率な面があり，業務運営上のコストが高く，かつ商品売買の受注後における注文変更やキャンセルも発生していた。そこで，このような問題点を解消するために，DBMSのデータに裏打ちされたマーケティングの展開が求められるようになったのである。

　DBMSでは，自社あるいはアウトソーシング先の情報システム（コンピュータ）のDBに格納された顧客（既存客，休眠客，見込み客などを含む）や商品・サービスなどに関する包括的に集積された各種情報を活用する。集積された各種情報は，顧客ごとに集約した過去の商

16　顧客情報には，氏名，住所，年齢，性別，職業，生年月日，家族構成，電話番号，FAX，メールアドレスなどの属性情報のほかに，取引商品，取引金額，取引頻度，取引残高，決済手段，アクセス履歴，コンタクト履歴などの取引情報がある。

品・サービスの売買管理データ（見込み客には問い合わせの商品・サービス，納税，叙勲などの管理データ），および商品・サービス特性，年齢別・男女別・地域別・商品・サービス別の販売実績などの商品・サービスデータを加工・分析してクロスセル[17]での提案を行う。

　このようにDBMSを利活用することによって，得意客，継続売買客，初回売買客，見込み客などの分類による顧客に対するアプローチを行い，顧客の欲求する商品・サービスを適切かつタイムリーに提供することを通じて，新規顧客を取り込むとともに，顧客との親密な関係を開拓・構築，さらに強化・深耕していくことになる。
　もちろん，これまでDBMSの利活用は，製造業や流通業といった他の業態でも数多く採用されてきている。しかし，前述のように，金融サービス業の業務の本質は情報システム上のデータ処理であるために，ICTを活用した業務の展開は企業全体として適合性が高く（受け入れやすく），その有効性・即効性，コスト削減を最も享受できる。
　加えて，金融サービス業やソフトウェア業[18]に代表されるサービス業では，製造業が実施しているような試供品やオマケの提供，実演販売，試食・試飲，お試し販売などを行って，つまり，商品・サービスを「目で見て」「聴いてみて」「手に取って」「味見をして」「嗅いでみて」といった人間の五感に訴えた内容の確認やアピールが直接できない。
　したがって，顧客に対して，実際に商品・サービスが持っている特性を体験・実感してもらう方法で，その商品・サービスの利便性や有用性，有効性，快適性，美味性，即効性，経済性，デザイン，ステータスなどのメリットを直接的に訴えることができない。金融サービス業においては，その補完的な手法として，顧客に関する様々なデータである顧客情報を用い，その分析に基づいた商品・サービスの開発と

17　クロスセル（Cross Sell）とは，同じ顧客に違う商品を販売することにより，顧客単価を増大しようという考え方である。例えば，マルチターゲットの考え方と同様に，自分と同じ商品を購入した人が他にどんな商品を購入したかをランキング表示したり，同梱すると割引対象となる商品を見せたりするなどの販売手法である。
18　一部のソフトウェア製品には，利用開始後，一定期間は無償で使用可能であるが，継続使用する場合には対価が必要となるシェアウェア（Shareware）といったソフトウェアのライセンス形態がある。

提案が有用となる。

　DBMSでは，顧客情報および商品・サービス情報，経済情報，市場情報などを統合し，それらの情報を蓄積・分析・加工して，顧客の購買行動の把握が可能となる。顧客の購買行動を把握することで，顧客に対してタイムリー，かつタイミング良く，最良かつ最適な商品・サービスに関するアプローチと提案が可能になったのである。さらに，金融サービス業では，全社的なDBMSを展開することで，顧客情報や商品・サービス情報，コンタクト履歴情報，イベント情報といった各情報がDBを介した一元管理が可能となる。

　つまり，様々な情報の一元管理によって，社内における営業店やコールセンター[19]，ホームページ，IVR[20]，ATM／CD，事務センターなどの各チャネル間の業務連携がスムーズ，かつシームレスに実現できる。また，金融サービス業では，営業員やマーケター，オーダーテーカー，オペレーターなどがDBMSを利活用して，利用者自身による直接指示で「欲しい情報（必要な情報）」，「入力したい画面」をスムーズに呼び出して指図することで，タイムリー，かつタイミング良く，各種情報の入手が可能となった。一方，顧客にとってもタイムリー，かつタイミング良く，商品を売買したり，サービスを利用したりすることが可能となった。

　このような金融サービス業におけるDBMSの特徴は，データ規模[21]が非常に大きいことである。これは業務の本質がデータ処理そのもの

19　コールセンター（Call Center）とは，顧客からの注文や問合わせといった電話対応業務を専門的・集中的に行う組織・施設である。その設置形態は，自社内に設備を持って業務を行う「インハウス型」，およびテレマーケティング事業者などの社外の第三者に業務を委託する「アウトソース型」に大別することができる。

20　IVR（Interactive Voice Response）とは，自動音声応答録音装置のことである。電話を受けると電話を掛けた人に対し，記憶装置に予め用意された録音メッセージで自動的に応答，その応答メッセージに対し掛けた人がプッシュホン・ボタンを押して返答ということを繰り返しながら対話していき，電話を掛けた人が求める処理を行ったり，質問への答えを与えたりして，音声でナビゲートしていく装置である。

21　近年では，あらゆるビジネス成長に寄与するインフラとしてビッグデータの活用が注目されている。総務省の定義によると，ビッグデータを「事業に役立つ知見を導出するためのデータ」とし，ビッグデータビジネスについて，「ビッグデータを用いて社会・経済の問題解決や，業務の付加価値向上を行う，あるいは支援する事業」と目的的に定義している。

であるため，様々な情報（顧客情報や商品・サービス情報，経済情報，市場情報など）が，勘定系システムを通して膨大なデータとして蓄積されてきたからである。

　近年，金融サービス業では，深刻化するテロリズムや麻薬・銃器などの犯罪に関わるマネーロンダリング対策といった金融取引問題に端を発した法令施行に基づく本人確認書類の受け入れの義務化で[22]，顧客の氏名や住所，生年月日などの顧客属性の把握も容易であり，金融機関での口座開設に個人情報の入手は可能である。一方，金融に関する顧客の実態調査も数多くの組織で実施されており[23]，顧客を分析するうえで利用できる貴重なデータは豊富に存在している。

　しかし，このような膨大なデータを経営資源として利用することの重要性が叫ばれて久しいにもかかわらず，これらの貴重なデータが十分に活用されてきたとは言い難い。なぜ商品を売買したのか，なぜサービスを利用したのか，その結果，何を評価しているから再売買し顧客残高が増加して顧客定着化につながっているのか，このような顧客心理を理解しないまま，何を売買したかという結果情報だけをどれだけ高度な手法で分析しても，有効な施策は行えないからである。適確なプッシュ戦略を行うためには，これらのデータからデータベースを再構成し分析する必要性は極めて高い。

　なお，現在，金融サービス業に携わる多くの企業では，自社でDBMSを構築し活用している場合が多いが[24]，金融サービス業以外の産業界でも数多くのデータを蓄積してDBMSを活用したマーケティングを展開している。例えば，独立系の日本統計センターでは[25]，過

22　2003年（平成15年）1月6日，顧客等の本人確認等に関する法律（本人確認法）およびその政省令が施行された。
23　日本銀行「資金循環統計」，総務省統計局「全国消費実態調査」，金融広報中央委員会「家計の金融資産に関する世論調査」「金融に関する消費者アンケート調査」，生命保険文化センター「生命保険に関する全国実態調査」などが実施されている。
24　DBMSには，自社構築かパッケージソフトの購入か，あるいはシステム規模や構成，情報量などについて，様々な内容の情報が格納されている。
25　日本統計センターは，シンクタンク機能，システム開発機能，データベース構築機能を併せ持つ総合情報処理技術を提供する民間企業である。同社のDBMSは，同社URLの〈http://www.nihon-toukei.co.jp/business/db/db_menu.htm〉を参照のこと。

表3-3 マーケティングの機能と特徴

顧客層	機能	特徴	マーケティング分類
お得意様層	関係強化機能	特別扱いをするなど、さらに高い付加価値を提供し、関係を強化	リレーションシップ・マーケティング
継続購入客層	価値提供機能	買えば買うほどお得になる価値を提供して、得意客へと育成	ランクアップ・マーケティング
初回購入客層	育成機能	初回購入の後に「サンキュー・レター（メール）」を出し、継続購入客に育成	ランクアップ・マーケティング
見込み客層	検索機能	レスポンスのあった顧客にタイミングよく適切にフォロー、さらに、購入意欲を煽り顧客化する	リードジェネレーション・マーケティング

（出所）筆者作成。

去20年間分の国勢調査や商業統計、各大型施設情報などのデータを蓄積して統合データベースを構築している。同社では、全国の都市銀行、地方銀行、第二地方銀行、信用金庫、信用組合、証券会社、JA[26]とともに、流通業や製造業の企業に対して、顧客データや各種計数データをもとにしたDBMSを提供している。

ところで、現代企業のDBMSでは、代表的な情報システムの構成として、図3-2に示すような内容を構築している。DBMSの利活用では、DBMSに蓄積される顧客および商品・サービスに関する情報を、どのような目的に利用するかによって、表3-3に示すように、①検索機能、②育成機能（価値提供機能）、③関係強化機能の3つの機能に大別することができる。

第1の機能は、顧客を見つけだす機能（検索機能）である。この機能は、潜在的な優良顧客の可能性がある見込み客や休眠客、離脱客に対して、ダイレクトメールや電子メールを送付したり、顧客のところへ直接訪問したりすることによってアプローチし、レスポンスのあった場合にタイミングよく適切に商品・サービスを提案する。さらに、継続的なアプローチと提案によって、現在は取引を行っていない見込み客およ

---

[26] JA (Japan Agricultural Cooperatives) とは農業協同組合のことで、日本において農業者（農民または農業を営む法人）によって組織された協同組合である。農業協同組合法に基づく法人であり、事業内容などがこの法律によって制限・規定されている。

図3-2 代表的なデータベース・マーケティング・システム構成の例

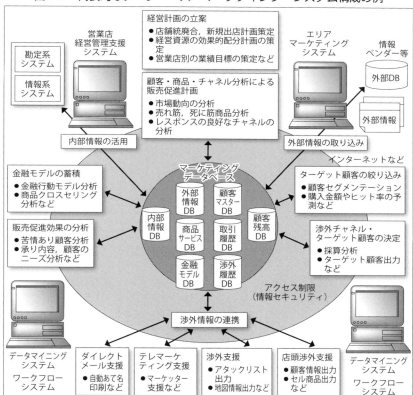

(出所) 川嶋一宏・浜口強・前田章・坂下正洋 (1995) を大幅に加筆・修正して作成。

び休眠客, 離脱客を対象にして取引意欲をかきたてる方策である。

 第2の機能は, 初回取引の顧客, 取引回数の少ない顧客, または取引残高が少ない顧客を得意客へ導く機能(育成機能)である。この機能では, 継続的に取引を行う顧客に対し, 取引を行えば行うほど付加価値が高まるサービスを提供することで, お得意様(得意客)の顧客へと育成する機能(価値提供機能)もある。また, 顧客情報を分析

---

27 例えば, 航空会社では, 多くの民間企業と提携を行いマイレージ提供による付加価値の向上を行っている。

した評価結果をもとに，特定客に焦点を絞って取引時に「サンキューレター（メール）」，誕生日時に「バースディレター（メール）」などの手紙（メール）を送付して，顧客に親近感を持たせて継続取引客に育成する方策もある。

　第3の機能は，お得意様の顧客における会社やショップなどに対する親密性や信頼性であるロイヤリティ（loyalty）を強化するために，顧客との親密な関係の構築および関係を強化する機能（関係強化機能）である。この機能は，お得意様の顧客に対して，一般客よりも優遇金利や手数料割引，マイレージポイント割増などの特別扱いを行い，高い付加価値を提供することで顧客間関係を強化する方策である。特に，お得意様の顧客については20％の顧客が利益の80％に貢献しているとされる「20対80の法則」[28]に見られるように，収益面において特に重要視しなければならない顧客層である。

3.3　複合サービス業のプル戦略

　複合サービス業の代表的な業種である金融サービス業の代表的なプル戦略（Pull Strategy）とは，顧客が利用する複数のオンラインサービスの情報を集約して，ひとつの画面にまとめて表示し，様々な付加価値のある情報をまとめて提供することである。ひとつの画面にまとめて表示される情報は高付加価値情報となり，顧客の利便性を高めることで，顧客の方から金融サービス業が提供するオンラインサービスにアクセスしてもらい各種機能を利用させるのである。

　プル戦略の具体的な展開では，顧客へアカウント・アグリゲーション・サービス（AAS：Account Aggregation Service）を提供した積極的なマーケティング戦略を行う。AASは，事前に登録した情報を集約し同一のディスプレイやパネルなどのWebサイト上の画面で一覧表示することで，高付加価値の情報を提供して広く一般の顧客と親密な関係を築いて，マッチングを行う戦略である。

　つまり，AASでは，PCやスマートフォン，タブレット端末などの

28　1897年にイタリアの社会学者であるパレート（Vilfredo Pareto）が発見した法則「パレートの法則」のことで，「所得上位20％の人々の所得累計は，社会全体の80％を占める」というもので，様々な分野に適用できる。

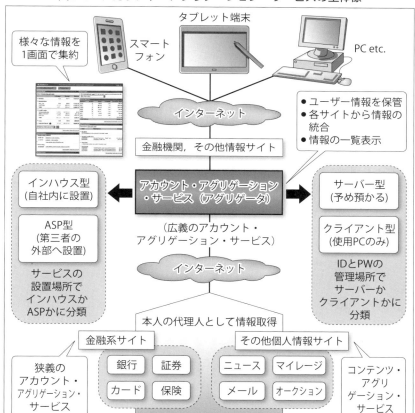

図3-3 アカウント・アグリゲーション・サービスの全体像

(出所) 税所哲郎 (2004) を大幅に加筆・修正して作成。

　情報機器のWebサイトで提供されるひとつの情報だけでは価値が低い内容について，顧客（Webサイトのユーザー）が自ら設定する複数の情報をひとつの画面に統合することにより，高付加価値の情報を生み出すものである。

　AASのコンテンツ[29]は，図3-3に示すように，銀行や証券会社，保

29　コンテンツ（contents）とは，媒体（メディア）によって記録・伝送される人間にとって意味のあるひとまとまりの情報（文章，映画，テレビ番組，音楽，演劇，写真，マンガ，イラストレ

第3章　マーケティング戦略　99

険会社，クレジットカード会社などの口座情報サービスである金融系サイトの「狭義のアカウント・アグリゲーション・サービス（Account Aggregation Service）」と，商品・サービス情報および電子メール，マイレージ，ニュースなどの個人情報といった複数のオンライン情報サービスであるその他個人情報サイトの「コンテンツ・アグリゲーション・サービス（Contents Aggregation Service）」（広義のアカウント・アグリゲーション・サービス）の2つに大別される。

　狭義のアカウント・アグリゲーション・サービスとは，①預金の入出金や融資残高の情報および振込みや口座振替の指図入力などの銀行情報，②株式や投資信託の売買情報・取引経過・売買損益の情報および有価証券売買の指図入力などの証券会社情報，③保険契約情報や積立配当金・据置祝金・据置保険金・契約貸付金の貸付情報などの保険会社情報，④カード利用明細情報や利用限度額情報などのクレジットカード会社情報，このような金融業における顧客の口座情報や売買注文，顧客に提供する商品・サービス，金融市場，各国経済に関する情報を対象とするサービスである。

　一方，広義のアカウント・アグリゲーション・サービス（コンテンツ・アグリゲーション・サービス）とは，①通信社や新聞社などが提供するニュース，②通信販売業者や百貨店などが提供するショッピング情報，③携帯電話会社の利用料金明細の情報，④航空会社のマイレージポイントの情報，⑤電子メールなどのその他の個人情報である各種コンテンツを対象とするサービスである。

　アカウント・アグリゲーションでは，表3-4に示すように，複数のWebサイトから情報を取得して，まとめて一覧するだけでなく，様々な機能を提供している。このように，狭義のアカウント・アグリゲーション・サービスとコンテンツ・アグリゲーション・サービスの様々な情報を，パソコンやスマートフォンやタブレット端末などの情報機器に対して，ひとつのWebサイトに情報を集約して一覧表示するサービスが広義のアカウント・アグリゲーション・サービスである。

ーション，コンピュータグラフィックス，アニメーション，ビデオゲームなど）である。

表3-4 アカウント・アグリゲーションの主な機能

機能名		機能概要
アグリゲーション機能		インターネット上に点在する複数のWebサイトから情報を取得し，一覧する機能である。
カレンダー機能		カレンダーにアグリゲーション機能を連携し，銀行の取引明細やキャンペーン情報をカレンダー上にプロットする機能である。
つけない家計簿機能		家計簿にアグリゲーション機能を連携し，自動で収支情報を家計簿に反映させ，簡単に家計管理や分析ができる機能である。
ポイントマネージャー機能		ポイントサイトのポイント情報を一括管理し，ポイント間の交換先や集約先をシミュレーションする機能である。
連携機能	ライフブランシミュレータ-連携機能	ライフブランシミュレーションサイトとアグリゲーションを連携し，資産情報をライフブランシミュレーションサイトに自動記入する機能である。
	家計簿連携機能	家計簿ソフトなどにアグリゲーション情報（収支情報）をダウンロードする機能である。
アラート機能	口座引落アラート機能	アグリゲーションで収集した銀行の口座残高とクレジットカードの利用額を比較し，引き落とし不能の場合にメールなどでお知らせする機能である。
	目標額達成アラート機能	エンドユーザーが設定した目標額にアグリゲーションで収集した資産の合計額が達した場合にメールなどでにお知らせする機能である。
	外貨アラート機能	エンドユーザーが設定した為替レートに実際の為替レートが達した場合にメールなどでお知らせする機能である。
	スキミングアラート機能	エンドユーザーが設定したカード利用額を超えた場合にメールなどでお知らせする機能である。
サマリー表示機能	バナー広告機能	アグリゲーション画面において，広告を表示する機能である。
	レコメンド広告機能	アグリゲーション情報においてある一定の条件に合致するユーザーのみに特定のバナー広告を表示する機能である。
資産データフィードバック機能		アグリゲーションで収集した資産情報を個人情報を除くかたちで，OEM（Original Equipment Manufacturer）パートナーに月1回フィードバックする機能である。
スマートフォン表示機能		アグリゲーション情報をスマートフォン端末（Android，iOS）に表示する機能である。
モバイル表示機能		アグリゲーション情報を携帯端末（3キャリア対応）に表示する機能である。
CSVダウンロード機能		アグリゲーション画面で表示される資産情報，および明細情報をCSV（Comma-Separated Values）形式でエンドユーザーがダウンロードできる機能である。
手動入力機能		エンドユーザーが手動で資産情報および負債情報を入力し，アグリゲーション画面に表示させる機能である。
ソフトウェアキーボード機能		アカウント登録をする際にソフトウェアキーボードにてアカウント情報を登録できる機能である。
クレジットカード未確定明細表示機能		クレジットカードCP（Card Point）の未確定明細を取得し，情報を表示する機能である。
RSS情報表示機能		ニュース情報などの一般情報をRSS（RDF Site Summary）形式のコンテンツとして表示する機能である。

（出所）NTTコミュニケーションズ（2015）より作成。

ところで,アカウント・アグリゲーション・サービスをシステム構成面の特性の分類で見ると,「ハードウェアによる分類」と「ソフトウェアによる分類」の2つに大別することができる。

ハードウェアによる分類では,アカウント・アグリゲーション・サービスを提供するアグリゲータ(アグリゲーションサイト)の設置場所の違いによって「インハウス型」と「ASP型」の2種類に分類することができる。インハウス型では,アグリゲータを自社内(自社グループ)に設置してシステム運営を行うことになる。一方,ASP(Application Service Provider)[30]型では,アグリゲータをNTTコミュニケーションズ(Agurippa)[31],野村総合研究所(InterCollage),SBIホールディングス(MoneyLook)などの第三者の外部ベンダーへ設置してシステム運営を行う。

ソフトウェアによる分類では,利用者が自分のユーザーIDとログインパスワードをアグリゲータに預けるか否かによって「サーバー型」と「クライアント型」の2種類に分類することができる。サーバー型では,アグリゲータは利用者から各オンラインサービスのユーザーIDとログインパスワードを予め預かり,アグリゲータがこれを使って各オンラインサービスへの接続を行う。クライアント型では,利用者が自分のユーザーIDとログインパスワードをアグリゲータに預けることに情報漏洩の不安を持っていることに配慮して,利用者が操作するPCで動作するアプリケーションとして提供される。

アカウント・アグリゲーション・サービスの操作性については,顧客は初回に一度だけ自分が利用している各々のオンライン情報サービスのユーザーIDとログインパスワードを各情報に集約する機能を持つアグリゲーションサイトへ登録する。それ以後は,アグリゲーションサイトで指定したひとつのユーザーIDとログインパスワードを使

---

30 ASP(Application Service Provider)は,利用者が必要とするシステム機能を,ネットワークを通じて提供するサービス,あるいは,そうしたサービスを提供するビジネスモデルのことである。
31 NTTビズリングは,NTTコミュニケーションズとNTT東日本が株主で,データセンタサービスとテレビ会議サービスをコア事業として,設計から構築,保守・運用に至るまでのトータルアウトソーシングサービスを提供している。

用して，各サイトに自動的にアクセスできる。

　オンライン情報サービスの登録後には，「Agurippa」のケースでは図3-4に示すように，自分が利用する別々のオンライン情報サービスをまとめてひとつのWebサイト上で一覧表示して見ることが可能となる。このサービスによって，利用者は自分が銀行や証券会社，公共機関などに保有する資産の状況やポイント獲得状況，公共料金などの個人情報とともに，各個人情報を集約した情報もひとつの画面で見ることができるようになったのである。一覧表示では，各個人情報を比較・分析・検討することが容易になるとともに，商品の売買やサービスの提供に対するタイミングの良い指図が容易となり利便性が飛躍的に向上する。

　例えば，顧客はAASの利用で，PCやスマートフォン，タブレット端末[32]などの情報機器において，複数のWebサイトを開くことなく，A証券の株式購入代金をB銀行の口座から資金を引き出して充当する，あるいはA証券で保有している投資信託の分配金をB銀行の自分の口座に振り込むといった金銭授受の指図を同一のWebサイトを通して行うことが可能となる。さらに，C社が提供する金融・経済情報を参照しながら，タイムリーにA証券へ株式注文を指図できるといった利用方法も可能である。

　顧客にとっては，ひとつのWebサイト上ですべての指図が完結することで，金融業者からの煩わしいセールスを受けることなく，Webサイトを通して各種情報を参照したり，注文を出したりすることができる。さらに，ファイナンシャル・プランニングに関するコンサルティング機能を提供しているAASでは，ライフプランの各種アドバイスを利用することもできる。このようにプル戦略では，顧客の利便性を飛躍的に高めることで売買喚起を促し，そのサービスを提供しているWebサイトをクリックさせ，最終的に自社口座を通して指名売買を行わせることに重点を置く戦略である。

　また，今後の金融取引においては，決済口座と資産運用口座の分離が一段と進展すると思われるので，決済口座をひとつの口座に絞り資

32　タブレット端末（Tablet-Type Device）とは，液晶ディスプレーなどの表示部分にタッチパネルを搭載し，指で操作する携帯情報端末のことである。

図3-4 アカウント・アグリゲーション・サービスの事例（アグリッパの例）

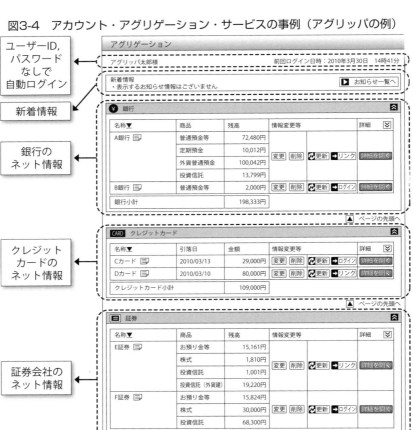

（出所）NTT コミュニケーションズ（2015）より作成。

産運用口座を複数持った多様化した取引形態が多くなると予想される。つまり，資産運用口座についてはAASでストック管理とキャッシュ・フロー管理を行い，決済口座については普通預金口座と貯蓄預金口座の間でお金をやり取りする機能であるスイングで連結すれば，金融資産の一元管理が可能となり，この面でも利便性が飛躍的に高まる。

現在，表3-5に示すような企業がアグリゲーション・サービスを提供しているが，それぞれ企業によって利用可能なオンライン情報サービスは相違している。金融サービス業以外の企業においても，NTTコミュニケーションズが「Kakeibon」のサービス名で，クレジットカードや銀行口座，電子マネーなどで利用している金融機関を登録することにより自動で家計簿を作成，現金で支払った分の家計簿入力と費目をつけることで，個人における資金管理が可能となる。また，弥生が「MoneyLook for 弥生」のサービス名で，銀行取引明細を仕訳データとして取り込み，自動で仕訳を作成し，帳簿に登録することで，企業における資金管理が可能となる。具体的には，各企業が提供しているオンライン情報サービスにおける内容が相違するが，これは各企業の経営戦略によるところが大きい。

つまり，銀行でも自社店舗を有していないソニー銀行などの場合には，豊富な情報を提供して，競合企業に対して自社の優位性を確保するために網羅する項目も種類も多い。また，ポータルサイトを運営しているYahoo!の場合においても，インターネットの入り口となるWebサイトという特性のために，豊富な情報を提供しなければ競合企業に優位性を持てなくなることもあって，網羅する項目も種類も多い。一方，メガバンクのみずほ銀行や大手証券の野村證券など金融サービス業の場合には，自社店舗網を補完する目的が主眼となって，網羅する情報の内容の項目や種類も比較的多く，確定拠出年金（401K）[33]などの特殊性（専門性）が見られる。

このため，多くの企業では，自社グループの関連会社はもちろんの

---

[33] 確定拠出年金制度は，2001年（平成13年）10月導入，企業が従業員のために掛金を拠出したり，従業員などが自身のために掛金を拠出したりして，将来，年金などで受け取る仕組に税制優遇を受けられる制度である。日本版401KやDC（Defined Contribution）とも呼ばれる。

表3-5 主なアカウント・アグリゲーション・サービス

運用	サービス	概要
NTTコミュニケーションズ「Agurippa」	ソニー銀行「人生通帳スタンダード」	口座情報や請求情報をカレンダーに自動表示するサービスや所有ポイントの交換をシミュレーションするサービス,ライフプランのシミュレーションなどの便利なサービスを搭載する。
	マネックス証券「MONEX ONE」	マネックス証券の資産設計アドバイスツール「MONEX VISION β」にMONEX ONEの情報を取り込み,マネックス証券の保有資産とあわせて分析・アドバイスを得るサービスを搭載する。
	NTTコミュニケーションズ「Kakeibon」	アグリゲーション連動型家計簿サービスで,銀行口座やクレジットカード,ネット通販などの明細を自動的に取り込む仕組みを利用して,誰でも無料で簡単に家計簿をつけられるサービスを搭載する。
NRIセキュアテクノロジーズ「InterCollage」	野村證券「野村ホームトレード」	銀行や証券の預入残高や商品明細,クレジットカードの利用明細などの情報を集計することが可能であり,ユーザーは資産管理ツールとしても活用できるサービスを搭載する。
	みずほ銀行「インターネットサービス」	みずほマイレージクラブとして,ポイントカード制を大手銀行では初めて本格的に展開しており,非金利収入面での顧客獲得機会を拡大するサービスを搭載する。
イー・アドバイザー「MoneyLook」	ヤフージャパン「MoneyLook with Yahoo!」	Webサイトで,個別に提供されているID/パスワードをユーザーのPCで一括管理し,各金融機関の利用明細などの情報を一覧で閲覧・管理することができるサービスを搭載する。
	SBI証券「MoneyLook for SBI証券」	複数の金融機関の口座情報を1つのWebサイトに統合して表示,ビジュアルな表やグラフによって,ユーザー自身の資産内容を一覧表示するサービスを搭載する。
	弥生「MoneyLook for 弥生」	銀行取引明細を仕訳データとして取り込み,自動で仕訳を作成し,帳簿に登録することが可能であり,煩雑な入力作業の手間が省けるサービスを搭載する。

(注1) NTTビズリンク株式会社は,2005年(平成17年)2月,株式会社ぷららネットワークスのアカウント・アグリゲーションサービスを事業統合している。なお,アカウント・アグリゲーションサービス「Agurippa」は,2016年(平成27年)4月,親会社であるNTTコミュニケーションズ株式会社に事業譲渡されている。
(注2) アカウント・アグリゲーションサービス「InterCollage」は,2014年(平成26年)5月,株式会社野村総合研究所からNRIセキュアテクノロジーズ株式会社に事業譲渡されている。
(注3) イー・アドバイザー株式会社は,金融情報サービスを提供しているモーニングスター株式会社(SBIホールディングス傘下)の100%子会社である。
(注4) 2016年1月27日現在のデータである。
(出所) 各社のホームページより作成。

こと，競合企業とも連携を行ったオンライン情報サービスの提供を行っている。これは，操作性とともに，数多くの情報を入手できるという利便性の向上がなければ，顧客から利用してもらえないからである。

ところで，金融サービス業におけるプッシュ戦略であるDB Marketingとプル戦略であるAASの違いは，DB Marketingによる自社で収集した独自情報の利用なのか，あるいはAASによる自社内の情報と他社からの情報とのコラボレーション利用なのかといったように，それぞれが取り扱う情報の内容に違いがある。また，DBMSに蓄積された情報を活用して，ライフステージが違う顧客にタイミングよく適切な提案やアプローチを行う方法なのか，あるいはAASが提供する様々な情報を組み合わせて提供して顧客にアクセスさせるかの違いもある。

しかし，製造業におけるマーケティング戦略と同じように，プッシュ戦略の場合にAASの情報がまったく活用されないとか，プル戦略の場合にDB Marketingがまったく行われないということではない。それぞれの戦略を相互補完的に組み合わせて展開することで，より大きな効果となる。

4 ■ 複合サービス業のマーケティングの可能性

4.1 情報化社会と顧客間関係の変化

これまで，複合サービス業の代表的な業種として金融サービス業を取り上げてきたが，それを構成する銀行や証券会社，保険会社などの企業と顧客との関係は，一度，顧客が特定の企業を利用すると，同一の企業を使い続けるという傾向があった。この大きな理由としては，銀行であれば定期預金や給料振込み，公共料金・ローンの引き落とし，証券会社であれば財形商品や投資信託商品の積み立て，保険会社であれば生命保険の契約や年金積み立て，損害保険であれば家財保険や地震保険，自動車保険，このような金融商品や金融サービスを途中で解約すると，契約者である顧客に対して著しい不利益や損失が発生するからである。

また，現在，銀行や証券会社，保険会社などでは，コンプライアンスの観点から偽名取引やマネーロンダリングなどの不正取引を防ぐために口座開設時，あるいは大口金額取引時においては本人確認を厳格に行っている。個人の本人確認には，運転免許証や健康保険証，住民票，パスポート，外国人登録証明書などの公的証明書の原本を提示して，氏名や住所，生年月日，電話番号といった個人情報を伝えなくてはいけないが，このような個人情報を複数の企業に提示することを嫌う顧客が多いことも，同一企業との顧客間関係が維持された理由のひとつである。

　このように，長期的な顧客間関係が構築・維持されてきた状況で，これまでの取引していた金融サービス企業の取引先を変更するためには，銀行であれば旧銀行の給料振込先廃止と新銀行の給与振込先登録かつ勤務先における登録変更，証券会社であれば旧証券会社から新証券会社への預け替え指図，あるいは金融商品の新証券会社における出金・出庫（解約）と新証券会社への入金・入庫（契約），保険会社であれば旧生命保険会社の生命保険契約の解除と新生命保険会社の生命保険契約の縮結といった取引先企業変更に伴う作業が発生したのである。さらに，顧客は変更先の企業に対して，口座開設の際に本人確認を証明するために，詳細な個人情報をイチから伝えなくてはいけない作業が発生したのである。

　取引先の変更に伴う作業は，すべてスイッチングコストなどの取引費用を伴うものとなって，取引費用の発生が取引企業の変更に際し

34　コンプライアンス（Compliance）とは，企業活動を行うにあたって，適用される法令をはじめ，社会から要請される企業倫理（役員や従業員が企業活動において遵守するべき道徳規範・社会規範）や自らの行動を律する社内規則類を策定しそれらを遵守することである。
35　取引費用（Transaction Cost）とは，組織を運営する費用およびコーディネーションと動機付けを行うのに必要なコストである。すなわち「調整費用（コーディネーション費用）」と「動機付け費用」である。調整費用とは取引相手（企業）を捜し，取引条件をすりあわせるための費用で，サーチング・コストやマッチング・コストがそれにあたる。これには案外大きなコストがかかるもので，株式市場などのかなり効率的な取引ができる場所でも，取引所の運営には建物費や連絡コスト（電話代などの通信費），職員・証券会社のディーラーに支払う高額の給与などの膨大なコストがかる。動機付け費用とは取引を上手く行うための費用であり，取引相手に取引契約を守らせるための費用である。これは片方（企業）が一方的に有利な知識を持っている場合，相手（企業）が誠実に行動

て乗り換えや入れ替えが困難な形でロックインされたことも，顧客が同一企業を継続して使い続けることになった理由のひとつである。

　近年では，2014年1月1日，個人投資家向けの少額投資非課税制度である非課税口座のNISA（Nippon Individual Savings Account：日本の個人貯蓄口座）が導入されたが，NISA口座は複数の金融機関で開設することができないことから，顧客が同一企業を継続して使い続ける傾向につながっている。つまり，NISA口座（非課税口座）で投資をした上場株式や公募株式投資信託の配当所得，譲渡所得などにかかる税金は非課税[36]となるが，NISA口座はすべての金融機関を通じ，同一年中は顧客1人につき1口座のみの開設となるのである。

　一方，インターネットや携帯電話の普及に代表される情報化社会の進展は，企業活動におけるこれまでの発想を一変させて，新しい商品や新しいサービスを生み出すとともに，取引形態や決済方法を含めた金融ビジネスの仕組みそのものを変えてきたのである。例えば，これまで取引先企業を変更する場合に，わざわざ取引先企業の窓口に出向いて手続きを行うことが必要であった。しかし，情報化社会の進展では，企業の本支店の窓口に直接出向いて手続きを行わなくても，Webサイト上での口座開設ができたり，資産の預け替え指図が行えたりして，インターネットを介して広く自由に取引先企業を変更することが可能となったのである。

　このような情報化社会の進展は，個人の生活の一部を豊かにしたが，企業が提供する豊かさの享受は最近始まったばかりである。一方，企業ではハード面での設備投資は早くから進んでおり，最先端の情報機器が数多く導入されて，情報機器や情報ネットワークなどのインフラ面では充実している。企業においてもインフラを活用して，ICTがもたらしている新しいビジネスモデルであるマッチング・ビジネスを利

しているかどうか，あるいは相手の言っていることが正しいかどうかを確かめるための費用である。

36　売却益，配当，分配金に対して，20％の税金が最長5年間非課税となる。また，2016年1月からNISA口座で購入できる金額（非課税投資枠）が年間100万円から120万円に引き上げられる。なお，復興財源を確保するための復興特別所得税が，2037年12月31日までの間，所得税額に対して2.1％追加で課税される。

用することで，消費者が得られる有形・無形の価値に関するベネフィットを踏まえた企業戦略の策定を行うことが必要である。

　これはマーケティングについても同じことが言えて，情報化社会におけるベネフィットを有効に利用できなければ企業間競争に取り残されることになって，企業の発展が見込まれないからである。すなわち，情報化社会では，広く一般の個人が享受できるベネフィットに焦点を当てた，より効果的なマーケティング戦略の展開を行うことが求められてきているのである。

　ICTを積極的に活用したマーケティング戦略の展開は，複合サービス業や製造業を含めて競合企業には提供できないような高付加価値の情報やサービスを顧客に付与することにつながり，顧客のロイヤリティを高めるうえでの有効な手段となる。しかし，ここで留意しなくてはならないのが，一部の成功したビジネスモデル事例を参考にしてICTを活用したビジネスを展開しただけでは，事業の成功は望めず，新しく創業したビジネスを継続することは困難であるということである。

　例えば，金融サービス業であるオンライン証券会社の場合，1999年9月設立のシュワブ東京海上証券（2002年2月廃業），2000年4月設立のインターネット・トレーディング証券，2000年2月設立のイー・ウイング証券（2001年3月日興ビーンズ証券（現マネックス証券）と合併）などではICTがもたらすベネフィットや有効性・有用性を生かすことができずに，オンライン証券事業の採算が取れる見込みがないと判断して，設立後僅か2〜3年という短期間で廃業・自社の解散あるいは他社との合併により消滅している。

　特に，シュワブ東京海上証券は，米国でICTを活用して成功したチャールズ・シュワブが，自社のビジネスモデルを日本に導入して，大手損害保険会社である東京海上火災保険（現・東京海上日動火災保険）と提携して，ビジネス展開に自信を持って日本で営業展開したが短期間で廃業している。ICTを積極的に活用した事業の展開ということは，ただ単にICTを企業に導入・ビジネスに適用して，それを利用するということではない。自社の経営戦略に基づく明確な方針のもとで情報システムを構築し，それをマーケティング戦略に生かして展開することが重要である。

4.2 情報化社会と複合サービス業のマーケティング

現在，複合サービス業の代表的な業種である金融サービス業における戦略分野の対象は，収益性の拡大を求めてホールセール分野からリテール分野[37]への対応を中心に活動が行われている。リテール分野では，銀行や証券会社，保険会社，クレジットカード会社，ノンバンクといった企業が自社の業態を越えて融合・拡大・連携・提携しているだけ[38]でなく，数多くの外資系企業や異業種企業の金融サービス業界への参入[39]により企業間競争が激化している。

このような中で，今後の金融サービス業のマーケティング戦略の展開では，これまで考察してきたように，情報化社会の進展が我々の生活にもたらすベネフィットを最大限に考慮した戦略が必要である。

情報化社会における金融サービス業のマーケティング戦略の展開では，前述したとおり，プッシュ戦略であるDB Marketingとプル戦略であるAASの2つの戦略に分類した。今後の情報化社会におけるマーケティング戦略では，そのベネフィットを生かした戦略であるAASの展開が重要である。これは財の移転を伴わない金融サービス業にとっては，AASの展開を行うことで自社の情報と他社が提供する様々な情報を融合させた新しい情報が組成されることとなり，高付加価値情報を提供して顧客のロイヤリティを高めることが可能となるからである。

このような状況は，Webサイトをエンドユーザーの視点で，調査・評価・ランキング付けして発表しているゴメス・コンサルティング[40]の

---

37 金融業者の業務の中で，大企業や機関投資家向けの大口の金融取引業務のことをホールセール業務（Wholesale Business）といい，個人投資家向けの小口取引・個人取引業務のことをリテール業務（Retail Business）と言う。

38 米国では，2008年9月21日，米連邦準備理事会（FRB：Federal Reserve Bank）が証券専業大手のゴールドマン・サックスとモルガン・スタンレーの銀行持株会社化を承認したことによって，銀行と証券会社の垣根が事実上消滅した。

39 例えば，2000年6月に投資ファンド運営会社であるリップルウッド・ホールディングス（現・RHJインターナショナル）が新生銀行として営業開始，2001年6月に製造業であるソニーがソニー銀行として，2001年5月に小売業であるイトーヨーカ堂がアイワイバンク銀行（現・セブン銀行）として，2007年10月にイオンがイオン銀行として営業開始，リテール分野へ参入している。

40 ゴメス・コンサルティングのランキング手法は，金融・マネー，不動産，保険，トラベル，ヒューマンリソース，コスメティック，自動車，モバイル，学校・教育，IRサイトといった，業種

表3-6 証券・商品先物取引業（総合得点）におけるIRサイトランキング

2015年4月1日時点

順位	銘柄コード	会社名	市場	得点
1	8473	SBIホールディングス	東証1部	6.86
2	8616	東海東京フィナンシャル・ホールディングス	東証1部	6.58
3	8604	野村ホールディングス	東証1部	6.21
4	8698	マネックスグループ	東証1部	5.78
5	8601	大和証券グループ本社	東証1部	5.69
6	8622	水戸証券	東証1部	5.39
7	8595	ジャフコ	東証1部	4.60
8	8518	日本アジア投資	東証1部	4.47

（注）理論上最高得点=10　理論上最低得点=0
（出所）ゴメス・コンサルティング社のWebサイトランキングより作成。

表3-7 証券・商品先物取引業（ウェブサイトの使いやすさ）におけるIRサイトランキング

2015年4月1日時点

順位	銘柄コード	会社名	市場	得点
1	8616	東海東京フィナンシャル・ホールディングス	東証1部	7.83
2	8473	SBIホールディングス	東証1部	7.53
3	8698	マネックスグループ	東証1部	7.10
4	8622	水戸証券	東証1部	7.10
5	8604	野村ホールディングス	東証1部	6.63
6	8601	大和証券グループ本社	東証1部	5.69
7	8518	日本アジア投資	東証1部	5.59
8	8595	ジャフコ	東証1部	4.53

（注）理論上最高得点=10　理論上最低得点=0
（出所）ゴメス・コンサルティング社のWebサイトランキングより作成。

IR（Investor Relations）のWebサイトのランキングからも読み取れる。ここで，IRサイトに必要な情報とは，リアルタイム性やパブリック性に優れ，かつ低コストで運用することができるIRツールである。多くの個人投資家や機関投資家，外国人投資家は，企業の情報を集

ごとに選定した数百の調査項目に基づいて，調査・評価・ランキング付けしている。調査の詳細は，同社のGomezのサイト評価・総合分析サービスURL〈http://www.gomez.co.jp/consulting/analysis/〉を参照のこと。

表3-8　銀行業（総合得点）におけるIRサイトランキング

2015年4月1日時点

順位	銘柄コード	会社名	市場	得点
1	8411	みずほフィナンシャルグループ	東証1部	7.63
2	8306	三菱ＵＦＪフィナンシャル・グループ	東証1部	6.85
3	8308	りそなホールディングス	東証1部	6.70
4	8309	三井住友トラスト・ホールディングス	東証1部	6.45
5	8316	三井住友フィナンシャルグループ	東証1部	6.20
6	8410	セブン銀行	東証1部	6.04
7	8524	北洋銀行	東証1部	5.95
8	8363	北國銀行	東証1部	5.94
9	8544	京葉銀行	東証1部	5.00
10	8543	みなと銀行	東証1部	4.43

（注）理論上最高得点＝10　理論上最低得点＝0
（出所）ゴメス・コンサルティング社のWebサイトランキングより作成。

表3-9　銀行業（ウェブサイトの使いやすさ）におけるIRサイトランキング

2015年4月1日時点

順位	銘柄コード	会社名	市場	得点
1	8411	みずほフィナンシャルグループ	東証1部	8.1
2	8524	北洋銀行	東証1部	7.47
3	8306	三菱ＵＦＪフィナンシャル・グループ	東証1部	7.42
4	8363	北國銀行	東証1部	7.10
5	8410	セブン銀行	東証1部	7.07
6	8316	三井住友フィナンシャルグループ	東証1部	7.05
7	8544	京葉銀行	東証1部	6.87
8	8309	三井住友トラスト・ホールディングス	東証1部	6.81
9	8308	りそなホールディングス	東証1部	6.57
10	8543	みなと銀行	東証1部	5.32

（注）理論上最高得点＝10　理論上最低得点＝0
（出所）ゴメス・コンサルティング社のWebサイトランキングより作成。

めるためにIRサイトを訪れる。表3-6から表3-9に示すように，AASを展開しているほとんどの金融サービス企業は「総合評価」が高く，AASの提供を含む「ウェブサイトの使いやすさ」の面で上位を占めている。これは，金融サービス業における証券・商品先物取引業，お

よび銀行業のいずれの分野でも見られる傾向である。

　また，DB Marketingの展開は，金融サービス業を展開する企業に限らずあらゆる企業で幅広く採用されているマーケティング戦略である。したがって，異業種企業が金融サービス業界に参入した現在，銀行業や証券・商品先物取引業，保険業などの金融サービス企業としても同程度の情報を活用するためには，当然のこととして実践すべき内容のマーケティング戦略である。つまり，既に，多くの競合企業においてはDB Marketingが実践されている。したがって，DB Marketingを導入したマーケティング戦略を展開していないと十分な顧客分析ができないだけでなく，リテール分野におけるあらゆる企業間競争からの脱落を意味しているといっても過言ではない。

　ただし，プッシュ戦略を展開するうえで必須となるDBMSの運用形態について，自社内にシステムを構築して運用するのか，あるいは外部にアウトソーシングして運用するのか，あるいはグループ企業内で共同運用するのかといったシステム構成の判断は，コストと効果を勘案した経営トップによる判断で決定される。

　さらに，自社が提供するAASにおいて，自社にない情報（例えば，他社商品情報や電子メール，ニュースなど）をあたかも自社の情報であるかのように提供することで，様々な情報を自社の画面から提供することが可能となって，顧客のロイヤリティを高めることができる。また，AASでは画面構成において，自社商品・サービスをアピールした画面構成とすることで，異業種を含む競合企業からの資金導入・資金移動を図りやすくすることもできる。

　一方，顧客側からするとAASを利用するにあたっては，初回に一度，自分の個人情報やユーザーID，ログインパスワードを登録する必要がある。利用する企業を変更する度に，プライバシーに関わる個人情報などの登録をしなければならないが，このような煩わしい登録や手続きを敬遠する顧客も多く存在している。

　このような顧客がいるということは，顧客に対して初めにAASを導入させた方が必然的に自社へのロイヤリティを高めることができて，顧客引き止めの効果が高いと見ることもできる。したがって，AAS

導入における成功の可否は，まず自社のAASを利用してもらうことが重要である。次の段階としてAASを活用させることによって，現時点では競合企業の商品・サービスを利用している顧客を自社の顧客に引き込み，顧客の固定化を促すことである。

5 ■ おわりに

現在，複合サービス業の代表的な業種として，金融サービス業を取り上げることができる。金融サービス業におけるリテール分野の展開では，マッチング・ビジネスの分野へ参入して業務を広範囲に展開している伝統的な企業のほかに，金融サービス業へ新規参入を行っている小売業や製造業などもICTの重要性を理解して，プッシュ戦略であるDB Marketingを展開している。

この戦略の実践で重要なのが，DB Marketingを展開することだけが，本当にリテール分野の収益向上につながるのではないことである。これは，単にAASを導入させて顧客情報や商品・サービス情報のみを提供するのでなく，加えてイベント情報，メール情報，および顧客の問合せ経路・購買情報などをDB Marketingへ取込むことによって，より効果的なマーケティング戦略が展開できる。

情報化社会における企業間競争の激化という状況では，従来型の総合サービスに加えて，新規顧客の取り込みと既存顧客の維持に向けて，CSを維持しつつ，収益性を上げるための仕組みであるDB MarketingとAASの導入を行うことによって，単なる情報を，価値を生み出し続ける情報（付加価値情報）に転換させるという顧客価値創造型マーケティングを展開しなければならない。

金融サービス業では情報化社会の進展と構造改革の推進で厳しい企業間競争に直面しており，金融業界に参入している企業は大企業相手では収益が生み出せない現状に陥って，大手・中小および業種を問わずリテール分野に注力している。このような経営環境に生き残るためには，顧客ニーズの正確な把握と顧客情報のセグメント化，および商品・サービス情報をベースとした持続的なマーケティング戦略の展開が求

められている。そのためには，情報化社会における顧客に対して焦点を当てたプッシュ戦略であるDB Marketingとプル戦略であるAASの展開が必要である。

　特に，AASの機能によって収集される様々な情報をもとに，金融サービス業として顧客に対してどのような提案と商品・サービスを提供することができるのかが，今後の企業間競争の大きな差別化要因になるからである。また，これからの金融サービス業を含めた企業経営にとっては，顧客との緊密な関係の構築が，より大きな収益へとつながっていく。

　商品・サービスを提供する企業が，タイミングよく最善・最適な提案やアプローチをすれば，顧客から信頼される企業として評価されるとともに，得意客として収益面での持続的な貢献が大きくなる。また，逆にこの努力を怠ると，金融サービス業を含めた様々な企業の提供する商品・サービスがコモディティ化していくという現象が進行することになる。

〈参考文献〉
朝野照彦・木島正明編（2000）『金融マーケティング』朝倉書店。
有友圭一・平島亮・松田克信（2008）『金融機関の新・顧客データ戦略SVoC―CRMを超えて―』金融財政事情研究会。
泉谷章（2002）「金融機関のCRMはマーケティングに生かされているか？」『金融ジャーナル』7月号，pp.62-63，金融ジャーナル社。
井上崇通・村松潤一（2010）『サービス・ドミナント・ロジック―マーケティング研究への新たな視座―』同文舘出版。
NRIセキュアテクノロジーズ（2015）「InterCollage」『アグリゲーションサービス』NRIセキュアテクノロジーズ。〈http://www.nri-secure.co.jp/service/intercollage/index.html〉（2015年11月8日確認）
NTTコミュニケーションズ（2015）「Agurippa」『マーケティングソリューション』NTTコミュニケーションズ。〈https://www.ntt.com/business/service/saas/marketing.html〉（2015年11月8日確認）
NTTデータ経営研究所編・武藤健（2014）『2020年のリテール金融投資サービス―個人投資家の世代交代で変貌するビジネスモデル―』エヌティティ出版。
岡宏（2012）『ストラテジック・バンク―国内金融機関の新成長戦略―』きんざい。
小野譲司（2010）『顧客満足[CS]の知識』日本経済新聞出版社（日経文庫）。

片山謙（2001）「米国におけるアカウント・アグリゲーションの進展」『資本市場クォータリー』2001年春号，pp.35-49，野村総合研究所．

川島一宏・浜口強・前田章・坂下正洋（1995）「金融機関におけるデータベースマーケティングの展開」『日立評論』6月号，pp.31-34，日立評論社．

川本裕子（2015）『金融機関マネジメント―バンカーのための経営戦略論―』東洋経済新報社．

北城恪太郎監修・諏訪良武（2009）『顧客はサービスを買っている―顧客満足向上の鍵を握る事前期待のマネジメント―』ダイヤモンド社，2009年．

隈本正義・松原義明（2015）「金融サービスにおけるオムニチャネルの進化」『金融ジャーナル』3月号，pp.8-11，金融ジャーナル社．

五藤靖人（2015）『地域金融機関の将来経営計画』きんざい．

小宮路雅博編（2012）『サービス・マーケティング』創成社．

税所哲郎（2004）「電子社会における金融機関のマーケティング戦略」『経営情報学会誌』第12巻第4号，pp.51-67，経営情報学会．

嶋口充輝（1995）『顧客満足型マーケティングの構図―新しい企業成長の論理を求めて―』有斐閣，1995年．

白石渉（2005）『金融のワンストップ・ショッピング』清文社．

杉浦宣彦・大槻奈那・伊藤亜紀・浅見淳（2013）『リテール金融のイノベーション―貸金業における自律的市場の創設に向けて―』きんざい．

総務省（2015）『平成27年版情報通信白書』総務省．〈http://www.soumu.go.jp/johotsusintokei/whitepaper/ja/h27/pdf/index.html〉（2015年11月8日確認）

ダイヤモンド・ハーバード・ビジネス編集部編（1996）『電子商取引のマーケティング戦略―デジタルパワーを活用した新市場開拓とCSの向上―』ダイヤモンド社．

鶴田規久監修・日本IBM金融インダストリーソリューション（2013）『2020年金融サービス―ITと融合するリテール金融の未来像―』東洋経済新報社．

中澤功（2001）『進化するデータベースマーケティング』日経BP社．

西浦裕二（1998）『金融マーケティング―自由競争時代の戦略イノベーショ―』東洋経済新報社．

野村総合研究所リテールバンキング研究チーム（2010）『新世代リテールバンキング―生活者視点で創る銀行の姿―』金融財政事情研究会．

橋本昌司（2002）「アカウント・アグリゲーションの動向とその法律問題」『旬刊金融法務事情』1月5・15日合併号，pp.72-79，金融財政事情研究会．

原田保・三浦俊彦編（2008）『マーケティング戦略論―レビュー・体系・ケース―』芙蓉書房出版．

フィリップ・コトラー（木村達也訳）（2000）『コトラーの戦略的マーケティング』ダイヤモンド社．

フィリップ・コトラー，ゲイリー・アームストロング（和田充夫監訳）（2003）『マーケティング原理 第9版』ダイヤモンド社．

ブレット・キング（電通国際情報サービス訳）（2013）『リテール金融のチャネル革命―ソーシャル時代の支店のあり方―』きんざい．

ブレット・キング（上野博訳）（2014）『脱・店舗化するリテール金融戦略―バンクからバンキングの時代へ―』東洋経済新報社．
正木千丈（1992）「アカウント・アグリゲーション・サービスの広範囲な可能性」『金融ジャーナル』7月号，pp.60-61，金融ジャーナル社．
南方建明・宮城博文・酒井理（2015）『サービス業のマーケティング戦略』中央経済社．
南知惠子・西岡健一（2014）『サービス・イノベーション―価値共創と新技術導入―』有斐閣．
和田充夫・三浦俊彦・恩蔵直人（2012）『マーケティング戦略（第4版）』有斐閣アルマ．

〈参考URL〉
GMOクリックホールディングス〈https://www.gmo-click.com/〉（2015年11月8日確認）
ISホールディングスグループ〈http://www.isgroup.co.jp/group/〉（2015年11月8日確認）
MS&ADインシュアランスグループホールディングス〈http://www.ms-ad-hd.com/〉（2015年11月8日確認）
NRIセキュアテクノロジーズ〈http://www.nri-secure.co.jp/index.html〉（2015年11月18日確認）
NTTコミュニケーションズ〈http://www.ntt.com/〉（2015年11月8日確認）
NTTビズリンク〈https://www.nttbiz.com/〉（2015年11月8日確認）
SBIホールディングス〈http://www.sbigroup.co.jp/〉（2015年11月8日確認）
SMFGカード＆クレジット〈http://www.smfg.co.jp/g_privacy/smfgcard.html〉（2015年11月18日確認）
T&Dホールディングス〈http://www.td-holdings.co.jp/〉（2015年11月8日確認）
あかつきフィナンシャルグループ〈http://www.akatsuki-fg.com/〉（2015年11月8日確認）
足利ホールディングス〈http://www.ashikaga-hd.co.jp/〉（2015年11月8日確認）
アニコムホールディングス〈http://www.anicom.co.jp/〉（2015年11月8日確認）
イー・アドバイザー〈http://www.eadvisor.co.jp/〉（2015年11月8日確認）
イオンフィナンシャルサービス〈http://www.aeonfinancial.co.jp/〉（2015年11月8日確認）
池田泉州ホールディングス〈http://www.senshuikeda-hd.co.jp/〉（2015年11月8日確認）
岩井コスモホールディングス〈http://www.iwaicosmo-hd.jp/〉（2015年11月8日確認）
岡三証券グループ〈http://www.okasan.jp/〉（2015年11月8日確認）
岡藤ホールディングス〈http://www.okato-holdings.co.jp/〉（2015年11月8日確認）
九州フィナンシャルグループ〈http://www.kyushu-fg.co.jp/〉（2015年11月8日確認）
じもとホールディングス〈http://www.jimoto-hd.co.jp/〉（2015年11月8日確認）
スターホールディングス〈http://www.star-ir.co.jp/〉（2015年11月8日確認）
ソニーフィナンシャルホールディングス〈http://www.sonyfh.co.jp/〉（2015年11月8日確認）
損保ジャパン日本興亜ホールディングス〈http://www.sompo-hd.com/〉（2015年11月8日確認）
大和証券グループ本社〈http://www.daiwa-grp.jp/〉（2015年11月8日確認）

東海東京フィナンシャル・ホールディングス〈http://www.tokaitokyo-fh.jp/〉（2015年11月8日確認）
東京海上ホールディングス〈http://www.tokiomarinehd.com/〉（2015年11月8日確認）
東京TYフィナンシャルグループ〈http://www.tokyo-tyfg.co.jp/〉（2015年11月8日確認）
東短ホールディングス〈http://www.tokyotanshi.co.jp/guide/group/tthd.shtml〉（2015年11月8日確認）
トモニホールディングス〈http://www.tomony-hd.co.jp/〉（2015年11月8日確認）
トヨタファイナンシャルサービス〈http://www.tfsc.jp/〉（2015年11月8日確認）
日本郵政〈https://www.japanpost.jp/〉（2015年11月8日確認）
野村ホールディングス〈http://www.nomura.com/jp/〉（2015年11月8日確認）
フィデアホールディングス〈http://www.fidea.co.jp/〉（2015年11月8日確認）
ふくおかフィナンシャルグループ〈https://www.fukuoka-fg.com/〉（2015年11月8日確認）
プリヴェ企業再生グループ〈http://www.privee-g.com/〉（2015年11月8日確認）
ほくほくフィナンシャルグループ〈http://www.hokuhoku-fg.co.jp/〉（2015年11月8日確認）
マネックスグループ〈http://www.monexgroup.jp/〉（2015年11月8日確認）
みずほフィナンシャルグループ〈http://www.mizuho-fg.co.jp/index.html〉（2015年11月8日確認）
三井住友トラスト・ホールディングス〈http://smth.jp/〉（2015年11月8日確認）
三井住友フィナンシャルグループ〈http://www.smfg.co.jp/〉（2015年11月8日確認）
三菱UFJ証券ホールディングス〈http://www.hd.sc.mufg.jp/〉（2015年11月8日確認）
三菱UFJフィナンシャル・グループ〈http://www.mufg.jp/〉（2015年11月8日確認）
ヤフージャパン〈http://www.yahoo.co.jp/〉（2015年11月8日確認）
山口フィナンシャルグループ〈http://www.ymfg.co.jp/〉（2015年11月8日確認）
弥生〈https://www.yayoi-kk.co.jp/〉（2015年11月8日確認）
ユニコムグループホールディングス〈http://group.unicom.co.jp/〉（2015年11月8日確認）
りそなホールディングス〈http://www.resona-gr.co.jp/〉（2015年11月8日確認）

第4章 情報セキュリティ戦略

Chapter 4
Information Security Strategy

1 ■ はじめに

わが国のクレジットカード（以下，カード）業界は，2015年3月末現在，カード発行数2億5,890万枚（前年比▲3.1％増），および2014年3月末現在，カードの信用供与額8兆5,797億円（前年比10.7％増）[1]の大きな市場規模に達しいる。今日では，様々なビジネスの提供と拡大，およびその決済手段として巨大な産業を構成している。

また，現代の情報化社会において，情報通信技術（ICT：Information and Communication Technology）を活用した，インターネット環境下でのマッチング・ビジネスの展開では，商品・サービスの購買時の決済サービスのみならず，ポイントの付与や本人確認時などにカードを利用している。このような意味から，カードシステムは社会的インフラの一部と見なすことができ，その安全・安心なサービスの提供が求められている。しかし，カード市場の急激な拡大と利用者の増加，およびカードビジネス・スキームの複雑化によって，個人情報漏洩や不正アクセス，ウイルス，スパイウェア，スキミング，フィッシング，盗難，偽装店舗などのカードにおける情報セキュリティ問題が急増している。

現在，カードに起因した情報セキュリティ問題に対応するための方策では，カード会社は従来のISMS（Information Security Management System）[2]とともに，カード分野の情報セキュリティ基準であるPCIDSS（Payment Card Industry Data Security Standard）

1　一般社団法人日本クレジット協会の統計調査『クレジット関連統計』による。
2　一般財団法人日本情報経済社会推進協会では，「ISMSとは，個別の問題ごとの技術対策の他に，組織のマネジメントとして，自らのリスクアセスメントにより必要なセキュリティレベルを決め，プランを持ち，資源を配分して，システムを運用することである。」と定義している。

を導入し，組織における情報セキュリティ・マネジメントを構築している。PCIDSSは，カードという産業分野に特化した情報セキュリティ・マネジメントであるが，カード情報を一般組織の顧客情報や取引情報，新商品・サービス情報などに適用することで，インターネット上のマッチング・ビジネスだけではなく，製造業や流通業，小売業といったリアルビジネスにも適用できる概念である。

　カードは，個人や家族，組織における信用状況に基づいて発行される。一般的に，利用者は発行されたカードを用いて，有効期限や利用可能額の範囲内でのサービス利用や会員規約の遵守などの一定条件下で，ショッピング時の決済，キャッシング時の現金，マイレージなどのポイント付与，本人確認などのサービス提供を受ける。また，従来からの金融系カードに加えて，小売系，製造系，運輸系，情報通信系など，数多くの業種・業態からも，成長性や本業とのシナジー効果[3]への期待の大きさからカード分野への参入が見られる。

　本章[4]では，クレジットカード分野だけではなく，情報化社会における新しいビジネスモデルであるマッチング・ビジネス，あるいはリアルビジネスにも適用が可能であるPCIDSSについて，その実態と可能性について論じていくこととする。

2 ■ 情報化社会の進展と情報セキュリティ

2.1　情報化社会と情報セキュリティ・マネジメント

　情報化社会の進展によって，カード業界では，カード情報の漏洩やスキミングによるカード偽造，フィッシングによるカード情報詐取，第三者による盗難カード使用などのカードに関する様々な脅威[5]が発

3　シナジー効果（Synegy Effect）とは，相乗効果のことで，複数の企業がアライアンス（協働）を締結することによって，事業が有利に展開される場合，あるいはひとつの企業内の別々の事業部門が協働することで事業が有利に展開される場合がある。
4　本章は，税所哲郎（2008）を大幅に加筆・訂正したものである。
5　本章では，脅威を「情報化社会が直面する脅威」と位置付けて，情報システムの安全かつ安定的な運用ができなくなって組織の業務に甚大な影響を及ぼす恐れのある「物理的な脅威」と物理的脅威に該当しない「論理的な脅威」に大別する（税所哲郎，2012）。

表4-1　組織における情報資産の例

区分	具体的な情報資産の例
情報・データ	データベース，データファイル，Webコンテンツ，システム文書，ユーザーマニュアル，教育資料，操作手順書，手書情報，会話情報など
ソフトウェア	オペレーティングシステム，ミドルウェア，アプリケーションソフト，開発言語，開発ツール，ユーティリティ・ソフトなど
ハードウェア	コンピュータ（サーバー，ディスプレイ，周辺装置，PC，WS），通信装置（ルータ，LAN，交換機，回線）など
ファームウェア	記録媒体（HD，FD，MO，CD，USBメモリなど）
施設・設備	部屋，建物，電源装置，空調装置，OA機器（FAX，コピー，電話）など
サービス	計算処理，情報提供，通信，各種ユーティリティ（電源，空調，照明，警備）など
情報に接する人々	役員，正社員，派遣社員，契約社員，アルバイト，パートタイマー，顧客など

(出所) 税所哲郎（2012）を加筆・修正のうえ作成。

生するなどの情報セキュリティ問題が顕在化している。情報セキュリティ問題では，インターネット環境下でのビジネスを展開する上において，利用者とカード会社，加盟店や銀行，事業者，あるいは行政機関にまで，参加者間に提供される決済サービスなどに関して，安全・安心なカード利用の懸念が拡大している。

　このようなカード会社などの参加者では，情報セキュリティにおいては，従来からISMSを導入して，様々な脅威に対応するための対策と対応を実施してきた。ISMSでは，企業や行政機関，各種団体などの組織が表4-1に示すような情報資産を適切に管理して，機密を守るための包括的な枠組みを利用，情報セキュリティ問題に対処することを目的としている。また，ISMSは技術的な対策だけではなく，個人や組織が情報資産を取り扱う場合の基本的な方針，それに基づく対策を行うことで，様々な脅威から情報資産を守っていくことになる。なお，ここで示している情報資産とは，個人や組織がその価値を認識している情報と情報システム，これらが適切に保護され，かつ使用されて機能するための必要な要件であり，何らかの保護を必要としている

情報システム全体の構成要素，またはその一部のことである。

ISMSの基本方針は，情報資産に対する脅威とバルネラビリティ[6]を特定し，脅威の発生内容や発生頻度などのデータに基づき，どれくらいの影響があるのかを評価するリスクアセスメント（Risk Assessment）を実施することでその対応方針を判断する。リスクアセスメントでは，図4-1に示すように，情報セキュリティ対策として，情報資産に対する「機密性（Confidentiality）」，「完全性（Integrity）」，「可用性（Availability）」の観点から各種リスクを評価する。「機密性」は，アクセスを認可された者だけが情報に確実にアクセスできることであ

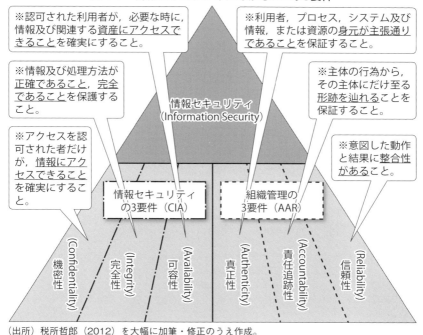

図4-1　情報セキュリティにおける2つの3要件

（出所）税所哲郎（2012）を大幅に加筆・修正のうえ作成。

6　バルネラビリティ（Vulnerability）とは，コンピュータ利用の高度化に伴って生じる情報化社会のもつ脆弱性のことである。

る。続いて，「完全性」は，情報資産が完全な状態で保存され，内容が正確であることである。最後に，「可用性」は，情報資産が必要になったとき，利用できる状態にあることである。この３つの頭文字をとって，情報セキュリティの「CIA」と呼ばれている。

さらに，図4-1に示すように，ISO/IEC TR 13335[7]では，システム管理者向けの指針を示した情報セキュリティ管理方針として，「真正性（Authenticity）」，「責任追跡性（Accountability）」，「信頼性（Reliability）」が提示されている。「真正性」は，利用者，プロセス，システム，情報，または資源の身元が主張通りであることを保証することである。続いて，「責任追求性」は，主体の行為から，その主体にだけ至る形跡を辿れることを保証することである。最後に，「信頼性」は，意図した動作と結果に整合性があることである。この３つの頭文字をとって，情報セキュリティの「AAR[8]」と呼ばれている。

リスクアセスメント実施後の対応方針の決定では，個別リスクに対する対策だけでなく，情報資産を取り扱う場合のリスクに対する基本的な方針である「軽減」「受容」「回避」「移転」の対応も策定する必要がある。

「軽減」では，情報セキュリティ管理策を採用し，リスクの発生可能性やリスクによる影響を可能な限り低減していくことである。

「受容」では，受容レベルの基準を明確にしたうえで，その基準を満たす場合には，リスクを受け入れてしまうことである。また，情報セキュリティ管理策を採用しても，新しい脅威が発生する場合やリスクが残留してしまう可能性もあるので，定期的にリスクアセスメントを実施して，

---

7 ISO/IEC TR 13335は，GMITS（Guidelines for the Management of IT Security）というタイトルが付き，リスク分析と管理方法に主眼が置かれたITセキュリティ・マネジメントに関する規格である。情報セキュリティの概念とモデル，情報セキュリティの管理と計画，情報セキュリティの管理の技法，セキュリティ対策の選択，ネットワークセキュリティの管理手法の5つから構成されている。

8 AARは，ISO/IEC TR13335（GMIT：Guidelines for the Management of IT Security）で示したシステム管理者向けの情報セキュリティ管理指針の3要素，真正性（Authenticity），責任追跡性（Accountability），信頼性（Reliability）である。なお，GMITは情報資産管理のためにISO（国際標準化機構）が策定したテクニカルレポートで，情報資産に対する潜在的な脅威とそれが顕在化する理由が記載されている。

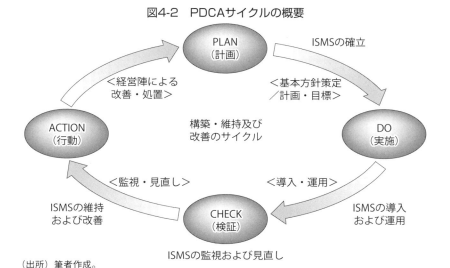

図4-2 PDCAサイクルの概要

(出所) 筆者作成。

情報資産に対する脅威とバルネラビリティ[9]を把握しておく必要がある。

「回避」では，リスクの発生可能性を根本的になくすことである。例えば，書類による漏洩というリスクがあるならば，書類での業務をやめて，すべての書類を電子化してしまうといった対策がこれにあたる。

「移転」では，関連する事業リスクを，保険業者や外部委託業者といった他の関係者へ移転することである。例えば，金銭的な損害に備えて情報セキュリティ保険に加入する，外部委託業者を買収して社内に業務を取り込んで内製化する，あるいは定型的な単純な業務といった特定の業務そのものを切り出してアウトソーシングするといった対策がこれにあたる。

このように，ISMSの基本的な方針は，情報セキュリティ対策に関する具体的な計画，実施，運用，方針，計画の見直しまでを含めた統合的リスクマネジメント（Integrated Risk Management：以下IRM）である。IRMでは，図4-2に示すように，「Plan（計画）」，「Do（実施）」，

---

9 バルネラビリティ（Vulnerability）とは，脆弱性のことで，脅威となる行為の発生を助長してしまう現状の管理策の問題点のことである。

第4章 情報セキュリティ戦略 | 125

図4-3 ISMS認証取得組織数の推移

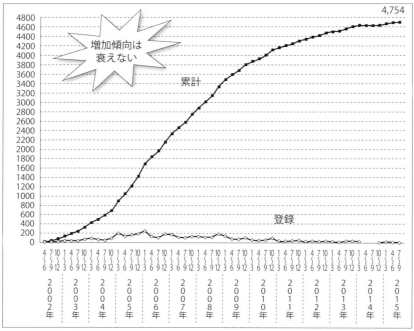

（注）2016年1月6日現在の組織数は4,754である。
（出所）日本情報経済社会推進協会（2015）を加筆・修正のうえ作成。

「Check（検証）」，「Action（行動）」のPDCAサイクルを継続的に繰り返し，情報セキュリティレベルの向上を図っていくのである。ここで重要なのが，IRMは単発的な活動ではなく，何度も何度も継続的な活動を繰り返していくということである。

PDCAサイクルでは，まず「Plan」として，情報セキュリティポリシーを策定し，その目的や適用範囲を明確にする。続く「Do」では，策定した情報セキュリティポリシーに基づく情報セキュリティ・マネジメント対策を講じて，システムの運用を行う。そのあとの「Check」では，それまでのシステムの運用に伴う情報セキュリティの水準の調査・分析と評価を行う。最後に「Action」として，情報セキュリティ・マネジメント対策の見直しを行うことによって改善を加えるのである。その見直しと改善の結果が，次のPDCAサイクルの「Plan」のイン

プット情報として引き継がれることになる。

わが国の企業では，図4-3に示すように，ISMSの認証を取得する組織の数は増加傾向にあり，組織内の情報セキュリティに対する意識を高めている。また，企業は，PDCAサイクルによる継続的な取り組みを実施し，悪意ある第三者からの脅威や情報システムにおけるインシデント[10]への対策を行っている。

2.2 情報化社会における情報セキュリティ問題

カード業界では，表4-2に示すように，個人情報漏洩事件・事故，不正アクセス，ウイルス情報，脆弱性，不具合・障害といった情報セキュリティ問題は，数多く発生している。特に，個人情報漏洩や情報システムの不具合・障害の問題が顕著であり，減少傾向は見られない（Security NEXT，2015年）。

このような現状の中で，現在，カードに関する情報セキュリティ問題については，（1）セキュリティレベルの認識の相違，（2）カード利用形態の多様化といった代表的な問題がある。

(1) セキュリティレベルの認識の相違

これは個人情報保護法によるプライバシーマーク（以下，Pマーク）制度[11]の導入とセキュリティレベルの認識の相違がもたらした，企業における情報セキュリティ意識の格差である。

1988年12月に「行政機関が保有する電子計算機処理に係る個人情報の保護に関する法律」（昭和63年12月法律第95号）制定，2003年5月30日に同法律が改正（平成15年法律第58号），行政機関における個人

10　JPCERT/CC（有限責任中間法人 Japan Computer Emergency Response Team Coordination Center）では，インシデントの定義を「正当な権限をもたない人がコンピュータを不正に利用するようなコンピュータのセキュリティに関わる事件，出来事の全般」としている。
11　プライバシーマーク制度（Privacy Mark System）は，一般財団法人日本情報経済社会推進協会（JIPDEC：Japan Information Processing Development Corporation）が1998年4月1日より行っている個人情報保護に関する事業者認定制度である。認定では，JIS Q 15001に基づいた審査を行い，該当する事業者の事業活動に対して「プライバシーマーク」の使用を認めている。対象となる個人情報については，オンライン・オフラインなどの入手経路を問わず，顧客情報のみに限らず，社員情報や採用情報など，自社で保有するすべてが対象になる。

表4-2 情報化社会における脅威の推移

項目	2013年											
	1月	2月	3月	4月	5月	6月	7月	8月	9月	10月	11月	12月
個人情報漏洩事件・事故	23	28	30	27	37	32	40	34	36	34	35	29
不正アクセス事件	8	2	14	14	18	23	22	24	13	14	5	8
ウイルス情報	8	6	12	5	1	7	10	5	7	5	10	6
脆弱性チェック	2	2	2	1	4		1	2		1		
不具合・障害	3	2	4	6		2	3	1	3	3	2	2
著作権関連		2	1	1	1	1	3		1	2	3	3

項目	2014年											
	1月	2月	3月	4月	5月	6月	7月	8月	9月	10月	11月	12月
個人情報漏洩事件・事故	28	19	30	30	36	29	41	23	27	27	22	26
不正アクセス事件	7	12	9	13	16	19	3	7	11	8	7	8
ウイルス情報	11	11	7	4	10	8	7	6	6	4	7	6
脆弱性チェック	1	3	1			1	1	2	2	1		
不具合・障害	1	4	2	4		3	4	4	4	3	1	4
著作権関連	3	1	2	2	2	2	1	1	2	1	1	1

項目	2015年									
	1月	2月	3月	4月	5月	6月	7月	8月	9月	10月
個人情報漏洩事件・事故	33	27	27	30	28	55	45	28	35	36
不正アクセス事件	2	5	7	3	4	24	25	7	5	6
ウイルス情報	1	5	6	7	7	14	11	7	0	3
脆弱性チェック			2	1		2	1			
不具合・障害		2	7	1	3	4	2	2	6	3
著作権関連	1	2			1	1				

(注) 2015年10月末日現在のデータである。
(出所) Security NEXT（2015）『ニュース一覧』から当該データを抽出して作成。

情報の取扱いが明確に規定された。一方，民間企業おける個人情報の取扱いに関しては，情報化社会の進展により，インターネット上のマッチング・ビジネスでは個人情報がやり取りされることから，個人情報保護が強く求められている。そのため，早期の実施と実効性のある個人情報保護の方策の実施が求められて，1998年4月にJIPDECがPマークを導入したのである。

Pマークでは，企業などの事業者が個人情報の取扱いを適切に行う

ための体制やマネジメントなどを整備する取り組みを認定し，認定の証としてPマークの使用を認めている。消費者とっては，Pマーク提示で，①個人情報保護に関する消費者の意識向上を図ること，②適切な個人情報の取扱いを推進して消費者の個人情報保護意識の高まりに応える，③社会的な信用を得るためのインセンティブとして個人情報を取り扱う事業者に与えられている，このようなことが直接判断できる。

　このような経緯から，2003年5月30日に事業者を対象の「個人情報の保護に関する法律」（平成15年法律第57号）が制定・公布，2005年4月1日に全面施行されたのである。個人情報保護法では，個人情報を取り扱う事業者は，この法律に適合することが求められた。この法律では，5,000件以上の個人情報をデータベースなどの形態で所持し，事業に用いる事業者は個人情報取扱事業者と見なされ，この個人情報取扱事業者が個人情報を漏洩した場合，あるいは主務大臣への報告義務などの適切な対処を行わなかった場合には，事業者に対しては刑事罰が科されることになったのである。

　また，個人情報保護法を契機に導入されたPマークは，JIS Q 15001（個人情報保護マネジメント・システム）に基づいて，①個人情報を取得する際に本人の同意を得ること，②個人情報を利用目的の範囲内で取り扱うこと，③個人情報を適切に管理すること，④本人から自己の個人情報の開示・訂正の請求に応じる仕組みを有することなどの要求事項を満たす必要がある。

　事業者によるPマーク認証取得は，あくまでも，わが国の国内限定の認証制度であり，その内容においては当該事業者の機密保持レベルの保証をしているということではなく，事業者が保有する個人情報の件数に関係なく一律の制度（JIS Q 15001）に基づいて，個人情報に関するマネジメント・システムが確立していることを保証する内容になっている。

　このことは，機密保持レベルそのものが保証されているわけではなく，①機密保持に関しての企業方針が確立していること，②個人情報の管理体制が構築され，かつ実施されていること，をチェックするこ

とが制度の趣旨になっている。したがって，カードの情報セキュリティを対外的にアピールするためには，国際的に通用するための具体的な指針や基準が必要である。

一方，現在のPマークでは，企業規模や業種，あるいは保有する個人情報の件数に関係なく，すべての企業が一律に同一の認証制度によって評価が行われている。つまり，大企業のような数多くの個人情報を取り扱う事業者，あるいは電子商取引におけるすべての業務が電子的に行われる事業者などに対しては，そのビジネスモデルや業務内容を考慮した機密保持レベルのチェックという視点を盛り込んでいくことが必要である。

（2）カード利用形態の多様化

これはインターネット環境下でのビジネスモデルであるマッチング・ビジネスを展開する上において，従来からの単一的な決済手段が多様化されたことのほかに，成りすましを防ぐための本人確認手段として利用されてきたことに起因するものである。

現在，インターネット上のWebサイトでは，電子モールやショッピングサイトが多数開設，物品から小説，映画，音楽，アニメーション，ゲームなどの様々な商品・サービスの電子商取引（Electric Commerce：以下EC）が行われ，それぞれの商品・サービスに対応したカード決済が提供されている。

従来の通信販売やカタログ取引での顧客との非対面取引の決済手段では，商品・サービスの購入者が購入代金を銀行や郵便局の指定口座へ振込んだり銀行口座から引き落とされるのが一般的であった。これに対し，ECにおける決済サービスでは，電子モールやショッピングサイトごとのカード決済やインターネットバンクと連携した銀行決済，電子マネー決済などの手段が提供されている。

ECでは，インターネット上の電子モールとショッピングサイトにおいて，商品・サービスの品揃えとともに，多様な電子決済手段を提供したビジネスモデルを構築できれば，より多くの顧客に利用してもらえる。しかし，それは同時に，商品・サービスの品揃えと決済手段の組み合わせ数の増加に応じて，決済システムの安全性に対するリス

クが増大[12]することでもある。したがって，インターネット上の電子モールとショッピングサイトでは，電子的な決済手段の多様性を提供しながらも，決済システムの安全性を確保するだけの仕組みである機密保持対策が求められる。

　カードの情報セキュリティでは，セキュリティコード[13]を付与することで，本人認証，かつカードによる決済処理の際に不正利用リスクの軽減を図っている。セキュリティコードの認証は，氏名やクレジットカード番号，有効期限に加えて，セキュリティコードを入力することで，カードを所有していない悪意のある第三者による成りすましの決済を防止する機能を持っている。したがって，セキュリティコードは，実際にクレジットカードを持っているカード会員本人のみが知ることができるため，インターネット上でのカード決済時に不正利用対策を高めることができる。なお，セキュリティコードは，クレジットカード利用伝票や明細書に記載されることはない。

　このようにカードによる決済サービスの提供は，利用者である個人のみならずに，商品・サービスを提供する一般の事業者へも普及・拡大している。また，カード業界には，前述したように，様々な業種・業態による新規参入やカード会社の離合集散，業界再編，機能分化が進展しているとともに，新しいビジネスモデルが生み出されることでサービス内容も複雑化・多様化している。さらに，決済サービスの提供では，各種電子決済手段によって複数の関連事業者が介在して，役割と責任の所在関係が必ずしも明確となっていない状況でもある。このため，カード取引の不透明性やトラブル，個人情報を含むカード情報が漏洩するといった事態が発生しやすい状況である。

12　リスクの増加に関しては，単なる品揃えと電子決済手段に対する比例による増加だけではなく，べき乗による増加も考えられる。
13　クレジットカード・セキュリティコード（Credit Card Security Code）は，クレジットカードの裏面または表面に記載された3桁もしくは4桁の番号で，VISAカードではCVV2（Card Verification Value），MasterカードではCVC2（Card Validation Code），American ExpressではCID（Card Identification Number）などと呼ばれている。

第4章　情報セキュリティ戦略 | *131*

2.3 ISMS活動の限界と情報セキュリティ

これまで見てきたように，ISMSにおいては，あくまでも組織における自己責任を前提にした情報セキュリティレベル向上のための組織をあげたPDCAサイクルの継続的な繰り返しの取り組みを行うことをチェックする。ISMSでは，その組織における情報資産に対する脅威を自己分析・評価して，組織として適切な経営判断を行ったうえで，脅威を受け入れることもある。このことは，ISMS認証のすべての組織においては，必ずしも高度な情報セキュリティ環境そのものを維持できているという証にはならない。

ISMSでは，組織における情報資産に対する脅威を受容することは選択肢のひとつであり，その意味では組織にとって客観的に必要十分な情報セキュリティ対策が確実に確保されているとは言えないことになる。しかし，実際の組織では，実装した情報セキュリティ対策についての客観的な要求レベルを明示することは非常に重要な対応である。

したがって，自己責任に基づく要求レベルでは，その妥当性を自らの組織が設定し，①どの情報に誰がアクセス可能か，②どの操作を誰に対して許可するか，③どのデータを暗号化するか，④どの方法で情報をやり取りするか，④情報の目的外利用や外部侵入の対処方法，⑤情報漏洩の防止方法，⑥ウイルス感染の対処方法，⑦トラブル時の事業継続，⑧データ喪失やデータ改竄，データ削除などの対処方法，といった内容の明示が必要となる。

つまり，要求レベルの明示では，どのような場合に，どの部署の担当者が，どのような対応を行うかを策定することで，組織内の責任の所在が明らかになり，その判断基準や障害時，トラブル時，異例処理時における実施対策が明確になる。また，情報セキュリティ問題に対する社員意識の向上と高揚，組織におけるステークホルダー[14]をはじめとする組織外部者に対する信頼性の向上や対外的イメージのアップなどのメリットも大きいのである。しかし，ISMSのスキームは，あくまでも組織における自己責任が前提となって構築されており，多くの組織においては自らの組織の具体的な到達点を見出せず，継続的な

14　ステークホルダー（Stakeholder）とは，一般的には組織における企業の利害関係者のことである。企業の場合には，株主や債権者，取引先，顧客，従業員などが該当する。

目標も設定できていない。

　ところで，情報化社会では，従来の取引形態の中心であるFace to Faceの対面取引からインターネットを介した非対面取引へと移行し，その決済などのためにカード利用が増加している。インターネット上のカード決済では，決済代行業務を行う決済データ処理業者のもとに，顧客情報や決済情報などのカード情報が大量に集約されてデータ処理が行われており，カード取扱い関係者ではカード情報漏洩による脅威が増大している。

　例えば，2015年上半期のカード情報漏洩は，3月にソースネクストのマイページで他人のカード情報表示（共通メールアドレス利用者間で個人情報が閲覧可能），4月にONYONEベースボールギアの72件漏洩（セキュリティコードも流出），6月にLuzLlenaの3,701件漏洩（OpenSSL脆弱性），新日本プロレスの11,155件漏洩（Webアプリケーション脆弱性），イタリア自動車雑貨店の28,212件漏洩（テスト環境経由でバックドア），村田園の1,959件漏洩（セキュリティコードも流出）と続出している（Security NEXT, 2015年）。

　一方，重要な情報であるカード情報を持っているカード発行会社や加盟店などのカード情報を取り扱う関係者が，自社でカード情報を持っていることを認識していない状況が拡がっていることも問題となっている。これは，カード情報を取り扱う関係者がインターネット経由でカード情報の伝送を行った結果，自社あるいは自店のコンピュータから相手先コンピュータへとカード情報が移転するが，どこにカード情報があり，いつカード情報が移動するのか，どこにカード情報を移動するのかを，カード情報を取り扱っている関係者における状況の把握が困難化しているためである。

　このようなカード情報漏洩などの脅威に対して，VISAのAIS（Account Information Security）やMasterCardのSDP（Site Data Protection）など，国際カードブランド[15]の各社が独自に情報セキュリ

15　国際カードブランドとは，決済システムやインフラなどのプラットフォームを提供している会社のことで，VISA, MasterCard, JCB, American Express, Diners Club (Discover) の5つカード会社のことである。ディスカバー・フィンシャル・サービシス (Discover Financial

ティ基準を運用している。しかし，カードブランドごとに情報セキュリティ基準が相違すると，各社の要求事項も異なる。したがって，複数のカードを取り扱っている加盟店では，カード情報の情報セキュリティ対策で「どのように取り扱うか」「どこまで取り扱うのか」「いつまで取り扱うのか」などの問題が発生し，加盟店ごとにその判断や対応がバラバラとなって混乱に陥ったことからPCIDSSが推進された。また，日本カード情報セキュリティ協議会では，平成26年（2014年）6月13日改正の「割賦販売法」第35条の16（クレジットカード番号などの適切な管理）への対応として，PCIDSS準拠を策定している（日本カード情報セキュリティ協議会，2010年）。

3 ■ カード業界における情報セキュリティへの対応

3.1 カード業界へのPCIDSS導入の背景

2015年3月末現在，わが国のカード発行数は2億5,890万枚（前年比▲3.1％増），および2014年3月末現在カード信用供与額は8兆5,797億円（前年比10.7％増）の巨大な市場規模に達し，すべての国民が2枚以上のカードを保有している計算である。また，2014年3月末現在カード信用供与額は，46兆2,663億円（前年比10.7％増），信用供与残高8兆5,797億円（前年比7.4％増）の市場規模を形成し，カード業界全体の業務処理データは増大し続けている。カードの影響力は社会的インフラと位置付けられて，その機能が情報化社会に大きく影響を及ぼしている。

ところで，わが国のカード業界には，銀行や証券会社，保険会社，信販会社，ノンバンク，消費者金融などの「金融系」だけでなく，その成長性や本業とのシナジー効果度合いの高さから，様々な業界の企業からカード業界への参入が多く見られる。

Services）のDiscover Cardは，VISAやMasterCardのような国際ブランドではないために米国以外ではほとんど利用できなかった。しかし，2008年4月，国際カードブランドのシティグループ・インク（Citigroup Inc.）傘下のダイナースクラブ・インターナショナル（Diners Club International）を買収して，国際展開を図った。

16　消費者信用における信用供与は，主にクレジット会社や消費者金融会社が申込者にクレジットの利用を認めることであり，信用供与額と1年間に消費者に信用供与した額のことである。

例えば，イトーヨーカ堂やイオンといったスーパーマーケット業，伊勢丹や大丸，高島屋といった百貨店業，セブン・イレブンやローソン，ファミリーマートといったコンビニ業などの「小売系」，三菱電機や日立製作所，東芝などの家電製造業などの「製造系」，JR東日本やJR西日本，東京急行，京浜急行といった鉄道業，日本航空や全日本空輸といった航空業などの「運輸系」，楽天やYahoo! Japan，@niftyといったポータルサイトなどの「情報系」，JX日鉱日石エネルギや昭和シェル石油，出光興産などの「石油元売系」などである。

このように，情報化社会の進展，およびカード市場の拡大と利用者の増加によって，カードの利便性拡大とともに，従来のビジネススキームでは想定外・予想外の悪意ある第三者からの脅威が増加している。例えば，①ファイル共有ソフトによる知らない間に発生したカード情報の漏洩，②企業の脆弱性をつかれて発生した大規模なカード情報の漏洩，③スキミングによるカードの磁気記録情報を不正に読み出すことで発生したカードの偽造，④フィッシングによる正規のWebサイトを装ったことで発生したカード情報の詐取，⑤盗難カードの不正使用などの脅威である。

悪意ある第三者からの脅威は，単に利用者とカード発行会社の問題ではなく，社会的インフラの一部になっていることから関連の組織などを含めた一連の決済サービスの安全性に対する懸念が拡大し，その対応が現代のビジネスモデルの課題となっている。わが国や米国だけでなく，世界中で相次ぐ大規模なカード情報漏洩事件の発生で，その対応コスト，および信用力の失墜など，カードブランドが崩壊する危険性がでてきたのである。

このように，全世界で数多くのカード情報漏洩が多発することになると，そのカードは安心して使えなくなるため，PCIDSSの要求規格の策定背景には，カードとしてのブランドの堅持がある。つまり，カードの発行が企業としてブランドを堅持するために，カード情報を取り扱うすべての関係者に対して，最低限遵守する必要がある要求規格が策定されたのである。

この結果，図4-4に示すように，クレジットカードの不正使用被害

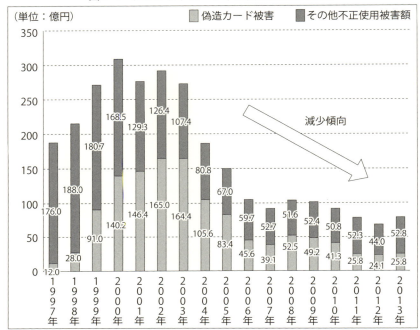

図4-4　クレジットカード不正使用被害額の推移

(出所) 一般社団法人日本クレジット協会 (2015) より作成。

額の推移を見るとすぐにわかるが，2003年までの上昇傾向がPCIDSS導入後の2004年を境に，誰の目で見てもすぐにわかる減少傾向を示している。

3.2　カード業界のPCIDSS対応とメリット

　カード業界の情報セキュリティの実装レベルに対する要求規格PCIDSS Ver 1.0 が2004年12月に策定され[17]，その後，適用を通じてカード情報保護の取り組みが行われた。また，本格的なPCIDSSへの取り組みは，2006年9月のPCI（Payment Card Industry）の国際的組織でカード分野の情報セキュリティ標準を定義し，PCIDSSの維持

17　2013年11月，PCIDSSはVer2.0からVer3.0へのバージョンアップを行い，要件の趣旨を明確化，追加ガイダンスの提供，新種の脅威や市場の変化へ対応している。

図4-5 ISMSとPCIDSSの対象範囲の概要

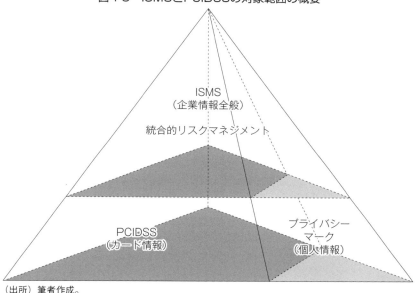

(出所)筆者作成。

管理や普及活動のための米国組織のPCIセキュリティ基準審議会である PCISSC (Payment Card Industry Security Standards Council LLC.) が設立されてからである。

PCIDSSは,カード業界が関連する様々な情報の不正利用防止のために策定した非常に強制力のある要求規格で,最低限実施すべき規格を具体的に定めている。また,カードが組織としてのブランドを堅持するために,カード情報を取り扱う物販店や電子モール,ショッピングサイトなどの加盟店,決済を行う銀行などの関係者に最低限要求する情報セキュリティ基準である[18]。

ここで重要なのが,これまで組織が積極的に導入した情報セキュリティ対策のISMSやPマークとPCIDSSとの違いである。ISMSとPCIDSSの対象範囲は,図4-5に示すように,ISMSとPマークではPDCAサイクルに基づく商品・サービスの情報や個人情報などの情

---

[18] 2008年11月13日,VISA (VISA World Wide Japan) は,PCIDSSの遵守に2010年9月末の期限を設定した。

図4-6　PCIDSSと情報適用分野

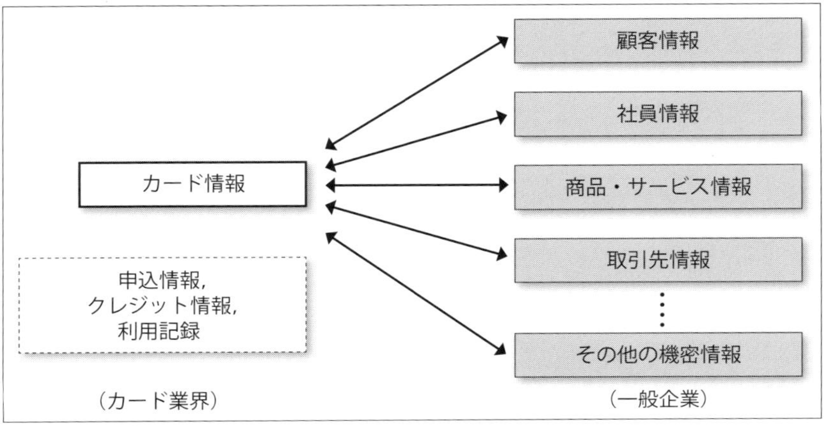

```
┌─────────────────────────────────────────────────┐
│                              ┌──────────────┐   │
│                           ┌→│  顧客情報     │   │
│                           │  └──────────────┘   │
│                           │  ┌──────────────┐   │
│                           ├→│  社員情報     │   │
│   ┌──────────┐            │  └──────────────┘   │
│   │ カード情報│←──────────┤  ┌──────────────┐   │
│   └──────────┘            ├→│商品・サービス情報│ │
│                           │  └──────────────┘   │
│   ┌ ─ ─ ─ ─ ┐             │  ┌──────────────┐   │
│   │申込情報， │            ├→│  取引先情報   │   │
│   │クレジット情報，│       │  └──────────────┘   │
│   │利用記録　│             │       ⋮             │
│   └ ─ ─ ─ ─ ┘             │  ┌──────────────┐   │
│                           └→│その他の機密情報│  │
│                              └──────────────┘   │
│    （カード業界）              （一般企業）      │
└─────────────────────────────────────────────────┘
```

（出所）筆者作成。

報全般の対応である。これに対してPCIDSSは，インターネット上での安全確保を中心に6つのカテゴリーと12要件に基づく具体的な要求事項で構成される。したがって，PCIDSS対応では，カード情報保護の範囲に特化し，かつ対策の具現化が要求される。

　また，ISMSとPCIDSSの考え方の違いは，ISMSは自己責任を前提とした要求事項であるのに対して，PCIDSSは契約上の要求規格に対して非常に強制力があることである。PCIDSSの考え方は，図4-6に示すように，対象のカード情報を顧客情報や残高情報，取引情報，社員情報，株主情報，商品・サービス情報，取引先情報，債権者情報，その他の機密情報に置き換えることが可能で，その要求規格が一般情報へも十分に適用できる。

　このように，PCIDSSでは，カード情報に関わるすべての関係者の要求事項の遵守が要求され，組織ごとの要求事項の内容に差異がない。一方，ISMSでは，自己責任が前提の要求事項なので，組織ごとに情報セキュリティ対策の要求事項が相違する。

　ところで，一般的な組織では，PCIDSSを導入した情報セキュリティ対策を実践する大きなメリットとして，以下のような代表的な3つ

の特徴がある。

　第1は，既にISMS認証取得済みの到達点を見出せない企業が，カード業界と同水準のセキュリティ基準を確保できることである。わが国では，ISMSやPマーク，ISO9001[19]，ITIL[20]，CMMI[21]などの各種認証制度やガイドライン，基準，規約などを制定すれば，それに準じること，認証を受けることだけで満足してしまい，本来の趣旨である継続的な情報セキュリティ向上を達成できない組織が多い傾向がある。PCIDSSでは，実施すべき基準が厳密に規定してあるので，その基準をベンチマークとして活用し，情報セキュリティレベルを客観的に評価，対策方針を決定できる。

　第2は，一般組織がシステム監査を含む外部監査を受けた場合，厳しいマネジメント・システムを導入するカード業界と同等の情報セキュリティ基準を実装していると，外部の第三者に説明できアピールできることである。この基準では，顧客や従業員，株主，債権者，取引先，販売会社，地域社会，行政機関などのステークホルダーや外部の第三者に対して，カード情報，あるいは顧客情報，取引情報，商品情報，その他の機密情報など，すべての関係者が最低限遵守すべきPCIDSSの要求事項が明確に提示されており，非常に理解されやすい，納得できる内容となっている。

　第3は，専任スタッフが確保できない組織でも，カード業界と同水準のセキュリティ基準を実装できることである。一般的に，小規模組織になればなるほど，当該組織の人的資源として専任スタッフを配置することは厳しい。しかし，PCIDSSに準拠する条件さえ満たすことができれば，組織規模を問わないで，必要十分なセキュリティ基準を実装できる。

19　ISO9001（品質マネジメントシステム：Quality Management System）とは，製品やサービスの品質保証を通じて，顧客満足向上と品質管理の継続的な改善を実現する国際規格である。
20　ITIL（IT Infrastructure Library）は英国政府が策定した，コンピュータ・システムの運用・管理業務に関する体系的なガイドラインである。
21　CMMI（Capability Maturity Model Integration）は，米国カーネギーメロン大学ソフトウェア工学研究所（CMU/SEI：Carnegie Mellon University, Software Engineering Institute）が策定したソフトウェア開発プロセスの改善モデルとアセスメント手法であるCMM（Capability Maturity Model）に，有識者の意見や多くのプロセス改善事例を反映させて作成された新しい能力成熟度モデルのことである。

4 ■ マッチング・ビジネスと情報セキュリティ・マネジメントの確立

4.1 カード分野におけるPCIDSS導入

　これまで考察してきたように，インターネット環境下では，クレジットカードはマッチング・ビジネスなどの新しいビジネスモデルを展開する上において，決済サービスや本人確認手段など，その利用が拡大している。

　そのような状況で，カードに関する情報セキュリティ問題に対して，図4-7に示すように，国際カードブランドのVISA，MasterCard，American Express，JCB，Discover Card（Diners Club）の5社 が連携し，国際的なカード分野における情報セキュリティ基準であるPCIDSSを策定したのである。

　PCIDSSのセキュリティ基準は，情報セキュリティ・マネジメントが中心のVISAのAIS（Account Information Security）と対不正アクセスが中心のMasterCardのSDP（Site Data Protection）が統合されたものである。PCIDSSは，個人情報や取引情報，履歴情報などのカード情報の保護を目的にして，インターネット環境下でのカード利用を想定したネットワークの処理や管理に関した情報セキュリティの

図4-7　国際カードブランドによるPCIDSS構築

（出所）筆者作成。

国際基準を設けている。

　なお，PCIDSS策定前からVISAのAIS，MasterCardのSDP以外に，American ExpressのDSOP（Data Security Operating Policy），JCBのJDSP（JCB Data Security Program），Discover CardのDISC（Discover Information Security and Compliance）を独自に展開，カード情報の安全・安心を守るための情報セキュリティ基準を策定し，関係者に対して遵守と徹底を求めてきた。

　しかし，実際のカードでは，多くの加盟店で複数の国際カードブランドと契約しており，VISAやJCB，MasterCardなどが利用できる店舗や電子モールやショッピングサイトを提供している。複数のカード取扱いでは，情報セキュリティ基準の対象範囲や機密保持レベルなどがカードブランドで相違し，加盟店やカード発行会社は業務や審査が煩雑でわかり辛く，面倒な情報セキュリティ対策が必要なうえに，カードブランドからの要請もある。

　また，インターネット環境下で統合店舗販売時点管理とカード情報のインターネットプロトコル送信が導入され，カードの利用拡大，およびカードサービス機能や利便性，情報内容などの向上で，カード利用の国境が実質なくなり，日本でも米国と同じ情報セキュリティ基準を厳守する発想が高まった。

　例えば，米国人の旅行者が日本の物販店や飲食店などでカードを利用する場合，反対に日本人の旅行者が米国の物販店や飲食店などでカードを利用する場合，あるいは米国人の利用者が日本のショッピングサイト（Webサイト）を利用する場合，反対に日本人の利用者が米国のショッピングサイト（Webサイト）を利用する場合など，米国と日本が同じ情報セキュリティ基準で取り扱う必要性が生まれている。

　わが国では，PCIDSSの導入前から，組織における情報セキュリティ対策の枠組みであるISMSの国際規格ISO/IEC 27001[22]が数多くの企

22　ISMSの国際規格を策定しているISO（国際標準化機構）とIEC（国際電気標準会議）の合同専門委員会ISO/IEC JTC 1/SC27（情報技術・分科委員会・情報セキュリティ）では，2005年10月に国際規格ISO/IEC27001：2005を発行している。その後，2008年10月に定期見直しを開始，2013年10月1日にISO/IEC27001：2013が発行されている。

業で導入されている。しかし，カード会社を含めて，数多くの組織がISMS認証を取得しているが，多くの組織から機密情報の漏洩事件は絶えることがない。

　ISMSでは，あくまで情報セキュリティ対策の統合的リスクマネジメントの枠組みを遵守するのが目的である。したがって，当該組織における自己責任のうえで判断する「するのが望ましい」という表現が中心で，要求項目そのものは必須ではない。また，ISMSでは，その仕組みの繰り返しであるPDCAサイクルを継続的に回すことが要求される。一方，PCIDSSは「ここまで実施しなければならない」という細かい指標の値や設定などが明確に要求され，機密情報を取り扱うすべての関係者の厳格な遵守が要求される。

　ISMS認証では，具体的な指針や基準に準拠していないので，PCIDSS準拠の情報セキュリティ・マネジメントを実行することで，国際的基準の不足要素を補い，より高い情報セキュリティ効果が期待できる。

4.2　PCIDSSに要求される事項

　情報化社会の進展において，カードによる決済サービスや本人確認手段の提供などは，いまや社会的インフラサービスと位置付けられており，その安全・安心な運用が求められている。

　クレジットカード業界は，カードブランド（Card Brand），アクワイアラ（Acquirer），イシュア（Issuer），プロセッサー（Processor）の4つの事業者の分業で成り立っている。また，サービスプロバイダ（Service Providers）は，加盟店獲得などの加盟店業務を行う事業者（アクワイアラ），クレジットカード発行の事業者（イシュア），加盟店，他のサービスプロバイダに代わってブランドのカード情報の保管，処理，送信を行う事業者のことである。[23]

　カードブランドのアクワイアラとイシュアには，契約するすべてのサービスプロバイダがPCIDSSの要件を満たしていることを保証する

23　日本では，加盟店獲得などの加盟店業務を行う事業者であるアクワイアラ，およびクレジットカード発行の事業者であるイシュアは，その業務のすべてをクレジットカード発行会社の1社で行っている。

義務がある。そのため，一部のカードブランドでは，メンバーのアクワイアラに対して，契約する加盟店がPCIDSSに完全準拠することを要請している。また，プロセッサーは，加盟店とカード発行会社のホストコンピュータを接続する通信業者で，PCIDSSの要件を満たす必要がある。PCIDSSは，会員情報や取引情報などを有するカード情報を保護するためには，何を行うべきかの基準を明確に規定し，その実装を無条件に要求するものである。

したがって，カード情報は，申込情報やクレジット情報，利用記録などの個人情報だけでなく，官報掲載情報，電話帳掲載情報，申告情報，貸金業協会依頼情報などもが含まれる重要な情報で，カード加盟店やカード発行会社（イシュア）はPCIDSSを順守する前に，組織的，人的，物理的，技術的な安全管理措置を講じなければならない。そのうえで，カード加盟店やカード発行会社がカード情報を保護し，管理するための要求事項が策定される。

現在，わが国では，国内で事業展開するブランド4社（VISA，MasterCard，JCB，American Express）とカード発行会社が共同で，加盟店とサービスプロバイダにPCIDSSの準拠を要請する活動を展開している。

PCIDSSは，表4-3に示すように，遵守目的の6項目とその実践に必要な要求事項である12要件から構成されており，カード情報保護のために関係者が遵守すべき事項が具体的に規定される。さらに，この12要件は，階層的に分類されて約200項目のシステムにおける実装レベルまで，具体的に詳細な手順や数値を示して規定されている。以下，PCIDSSにおける遵守目的の6項目と12要件について概観する。

（1）安全なネットワークとシステムの構築と維持

第1の要件では，カード情報を保護するために組織内のコンピュータネットワークへ外部から侵入されるのを防ぐファイアウォール[24]を

24　ファイアウォール（Firewall）とは，防火壁のことで，組織内部のコンピュータやネットワークと外部ネットワークの境界に設置されるソフトウェアや機器，システムなどのことである。ファイアウォールは，組織内外の通信を中継・監視し，外部の攻撃から内部を保護する。

表4-3　PCIDSSにおける要求事項の概要

1. 安全なネットワークの構築・維持
要件1：カード会員データを保護するために，ファイアウォールをインストールして維持する。
ファイアウォールの最小要件を他のシステムコンポーネントが満たしている場合は，それらのファイアウォール機能を利用できる。カード会員データ環境内の他のシステムコンポーネントのファイアウォール機能を使用している場合は，評価範囲にそれらのデバイスが含まれている必要がある。
要件2：システムパスワードおよびその他のセキュリティパラメータにベンダー提供のデフォルト値を使用しない。
悪意のある者は多くの場合，ベンダーのデフォルトパスワードおよびベンダーのその他のデフォルト設定を使用して，システムを脅かすことになる。これらのパスワードと設定はハッカーの間でよく知られており，公開情報を通じて容易に特定できる。
2. カード会員データの保護
要件3：保存されるカード会員データを保護する。
侵入者が他のセキュリティコントロールを回避し，暗号化されたデータにアクセスできても，正しい暗号化キーがなければ，そのデータを読み取り，使用することはできない。保存したデータを保護するための効果的な別の方法として考えられるのは，リスクを軽減する方法である。
要件4：オープンな公共ネットワーク経由でカード会員データを伝送する場合，暗号化する。
ネットワークには悪意のある者が容易にアクセスできるため，機密情報をネットワーク経由で伝送する場合は暗号化の必要がある。誤って構成されたワイヤレスネットワーク，および従来の暗号化や認証プロトコルでは，脆弱性に付け込み特権アクセスを取得し，悪意のある者の標的となる。
3. 脆弱性管理プログラムの維持
要件5：マルウェアに対してすべてのシステムを保護し，ウィルス対策ソフトウェアを定期的に更新する。
マルウェアの影響を受けやすいすべてのシステムで，ウィルス対策ソフトウェアを使用して，最新の進化するマルウェアソフトウェアの脅威からシステムを保護する必要がある。
要件6：安全性の高いシステムとアプリケーションを開発し，保守する。
悪意のある者は，セキュリティの脆弱性を利用して，システムへの特権アクセスを取得する。このような脆弱性の多くは，ベンダーが提供するセキュリティパッチによって修正される。システムを管理する事業体はこうしたパッチをインストールする必要がある。

4. 強力なアクセス制御手法の導入	
要件7：カード会員データへのアクセスを，業務上必要な範囲内に制限する。	
	権限を与えられた担当者のみが重要なデータにアクセスできるように，システムおよびプロセスでは，職責に応じて必要な範囲にアクセスを制限する必要がある。
要件8：システムコンポーネントへのアクセスを識別・認証する。	
	アクセスが可能な各ユーザーに一意のIDを割り当てて，各ユーザーが自身の行動に独自に説明責任を負うようにする。このような説明責任に対応している場合，重要なデータおよびシステムに対するアクションは既知の承認されたユーザーやプロセスによって実行され，そのユーザーを追跡する。
要件9：カード会員データへの物理アクセスを制限する。	
	データまたはカード会員データを格納するシステムへの物理アクセスは，デバイスまたはデータにアクセスし，システムまたはハードコピーを削除する機会をユーザーに提供するため，適切に制限する必要がある。
5. ネットワークの定期的な監視およびテスト	
要件10：ネットワークリソースおよびカード会員データへのすべてのアクセスを追跡および監視する。	
	ログ記録メカニズムおよびユーザーの行動を追跡する機能は，データへの侵害を防ぐ，検出する，またはその影響を最小限に抑えるうえで不可欠である。すべての環境でログが存在することにより，何か不具合が発生した場合に徹底的な追跡，警告，および分析が可能になる。
要件11：セキュリティシステムおよびプロセスを定期的にテストする。	
	脆弱性は悪意のある個人や研究者によって絶えず検出され，新しいソフトウェアによって広められている。システムコンポーネント，プロセス，およびカスタムソフトウェアを頻繁にテストして，セキュリティ管理が変化する環境に継続的に対応できるようにする必要がある。
6. 情報セキュリティ・ポリシーの整備	
要件12：すべての担当者の情報セキュリティに対応するポリシーを維持する。	
	強力なセキュリティポリシーは，事業体全体でのセキュリティの方向性を設定し，担当者に対して期待される内容が示される。すべての担当者は，データの極秘性とその保護に関する自身の責任を認識する必要がある。

（出所）PCI Security Standards Council（2013a）より作成。

導入し，最適なネットワークとシステムの構築と維持が求められている。

　ファイアウォールでは，外部の第三者から組織内ネットワークへの不正アクセスの防止だけでなく，より機密性の高い社内エリアも対象範囲として保護しなければならない。具体的には，①ファイルの転送

時に使われるプロトコルのFTP[25]には対策が必要で，自動的に定められたルールに従って，パケットの通過を制御する機能である動的パケット・フィルタを使う，②インターネットに接続されたネットワークにおいて，ファイアウォールによってインターネットやLAN[26]などの内部ネットワークからも隔離されたDMZ[27]を設置する，③ファイアウォールの導入手順の確立が要求される。

第2の要件では，システムとパスワードの他に，セキュリティ・パラメータに対して，ベンダー提供の利用者が何も操作や設定を行わなかった際に使用される予め組み込まれた設定値であるデフォルト値をそのまま使用しないことが求められている。

何らかの機能を持つプログラムの部品の集まりであるシステム・コンポーネントは，すべてのコンポーネントで標準設定書を作成しなければならない。また，不必要なサービスやプロトコル，機能は無効にして，広範囲なネットワーク装置のタスクに対する基本的な設定，および管理を行わない非コンソール管理アクセスは，すべて暗号化しなければならない。

具体的には，①製品導入には，多くの場合にデフォルト設定（初期設定）で管理者パスワードやアカウントが設定されているので不要なアカウントは削除する，②物理的アクセス対策も必要で，コンピュータ室の入退室を管理することが要求される。

(2) カード会員データの保護

第3の要件では，保存されるカード情報の安全な保護が求められている。

25　FTP（File Transfer Protocol）とは，ファイル転送プロトコルのことで，FTPサーバー，FTPクライアントのソフトウェアを用い，両者の間で接続を確立してファイルを送受信することができる。

26　LAN（Local Area Network）とは，構内ネットワークのことで，ケーブルや無線などを使って，同じ建物のコンピュータや通信機器，プリンタなどを接続し，データをやり取りするネットワークである。

27　DMZ（DeMilitarized Zone）とは，非武装地帯のことで，インターネットに接続されたネットワークにおいて，ファイアウォールによって外部ネットワーク（インターネット）からも内部ネットワーク（LANなど）からも隔離された区域のことである。

管理しないデータの種類特定と格納されるカード情報を最低限に抑えて、保存と破棄のセキュリティポリシーを作成しなければならない。具体的には、①保存するデータは最小限にする、②認証データは削除する、③格納されるカード情報は格納メディアの種類に限らない暗号化が要求される。

第4の要件では、インターネット上でカード会員データを送信する場合、カード情報を送信では暗号化することが求められている。

機密情報をインターネットによって伝送する場合は、その情報を暗号化したうえで伝送を行わなくてはならない。また、公衆回線を通じてカード情報を伝送する場合は、カード情報の暗号化や復号に使用するためのパラメーターであるキー変更（鍵変更）も行わなくてはならない。具体的には、①カード番号は判読不能にする、②暗号鍵を適正に管理する、③伝送データの暗号化が要求される。

（3）脆弱性管理プログラムの維持

第5の要件では、アンチウイルス・ソフト[28]を利用し、定期的な更新が求められている。

電子メールやFTPなどのウイルスを受けやすいシステムは、コンピュータウイルスを検出・消去するためのアンチウイルス（ワクチン・プログラム）対策を施さなければならない。具体的には、その対策の有効性とデータ操作の正当性を証明する証跡である監査ログの生成が要求される。

第6の要件では、安全性の高いシステムとアプリケーションを開発し、その保守が求められている。

システムとアプリケーション、ネットワークを社内外の悪意ある第三者から保護するためには、最新の修正プログラムであるパッチを適用しなければならない。具体的には、①セキュリティパッチは1カ月以内に適用する、②ソフトウェアの変更管理手順を決めておく、③プログラミング言語を使う場合は、コーディングの不備を潰

---

28 アンチウイルス・ソフト（Anti-Virus Software）とは、ウイルス対策ソフトのことで、コンピュータウイルスを除去して、ウイルスに感染したファイルを修復し、コンピュータを感染前の状態に回復するアプリケーションソフトのことである。

す，④Webアプリケーションを監視し，組織の情報資産を守るためのWAF[29]を設置する，⑤開発環境と本番環境を分離し，開発段階の脆弱性を回避する手段が要求される。

（4）強力なアクセス制御手法の導入

　第7の要件では，カード情報へのアクセスを業務上の必要範囲に制限することが求められている。

　機密情報へのアクセスは，利用者の業務権限に基づいたアクセス制御を実施しなければならない。具体的には，①任命された業務を遂行するために必要な最小限のアクセス権のみを与える，②不正行為を予防する，③外部からの侵入などの場合に対して，その被害の範囲や損害を最小限しなければならない，④アクセス権限の設定はアクセス拒否を前提としたシステム構成にしなければならないことが要求される。

　第8の要件では，コンピュータの利用者ごとに，個別のユーザーIDを割り当てることが求められている。

　重要情報への操作は，許可を受けたユーザーのみに限定するとともに，その操作履歴も追跡可能しなければならない。具体的には，①利用者ごとに個別のユーザーIDを付与しなければならない，②一般ユーザー以外のアクセス管理を徹底しなければならない，③すべてのパスワード情報は暗号化し，ユーザー認証とパスワード管理の徹底が要求される。

　第9の要件では，カード情報への物理的アクセスの制限が求められている。

　コンピュータ室やシステム棟などの施設への立入りには，すべての入室者を管理するとともに，機密エリアは管理カメラを設置しなければならない。具体的には，①入室時あるいは入館時において，正規の権限者が無権限者を連れて入室あるいは入館するような場合，または権限者の後ろについて許可なく入室あるいは入館する場合があるので，

29　WAF（Web Application Firewall）とは，外部からWebアプリケーションへの攻撃・侵入を検知・防止するシステムである。WAFは，Webサーバーとインターネットなどの外部ネットワークとの間に設置され，サーバーへのアクセスを監視し，攻撃とみなされるアクセスパターンを検知するとブロックする機能を有している。

正当な物理アクセスを管理するための仕組みを導入する，②重要情報保存の媒体は物理的に厳重な管理を行う，③バックアップ媒体は緊急事態応急対策拠点施設であるオフサイト施設によって管理することが要求される。

（5）ネットワークの定期的な監視およびテスト

　第10の要件では，ネットワーク資源，およびカード情報に対するすべてのアクセスの追跡と監視が求められている。

　要件に規定されたイベント項目は，自動監査追跡が可能となるようにしなければならない。具体的には，情報システムの処理内容やプロセスについて，①関連するすべてのログを監視する，②システム時計を合わせる，③アクセス・ログを3カ月間保管する，④システム監査人が追跡するために時系列に沿って保存された記録のことである追跡証跡は改竄，削除できないような仕組みを施していくことが要求される。

　第11の要件では，セキュリティシステム，および管理手順を定期的に検証することが求められている。

　コンピュータセキュリティ上で，様々な不正侵入による攻撃手段を用いて，コンピュータやネットワークの安全性を試すため，脆弱性検査は定期的かつ決められた実施方法で行わなくてはならない。具体的には，①四半期に1回以上のタイミングで組織のシステムに適切なセキュリティ対策を施すために新たに導入するシステムや稼動中のシステムに対するセキュリティ評価を行うための脆弱性スキャンをする，②ネットワーク上を移動する音声や文書，画像などのデジタルデータ，あるいはネットワーク上を移動するデータの情報量であるネットワーク・トラフィックを監視する，③コンピュータやネットワークのセキュリティ上の弱点を発見するため，システムを実際に攻撃して侵入を試みるテストも実施することが要求される。

（6）情報セキュリティポリシーの維持

　第12の要件では，正社員や契約社員などの従業員のための情報セキュリティポリシーの整備が求められている。

　組織において実施する情報セキュリティ対策の方針や行動指針であ

る情報セキュリティポリシーにより，組織全体の情報セキュリティの認識レベルを決定しなければならない。具体的には，①情報セキュリティポリシーを整備する，②リスク評価を実施する，③セキュリティインシデント[30]対応の計画を導入する，④情報の供給者から受け手までを結ぶ一連の業務のつながりであるサプライチェーン全体を考慮する，⑤すべての従業員は，情報資産の機密性，完全性，可用性，それを保護するための責務の認識が要求される。

このように，PCIDSSはクレジットカード分野に特化した情報セキュリティ基準であり，情報処理面での具体的な基準を規定している。したがって，カード情報を取り扱う加盟店やカード発行会社は，PCIDSSが要求する遵守目的の6項目と要求事項である12要件を厳格に遵守する義務がある。

4.3 PCIDSSの検証方法

PCIDSSは，2013年11月，Ver3.0へのバージョンアップ済みである。その要求事項は，カード情報を取り扱うサービスプロバイダ，加盟店業務事業者（アクワイアラ），カード発行事業者（イシュア），コンピュータ接続の通信業者（プロセッサー），カード加盟店の他，カード情報や機密データを保存，処理，または送信するその他の事業体などのカード処理を行うすべての事業体に対して適用され，事業者の要求内容は遵守しなければならない。

また，検証方法には，表4-4に示すように，自らの組織で行う①自己問診と外部審査による②サイトスキャン，③訪問調査の3つがあり，事業者の業種や関連する複数の処理をひとつの処理単位にまとめた検証作業が求められる。3つの方法については，いずれかひとつの適用というわけでなく，カード情報の取扱い規模や事業形態によって，複

30　セキュリティインシデント（Security Incident）とは，情報管理やシステム運用に関して保安上の脅威となる事象（ウイルス感染や不正アクセス，アカウント乗っ取り，Webサイト改竄，情報漏洩，迷惑メール送信，サービス拒否攻撃など）のことである。
31　PCISSCが定めるPCI基準には，PCIDSSの他に，PCI PTS（Pin Transaction Security），PA-DSS（Payment Application-Data Security Standard）がある。PCI PTSは端末メーカー，PA-DSSはソフトウェアメーカーを主な対象にした規格である。

表4-4　PCIDSSにおける検証方法の概要

審査	内容	その他
PCI Self-Assesment Questionnaire (SAQ)	自己問診	PCIDSSの要求事項（SAQ）に基づいた，アンケート形式によるチェック項目に回答して，全問正解であれば準拠していると認められる。事業者は，全問正解するまで，やり直さなければならないのである。カード情報取扱い件数の比較的少ない，一般加盟店などの事業者向けの方法である。
Approved Scanning Vendor (ASV)	サイトスキャン	PCIセキュリティ基準審議会（PCI SSC）認定のベンダー（ASV）によって，四半期ごとの脆弱性スキャン，無線LAN調査，年一回のペネトレーションテストを行い，脆弱性のないサイトの認証を得る。カード情報の取扱いが中規模，およびインターネットに接続している事業者には必須の方法である。
Qualified Security Assessor (QSAs)	訪問調査	PCIセキュリティ基準審議会（PCI SSC）認定の審査機関（QSAs）による訪問審査を受けて認証を得る。QSAsは，審査を実施する企業として認定されたうえで，かつ個人が認定される必要がある。カード発行会社をはじめ，情報の取扱い規模の大きな事業者に要請される方法である。

（出所）PCI Security Standards Council（2013a）（2013b）（2013c）より作成。

数を実施する必要がある。

① 自己問診のSelf-Assessment Questionnaire（SAQ）は，プロセッサーにIP（Internet Protocol）接続のスタンドアロン型PTS（Pin Transaction Security）認定の加盟店端末装置のみによって，カード情報を処理する加盟店に適用される要件を示している。
② サイトスキャンは，図4-8に示すように，PCISSC認定のApproved Scanning Vendor（ASV）によって，四半期ごとの脆弱性スキャンと無線LANの調査，年一回のペネトレーションテスト[32]を行い，脆弱性のないWebサイトの認証を得る。

32　ペネトレーションテスト（Penetration Test）とは，コンピュータやネットワークのセキュリティ上の脆弱性を発見するテスト手法のひとつで，システムを実際に攻撃して侵入を試みる手法である。

図4-8 PCIDSSの仕組みと審査・認定

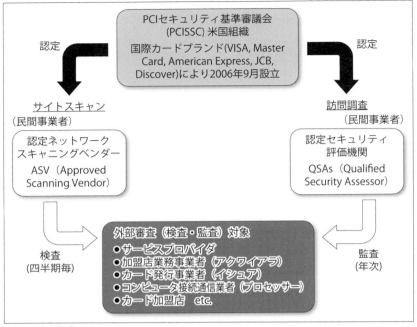

（出所）筆者作成。

　認定スキャニングベンダーのASVは，一定以上のレベルの加盟店，サービスプロバイダを四半期ごとにネットワークスキャンして結果を明らかにする。また，クリーンな結果が出力されるまで再スキャンを行うなど必要に応じた追跡評価を実施する。さらに，スキャニング結果の品質保証を行うとともに，PCISSCに対する情報の開示義務も負う。

③ 訪問調査は，図4-8に示すように，PCISSC認定の審査機関Qualified Security Assessor（QSAs）が実際にカード情報を取り扱う事業者に出向いて審査を実施し認証を与える。なお，QSA（認定セキュリティ監査人）は，審査実施の事業者として認定され，かつ個人での認定も必要で，事業者に属さない個人が単独でQSA認定されることはできない。

QSAは，一定以上レベルの加盟店，サービスプロバイダを年次監査して準拠性を明らかにする。また，代替コントロールの評価，不適合事項のフォローアップなど必要に応じた追跡評価を実施する。さらに，カードブランドへの監査報告書（ROC）[33]の作成と準拠証明書（AOC）[34]への署名などの評価に対する品質保証を行う。

　また，審査対象ごとに検査方法の基準が相違するので，どの基準に当てはまっているのかを確認する必要がある。例えば，すべての加盟店は，PCIDSSに準拠する責任があり，その準拠性の確認方法はカードブランドごとに若干異なる。

　加盟店のレベルと取引件数については，加盟店のレベルはカードブランドが定義，加盟店レベルは主に取引件数によって区分される。その取引件数は契約するアクワイアラが判定，取引件数の総数は事業体の名称またはチェーン店の合計取引件数をもとに判定する。取引件数の総数は，クレジットカード，デビットカード，プリペイドカードの合計となる。PCIDSSで要求される準拠事項における加盟店レベルと加盟店の検証要件は，表4-5に示すように，カードブランドごとにそれぞれの加盟店のレベルが設定され，そのレベルに基づいて，具体的な数値が要求される。

　したがって，カードを取り扱っているすべての組織（企業）が，一律に同一の認定基準によって，外部審査が実施され評価が行われているのではなく，カードブランドごとに審査対象が区分され，カードの取扱件数によって要求される基準も相違してくるのである。

33　PCIDSSは2013年11月にVer3.0へバージョンアップ，その監査報告書ROC（Report on Compliance）は，2014年2月リリース，7月改版しテンプレート化（ROC Reporting Template）されている。Ver2.0まではROCのフォーマットは必要要件だけ定義されて，各社が自由フォーマットで対応していたが，Ver3.0ではROCをテンプレート化して，監査品質を全世界で一定以上とすることを目指している。

34　準拠証明書AOC（Attestation Of Compliance）は，コンプライアンスに関する自己問診，または報告書に記録されている通りに準拠していると，加盟店およびサービスプロバイダのPCIDSS評価結果を証明するための文書である。

表4-5　PCIDSSの要求される準拠事項（加盟店レベル）

レベル	Visa (AIS：Account Information Security)	MasterCard (SDP：Site Data Protection)
1	・当該ブランドの年間の取引件数が600万件以上、または地域のVisaがレベル1と判断したグローバルな加盟店	・当該ブランドの年間の取引件数が600万件以上 ・過去にカード情報の漏洩事件を起こした加盟店 ・MasterCardがレベル1と判断した加盟店 ・Visaがレベル1と判断した加盟店
2	・当該ブランドの年間の取引件数が100万～600万件	・結合されたMasterCardとMaestroの年間取引総件数が100～600万件である加盟店 ・Visaがレベル2と判断した加盟店
3	・当該ブランドの年間の電子商取引における取引件数が2万～100万件	・MasterCardとMaestroのeコマース取引を合わせて2万～100万件取り扱う加盟店 ・Visaがレベル3と判断した加盟店
4	・当該ブランドの年間の電子商取引における取引件数が2万件未満 ・当該ブランドの年間の取引件数が100万件未満	・レベル1～3以外のすべての加盟店

レベル	JCB (JCB Data Security Program)	American Express (DSOP：Data Security Operating Policy)
1	・当該ブランドの年間の取引件数が100万件以上 ・International取引を処理する加盟店、または過去にカード情報の漏洩件を起こした加盟店	・当該ブランドの年間の取引件数が250万件以上、またはAmerican Expressがレベル1と判断した加盟店
2	・当該ブランドの年間の取引件数が100万件未満	・当該ブランドの年間の取引件数が5万～250万件以上、またはAmerican Expressがレベル2と判断した加盟店
3	該当なし	・当該ブランドの年間の取引件数が5万件未満
4	該当なし	該当なし

（出所）PCI Security Standards Council（2013a）（2013b）（2013c）より作成。

表4-6 PCIDSSの要求される準拠事項（加盟店の検証要件）

レベル	Visa (AIS：Account Information Security)	MasterCard (SDP：Site Data Protection)
1	・QSAによる年1回のオンサイト監査［SAによる場合は役員（CEO／CFO／CTOなど）が署名］ ・ASVによる四半期ごとのネットワークスキャン ・準拠報告のドキュメントフォーム（準拠証明書：AOC）	・QSAによる年1回のオンサイト監査［社内監査役（または他の指定された独立スタッフ）により年1回のオンサイト監査の実施を選択しているレベル1加盟店は，社内監査役の利用を継続するためには，PCI DSS準拠の検証に従事している主要な社内スタッフが，毎年PCI SSCセキュリティ監査員（ISA）適格性プログラムの完了を確保すること］ ・ASVによる四半期ごとのネットワークスキャン
2	・年1回の自己問診 ・ASVによる四半期ごとのネットワークスキャン ・準拠報告のドキュメントフォーム（準拠証明書：AOC）	・加盟店の裁量による年1回のオンサイト監査 ・年1回の自己問診 ・ASVによる四半期ごとのネットワークスキャン
3	・年1回の自己問診 ・ASVによる四半期ごとのネットワークスキャン ・準拠証明書：AOC	・年1回の自己問診 ・ASVによる四半期ごとのネットワークスキャン
4	・年1回の自己問診（推奨） ・ASVによる四半期ごとのネットワークスキャン（推奨） ・アクワイアラが定める準拠要件	・準拠証明はアクワイアラーの裁量 ・年1回の自己問診 ・ASVによる四半期ごとのネットワークスキャン

レベル	JCB (JCB Data Security Program)	American Express (DSOP：Data Security Operating Policy)
1	・QSAによる年1回のオンサイト監査 ・ASVによる四半期ごとのネットワークスキャン（インターネットを介した取引がない場合は不要）	・QSA，または最高経営責任者，最高財務責任者，情報セキュリティ最高責任者，または加盟店が認証している場合は加盟店が実施した年1回のオンサイト監査 ・ASVによる四半期ごとのネットワークスキャン
2	・年1回の自己問診 ・ASVによる四半期ごとのネットワークスキャン（インターネットを介した取引がない場合は不要）	・加盟店が実施し，最高経営責任者，最高財務責任者，情報セキュリティ最高責任者，または加盟店の責任者が認証した年1回の自己問診 ・ASVによる四半期ごとのネットワークスキャン
3	該当なし	・年1回の自己問診（強く推奨） ・ASVによる四半期ごとのネットワークスキャン（強く推奨）
4	該当なし	該当なし

（出所）PCI Security Standards Council（2013a）（2013b）（2013c）より作成。

5 ■ おわりに

　クレジットカード分野では，カード情報の情報セキュリティを確保するために，何をすべきかの基準を明確に規定したPCIDSSを策定して，その関係者間での遵守を厳格に規定した情報セキュリティ対策を展開している。

　PCIDSSは，単にクレジットカード分野での適用だけでなく，カード情報を組織（企業）の顧客情報や残高情報，取引情報，社員情報，株主情報，新商品情報，取引先情報，債権者情報，その他の機密情報に置き換えることで，一般の事業体においても適用できる概念である。

　現在，わが国のカード会社以外のPCIDSSの認定については，2006年7月にヤマトシステム開発が認定取得，2008年1月に楽天のショッピングモール「楽天市場」の決済プロセスが認定取得，2008年11月にヤフーの「Yahoo!ウォレット」の決済プロセスも認定取得している。今後，カード分野だけでなく一般企業においてもPCIDSSの認定を取得することで，企業として情報セキュリティ対策を確実に実践するため，あるいは情報セキュリティ対策を積極的に取り組んでいることをアピールして他社との差別化を明確にするために，認定取得は増加していくものと思われる。

　このような状況のもと，2007年5月米国テキサス州では情報漏洩事件などが起こった場合において，PCIDSSに準拠していれば金融機関からの訴訟を免れる州法を制定している。また，2007年7月ミネソタ州では全米初のPCIDSSの中核部分の準拠を事業者に義務づける州法を制定している。また，わが国においても2008年の通常国会において，割賦販売法が改正され，現在のカード会社のみの規制が，カード情報の漏洩，滅失，または毀損の防止のために必要，かつ適切な安全基準を定めて，基準を遵守していない加盟店に対してもセキュリティ基準が適用されている。

　ところで，情報セキュリティ対策を向上させていくために企業が自己責任のうえで，継続的な活動をPDCAサイクルによって実施していくISMSと，情報セキュリティ対策における具体的な実装を要求さ

れるPCIDSSは，相反する概念や取り組みではない。この2つの情報セキュリティ対策の違いは，ISMSは個人情報のみでなく企業情報や新製品情報などの事業体情報全般の統合的リスクマネジメントといった幅広い領域の基準であるのに対して，PCIDSSはカード情報のセキュリティに特化して実施すべき基準になっているからである。また，情報セキュリティ基準に準拠していることを確認する審査（監査）においても，ISMSの要求する審査サイクルとPCIDSSの要求する審査サイクルが同じであるために，同時に審査することが可能で，互いに補い合う対策となって双方の基準の融合性が高いのである。

　このように，カード分野ではPCIDSSによるセキュリティ基準が導入され，その要求事項に基づく新しい情報セキュリティ・マネジメントを実践している段階である。今後，一般の事業体においても，より高度な情報セキュリティ対策を確保するためのひとつの方策として，ISMSとともにPCIDSSの導入が必要となってくるのである。

〈参考文献〉

PCI Security Standards Council（2013a）『Payment Card Industry（PCI）データセキュリティ基準―要件とセキュリティ評価手順 バージョン3.0―』PCI Security Standards Council, LLC.〈https://ja.pcisecuritystandards.org/_onelink_/pcisecurity/en2ja/minisite/ en/docs/PCI_DSS_v3.pdf〉（2015年11月22日確認）

PCI Security Standards Council（2013b）『PCI DSS v3.0 関連書類』PCI Security Standards Council, LLC.〈https://ja.pcisecuritystandards.org/minisite/en/pci- dss-supporting-docs-v30.php〉（2015年11月22日確認）

PCI Security Standards Council（2013c）『SAQ及びAOC v3.0 文書』PCI Security Standards Council, LLC.〈https://ja.pcisecuritystandards.org/minisite/en/saq- v3.0-documentation.php〉（2015年11月22日確認）

Security NEXT（2015）『ニュース一覧』NEWSGAIA。〈http://www.security-next. com/category/cat191〉（2015年11月22日確認）

Steve Wright（2011），*PCI DSS: A Practical Guide to Implementing and Maintaining Compliance*, Itgp.

岩本敏男監修・電子決済研究所編（2014）『世界のペイメントカード（第3版）』カード・ウェーブ。

NTTデータ編・矢田篤史・粕谷真紀子・西村忠興（2015）『ISO/IEC 27001:2013（JIS Q 27001:2014）改正対応版 実例 情報セキュリティマネジメントシステム（ISMS）の本質化・効率化（第2版）』日本規格協会。

金丸浩二・河野省二・久保田朋秀・仲山昌宏・吉井和明・吉田雄哉・渡辺一宏（2014）『クラウドセキュリティ―クラウド活用のためのリスクマネージメント入門―』翔泳社．
国際ペイメントカードブランド（American Express/ JCB/ MasterCard/ Visa）訳（2007）『PCIデータセキュリティスタンダード（暫定版）Ver.1.1』Visa Asia Pacific．〈http://www.visa-asia.com/ap/jp/merchants/riskmgmt/includes/uploads/zantei.pdf〉（2015年11月22日確認）
税所哲郎（2008）「金融業界における新しい情報セキュリティ・マネジメントの展開」『情報経営・第56回全国大会予稿集』pp.31-34，日本情報経営学会．
税所哲郎（2012）『現代組織の情報セキュリティ・マネジメント―その戦略と導入・策定・運用―』白桃書房．
情報処理推進機構（2015a）「ISMSとPDCAサイクル」『情報セキュリティマネジメントとPDCAサイクル』情報処理推進機構．〈http://www.ipa.go.jp/security/manager/protect/pdca/index.html〉（2015年11月22日確認）
情報処理推進機構（2015b）『情報セキュリティスキルアップハンドブック―情報セキュリティマネジメント人材育成のために―』情報処理推進機構．
情報処理推進機構編（2015c）『情報セキュリティ白書2015』情報処理推進機構．
日本カード情報セキュリティ協議会（2010）『PCIDSSへの準拠は義務か―改正割賦販売法が求めるカード情報の安全管理スキーム―』日本カード情報セキュリティ協議会（JCDSC：Japan Card Data Security Consortium）．〈http://www.jcdsc.org/topics/vol03.php〉（2015年11月22日確認）
日本クレジット協会（2015a）「クレジットカード発行枚数調査結果の公表について」『クレジット関連統計』日本クレジット協会．〈http://www.j-credit.or.jp/information/statistics/download/toukei_03_a.pdf〉（2015年11月22日確認）
日本クレジット協会（2015b）「信用供与額・信用供与残高」『クレジット関連統計』日本クレジット協会．〈http://www.j-credit.or.jp/information/statistics/download/toukei_02_b.pdf 〉（2015年11月22日確認）
日本情報経済社会推進協会（2014）「情報セキュリティマネジメントシステム（ISMS）とは」『ISMS適合性評価制度』日本情報経済社会推進協会．〈http://www.isms.jipdec.or.jp/isms/index.html〉（2015年11月22日確認）
日本情報処理開発協会ISMS適合性評価制度技術専門部会（2006）『クレジット産業向け"PCIDSS"／ISMSユーザーズガイド』日本情報処理開発協会．
日本セキュリティ監査協会編（2013）『情報セキュリティ内部監査の教科書』インプレスR&D．
日本能率協会審査登録センター（2015）『審査員が秘訣を教える！"改定ISO27001（情報セキュリティマネジメントシステム）"対応・導入マニュアル』日刊工業新聞社．
野村総合研究所電子決済プロジェクトチーム（2010）『電子決済ビジネス―銀行を超えるサービスが出現する―』日経BP社．
羽田卓郎・山﨑哲（2014）『ISO/IEC 27001 情報セキュリティマネジメントシステム（ISMS）構築・運用の実践』日科技連出版社．

林國之(2008)『ビジネスマンのための情報セキュリティ入門』東洋経済新報社。
ペイメントナビ編集部編(2014)『カード決済セキュリティの仕組み』TIプランニング。
ペイメントナビ編集部・ペイメントワールド編(2012)『PCI DSSのすべて』TIプランニング。
本田元(2014)『決済の世界はこう動く！―図解カードビジネスの戦略―(第2版)』中央経済社。
山崎文明監修・ネットワンシステムズ・NTTデータセキュリティ・エヌティティデータセキュリティ・ビザインターナショナルアジアパシフィックリミテッド(2008)『PCIデータセキュリティ基準―完全対策―』日経BP社。
山本正行(2012)『カード決済業務のすべて―ペイメントサービスの仕組みとルール―』金融財政事情研究会。

〈参考URL〉

CREDIT INFORMATION CENTER〈http://www.cic.co.jp/index.html〉(2015年11月22日確認)
JACCS〈http://www.jaccs.co.jp/〉(2015年11月22日確認)
JALカード〈http://www.jalcard.co.jp/index.html〉(2015年11月22日確認)
JPCERT/CC〈http://www.jpcert.or.jp/faq.html〉(2015年11月22日確認)
JR東日本Suica〈http://www.jreast.co.jp/suica/〉(2015年11月22日確認)
MasterCard〈http://www.mastercard.co.jp/home/index.html〉(2015年11月22日確認)
Pay By Touch〈http://ww1.paybytouch.com/〉(2015年11月22日確認)
Payment Card Industry Security Standards Council LLC.〈https://www.pcisecuritystandards.org/index.php〉(2015年11月22日確認)
PCI Security Standards Council, LLC.〈https://ja.pcisecuritystandards.org/minisite/en/〉(2015年11月22日確認)
Seven Card Service〈http://www.7card.co.jp/〉(2015年11月22日確認)
Visa Inc.〈https://usa.visa.com/〉(2015年11月22日確認)
アプラス〈http://www.aplus.co.jp/〉(2015年11月22日確認)
アメリカン・エキスプレス・インターナショナル〈https://www.americanexpress.com/japan/〉(2015年11月22日確認)
イオンクレジットサービス〈http://www.aeoncredit.co.jp/〉(2015年11月22日確認)
九州カード〈http://www.kyushu-card.co.jp/〉(2015年11月22日確認)
日本クレジット協会〈http://www.j-credit.or.jp/〉(2015年11月22日確認)
日本情報経済社会推進協会〈http://www.jipdec.or.jp/〉(2015年11月22日確認)
三井住友VISAカード〈http://www.smbc-card.com/〉(2015年11月22日確認)
三菱UFJニコス〈http://www.cr.mufg.jp/〉(2015年11月22日確認)
ミネルヴァ・ホールディングス〈http://www.minerva-hd.com/〉(2015年11月22日確認)
楽天カード〈http://www.rakuten-card.co.jp/〉(2015年11月22日確認)

第 II 部

情報化社会がもたらす企業境界の変化

Fading Boundaries of the Firm in the Information Society

第5章 アカウント・アグリゲーション
Chapter 5
Account Aggregation

1 ■ はじめに

　情報通信技術（Information and Communication Technology：以下ICT）の急速な発展と普及により，通常の企業活動や個人生活において，必要な情報を，何時でも，何処でも，誰でも，何度でも情報を利用できる情報化社会の環境を提供することが整った。

　情報化社会では，様々な情報の共有化，あるいは情報の統合化を行うことが可能で，企業ではICTを介して顧客，取引先，関係諸機関などとの間で自由にコミュニケーションを図れるようになり，新しいビジネスモデルであるマッチング・ビジネスを展開できるようになった。

　第3章でも考察を行ったように，ICTの活用はビジネスを展開させるうえで財の移動が伴わない金融サービス業などが最も適合しやすい分野である。例えば，金融サービス業においては，ICTを活用した情報の共有化，あるいは情報の統合化を行い，ひとつで単体の組織（企業）という枠組みの情報提供にとらわれないマッチングビジネスを展開する。付加価値の高いサービスの提供であるアカウント・アグリゲーション・サービス（Account Aggregation Service：以下AAS）を実現させている。

　これまでの企業における情報の取扱いは，金融サービス業では顧客情報や顧客口座元帳などの顧客に関するすべての情報は企業の内部で完全にクローズドした状況で保護・管理されており，顧客自身が自分の情報だからといって自由に参照したり，企業の外部へ持ち出した

1　企業などにおいて，情報システム子会社や情報システム関連会社へのシステムの開発や運用に関する業務のアウトソーシングを行っている場合には，厳密には完全に情報がクローズドしているとは言えず，アウトソーシング先から情報漏洩するケースもある。

りすることはできなかった。

　しかし，各企業がインターネットを代表とするオープン・ネットワーク[2]と最新情報技術を活用したICTの積極的な導入で，企業の外部との間に情報の共有化，あるいは情報の統合化を行ったAASによるサービスが提供できるようになったのである。そして，金融サービス業を含む複合サービス業においては，顧客や取引先，関係組織に対する様々な情報の提供が可能となって，組織外の第三者においても企業が取り扱う個人情報を入手することができるようになった。[3]

　また，ICTの導入では，金融サービス業を含む複合サービス業の企業においても，製造業や流通業などの企業と同じように企業間連携を引き起こして，企業境界が薄れていくという変化をもたらしている。

　本章では，情報化社会の進展によって，ICTを利用することで広く一般の個人や組織にも提供することが可能となったマッチング・ビジネスのひとつであるAASを概観する。[4]また，金融サービス業を中心に，製造業や通信業，運輸業などの現代企業におけるAAS導入に伴う企業境界の変化について，その実態と課題などを論じていくこととする。[5]

2 ■ アカウント・アグリゲーションの概要

2.1 アカウント・アグリゲーションの機能と発展

　AASは，図5-1に示すように，インターネット上のWebサイトで金融情報，およびその他の個人情報を，情報を統合化（情報集約）して，ひとつの画面に一覧表示するサービスのことである。

　つまり，銀行や証券会社，保険会社，クレジットカード会社などの

2　オープン・ネットワーク（Open Network）は，インターネットのようにシステム全体を統括する管理者がいない，誰でもが参加可能なネットワークのことである。
3　ここでいう入手可能な情報とは，正しいユーザーIDとログインパスワードなどの本人を識別できるようなユーザー情報を持っていれば，当該システムにおいて誰でも入手できると言う意味である。
4　本章は，税所哲郎（2005）を大幅に加筆・修正したものである。
5　AASを提供する企業として，NTTコミュニケーションズが「Agurippa」，NRIセキュアテクノロジーズが「InterCollage」，イー・アドバイザーが「MoneyLook」のサービス名で，本体または子会社，関連会社を通じてサービス提供を行っている。

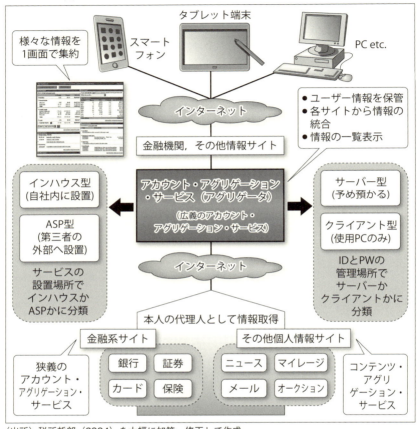

図5-1 アカウント・アグリゲーション・サービスの概要

(出所) 税所哲郎(2004)を大幅に加筆・修正して作成。

　金融サービス業を営む企業における利用者の口座情報,および金融商品・サービス情報などに加えて,利用者の各種商品・サービスの購買に

6　わが国では,一般的に銀行などの金融サービス業を営む企業を金融機関と言い,資金の余剰部門と不足部門を仲介して資金を効率的に配分する機関・組織のことを指している。狭義には銀行のことを指すが,本章では証券会社や保険会社,クレジットカードなどのノンバンクなども含めて広義的に取り扱うことにする。

伴うポイントやマイレージ，公共料金，プロバイダーのポイントなどの金融情報以外の個人情報について，複数のWebサイトの情報を利用する際に，それぞれの情報をPCやスマートフォン，タブレット端末など情報機器の画面に一覧表示するサービスである。

　ところで，AASは米国で生まれたWebサイトのサービスのひとつであり，これまで金融サービス業を中心に活発な動きを見せて発展している。AASは，1999年9月に米国企業のYodlee, Inc[7]が最初にサービスを開始したことに始まる。その後，2000年2月にはOnMoney.com[8]が金融情報のポータルサイトとして，2000年7月にはCitiGroupが銀行系として，2000年10月にはMorgan Stanley[9]が証券系として，2001年2月にはAmerican Expressがクレジットカード系として，それぞれ顧客に対するAASサービスの提供を開始している。

　1999年以降，米国では，大手ポータルサイトのAOL，Yahoo！，大手銀行のCitiGroup，Chase Manhattan（現JP Morgan Chase）[10]，City National[11]，Wells Fargo，地方銀行・コミュニティ銀行のBank Atlantic，Santa Barbara Bank & Trust，大手投資銀行（証券会社）のMorgan Staley，Fidelity，Merrill Lynch（現 Bank of America Merrill Lynch）[12]，クレジットカード会社のAmerican Expressなどの大企業が競ってAASを導入して顧客サービスの拡充を展開している。[13]

7　Yodlee, incは，1999年創業，2015年現在，900社を超えるパートナー企業と，2,000万人を超える有料ベースのエンドユーザーを抱えている。2015年8月10日，Yodleeは，資産管理向けシステムを提供するEnvestnetに買収されることが発表された。
8　OnMoney.com社は独立運営であるが，Ameritradeを所有するAmeritrade Holding社から融資を受けている。
9　Morgan Stanleyは，2008年に三菱UFJフィナンシャル・グループと資本提携している。
10　2000年にChase ManhattanとJP Morgan & Co.との経営統合で，JPMorgan Chase & Co.が誕生している。
11　2015年1月22日，資産規模でカナダ2位のRoyal Bank of Canadaは，米カリフォルニア州ロサンゼルスを拠点とするCity Nationalを約54億USDで買収することで合意した。
12　2009年1月1日，Bank of AmericaによるMerrill Lynch買収が完了し，社名をBank of America Merrill Lynchに変更した。
13　現在では，多くの企業で合併が行われたり，企業傘下に入ったり，または部門が分離独立して，離合集散が行われている。

わが国のAASについては，2001年9月のマネックス証券[14]がインドのTarang社[15]と共同開発した自社システムの，インハウス型によるサービスを提供したことに始まる。また，この頃から，わが国でもAASを導入するためのASP型のプラットフォームを提供する新会社の設立や，あるいは様々な企業間での業務提携が数多く見られる。その他，2001年8月には，電通国際情報サービスと日立製作所，ソフトバンク・テクノロジーの3社が共同して，AASを提供するアグリゲータ新会社であるアカウント・ワンを設立[16]，AAS業務に関するサービス環境の提供を開始している。[17]

　また，野村総合研究所（Nomura Research Institute：以下NRI）では，2001年3月にNTTデータ，および金融機関と提携してAASのサービス開始を目指したが，2001年12月参加予定であった金融機関が出資を控えたために，両社のAASに関する業務提携は解消されている。しかし，NRIは，NTTデータとの業務提携交渉を開始する以前から自社単独でAAS業務を展開しており，提携解消後も継続して野村證

14　静岡銀行が主要株主のネット専業証券のマネックス証券は，2004年8月2日設立のマネックス・ビーンズ・ホールディングス（現マネックスグループ）の100%出資会社である。2005年5月1日に日興ビーンズ証券と合併，マネックス・ビーンズ証券となる。その後，2005年12月3日，社名をマネックス証券に変更，2010年5月1日にオリックス証券と合併，2013年1月12日にソニーバンク証券と合併している。

15　タラング社（Tarang Software Technologies）はインド・バンガロールに拠点を置き，Web技術や携帯端末技術，決済システムなどの専門分野でアジアや米国の数多くの金融機関，システム会社に技術提供，コンサルティングを行っている。

16　アカウント・ワン社（Account One）は，2001年8月1日，セキュアかつ信頼性の高いシステム運用力分野の日立製作所とeビジネス分野におけるブランド力のソフトバンク・テクノロジー・ホールディングス（現ソフトバンク），高度なサービス（コンテンツ）企画・製作力分野の電通国際情報サービス（ISID）の3社が合弁で設立した。しかし，2003年3月にソフトバンク・テクノロジー・ホールディングスより，2003年6月に日立製作所より，ISIDが株式を取得して100%子会社化し，2003年10月31日にはアカウント・アグリゲーション・システムの管理・運用コストの低減などのためISIDが同社を吸収合併した。米国の金融機関でのサービス実績を持つテクナレッジ社（Teknowledge）のアグリゲーション・パッケージであるテックポータル（TekPortal）をベースに日本におけるウェルスマネージメントサービスを提供していたが，現在ではサービスを終了している。

17　実際にアカウント・ワンを利用したサービス提供の事例は，2002年9月サービス開始の日興ビーンズ証券（現マネックス証券），2002年10月サービス開始のトヨタ自動車のネットワーク・サービス「G‐BOOK」上での金融情報の提供がある。しかし，2003年（平成15年）10月31日，アカウント・ワンは親会社の電通国際情報サービスを存続会社として吸収合併された。

券へのサービス環境を提供している。

近年では，航空会社のマイレージ情報やポイント情報である私鉄やJR・地下鉄，家電量販店，ネット通販，携帯電話，インターネット・プロバイダー，ガソリンスタンド，スーパーマーケット・百貨店，コンビニエンスストア，ホテル，旅行会社，電子マネーなどの利用ポイントの表示といった個人情報を集約する範囲が広がっている。

また，複数の個人情報を集約する点を生かして，銀行の現金残高，証券会社の株式や債券の売買，クレジットカード会社の利用請求額などの異なる企業におけるWebサイトの情報を個人比較して，その比較結果を通知するような付加サービスを提供する機能も存在している。

2.2 アグリゲータの設置場所による分類

AASでは，利用者（顧客）に対してアグリゲーション・サービスを提供するのがアグリゲータ（アグリゲーションのWebサイト）である。このアグリゲータの物理的な設置場所に基づいて，「（1）インハウス型」と「（2）ASP型」の2つに大別することができる。

わが国のアグリゲータにおける設置場所の分類では，AASが導入され始めた当初はインハウス型によるアグリゲーション・サービスの提供も見られていたが，現在ではASP型による提供のみである。

（1）インハウス型（Inhouse Type）

インハウス型では，アグリゲータを提供する機能を自社外へアウトソーシング[18]（外部業務委託），あるいは海外へオフショアリング[19]（海外業務委託）しないで，アグリゲーション機能を有するソフトウェアを自社内の情報システムに導入する。そのうえで，自社の情報システム利用者（顧客）に対して，自社および他社を含めた口座情報や取引情報などを集約して，ひとつの画面でアグリゲーション・サービスを提供する

---

18 アウトソーシング（Outsourcing）とは，従来は組織内部で行っていた，もしくは新規に必要とするビジネスプロセス（業務）について，それを独立した外部組織の専門業者などに委託・発注することである。国内の安価な労働力の確保を目的とする場合が多い。

19 オフショアリング（Offshoring）とは，業務を海外の事業者，あるいは海外子会社，海外グループ会社などに委託・発注することである。海外の安価な労働力の確保を目的とする場合が多い。

方法である。したがって，アグリゲーション・サービスを提供するアグリゲータの設置場所は，自社内あるいは自社グループ企業内となる。

このサービスタイプは，アグリゲータが保有するアプリケーション（アグリゲーション・システム）を自社内（自社グループ内）に導入するために，①自社外にコストが出ない，②自社にノウハウが蓄積される，③自社システムに容易に組み込める，④情報システム基盤が同じなので連携が行いやすい，⑤トラブル時などの対応が迅速であるといったメリットがある。

一方，デメリットとしては，①スーパーバイザー[20]やオペレーターなどの専門家を自社で雇用する，②アグリゲーションを行うソフトウェア（オペレーティングソフトやアプリケーションソフトなどを含む）のインストールや管理（バージョン管理を含む），保守，アップグレードといった統合的に自社情報システムをマネジメントする必要がある。

（2）ASP型（Application Service Provider Type）

ASP型では，外部組織が提供するアグリゲーション・サービス機能を有する情報システムに対して，自社のアグリゲーション・サービス機能を搭載して，機能を相乗りさせてもらうものである。したがって，アグリゲーション・サービスを提供するアグリゲータは，インターネットなどを通じて，組織外の遠隔からソフトウェアを利用させるサービス形態のASPとなる。

このサービスタイプは，自社外に設置のアグリゲータが保有するアプリケーション（アグリゲーション機能）を利用することになるので，①自社の既存システムをほとんど変更する必要がない，②自社のコンピュータにアグリゲーションを行うソフトウェアをインストールする必要がない，③アグリゲータに障害が発生しても，自社システムへの直接的な影響が及ばないといったメリットがある。

つまり，企業の情報システム部門の大きな負担となっていたAASに関する新たなハードウェアの増強の必要性とともに，ソフトウェアのインストールや管理，保守，アップグレードにかかる時間・費用・

20　スーパーバイザー（Supervisor）とは，監督・管理・監修を担当する人物，または監視する主体で，この場合はAASに関する管理職のことである。

手間などのコストを節減することができる。
　一方，デメリットとしては，ASPではアグリゲータをベンダーなどの外部業者の所有するソフトウェアやハードウェアなどの設備を利用することになるので，①業務委託先の事業者が倒産する，②業務委託先のアグリゲータ設置の建物やコンピュータ・ルーム，システムサーバー，通信回線などが火災の被害に遭う，③業務委託先が悪意を持った第三者から攻撃を受ける，④業務委託先が接続している通信回線が寸断する，あるいは切断されるといった可能性がある。

（3）狭義のアカウント・アグリゲーションとコンテンツ・アグリゲーション
　AASでは，コンテンツパートナーである情報提供先企業において，銀行では保有する預金残高や融資残高・金融商品の取引残高などの取引状況，証券会社では保有する株式残高や債券残高・投資信託残高などの取引状況・実現損益・評価損益の状況，クレジットカード会社では利用明細やポイント残高などといった顧客口座に関する金融情報が対象となるが，そのサービス提供の名称を「狭義のアカウント・アグリゲーション・サービス」という。
　一方，ニュースやショッピング情報，各種商品・サービスの購買と決済サービス・獲得ポイント，携帯電話の利用料金と獲得ポイント，航空会社の予約状況と獲得マイレージ，電子メールなどのその他の個人情報である各種情報が対象となる場合，そのサービス提供の名称を「コンテンツ・アグリゲーション・サービス（Contents Aggregation Service）」という。
　なお，AASでは，コンテンツパートナーである情報提供先企業のWebサイトからの情報を集約・統合化してひとつの画面に一覧表示する。図5-2に示すように，はじめに，その利用するWebサイトの初期画面で入力する，インターネット上で各種会員制サービスを受ける際に必要となるユーザーIDやログインパスワードなどのユーザー情報は，はじめの1回の入力ですべての入力を完了させる。[21]

21　このようなシステム利用の考え方をシングル・サインオン（Single Sign-On）という。これはサービスを提供するサーバーが複数存在し，それらがネットワーク上で分散している場合でも，認証を集中的に行うサーバーでいったんユーザー認証を受ければ，ユーザー認証を前提としたあら

図5-2 アカウント・アグリゲーション・サービスの操作

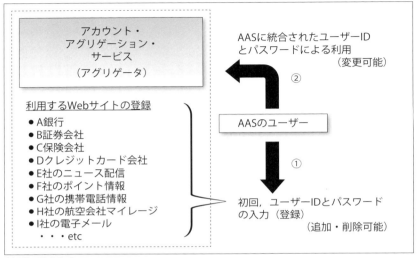

(出所) 筆者作成。

　そして，次回の入力（利用）からは，はじめに入力完了させた際に指示したAASに統合されたユーザーIDとパスワードによって，以降のAASを利用することになる。なお，各種会員制サービスの追加と削除はアグリゲータを介して適宜可能であり，AASに統合されたひとつのユーザーIDにおけるパスワードの変更も適宜可能である。

2.3 個人情報の預け場所による分類

　AASは，利用者（顧客）の個人情報であるユーザーIDとログインパスワードの管理において，サービス提供者（アグリゲータ）に預けるのか，利用者の使用するPC（パソコン）だけで完結させるのか，といった個人情報の預け場所（預け先）の違いに基づいて，「（1）サーバー型」と「（2）クライアント型」の2つに大別することができる。この分類は，ユーザーIDとログインパスワードの管理において，組織のサーバーか，あるいは自分のクライアントPCか，ということ

ゆるサービスを受けられる仕組みである。

に主眼を置いて分類する方法である。

(1) サーバー型（Server Type）
　サーバー型は，AASの利用者が実際に操作する場合，アグリゲーション・サービスを提供するアグリゲータが利用者の各種会員制サービスのユーザーIDとログインパスワードをサーバーに予め預かって保管（管理）する。そして，アグリゲータが利用者に成りかわって，ひとつのユーザーIDとログインパスワードを使って，利用しているインターネット上の複数のWebサイトへの接続を行う方法である。したがって，AASを利用する場合，インターネット上で各種会員制サービスのユーザーIDとログインパスワードの預け先は，アグリゲータを運営する会社となる。
　このサービスタイプは，利用者のユーザーIDとログインパスワードを，Webサイトにてサービスの提供を行っているアグリゲータに預けることになるために，①複雑な処理が必要ない，②処理速度が速い，③利用者自身のPCにアグリゲーションを行うソフトウェアをインストールする必要がないといったメリットがある。つまり，利用者のPCにAAS用のソフトウェアのインストールや管理，保守が必要でなく，そのソフトウェアのアップグレードにかかる時間・費用・手間を節減することができる。
　一方，デメリットとしては，アグリゲータの所有するソフトウェアやハードウェアなどの設備を利用することから，①多大な初期投資と運用コストが必要である，②WebサイトのユーザーIDとログインパスワードの情報がサーバーから漏洩したり，盗難にあったりするといった可能性がある。
　この方法は，1999年のAAS導入の当初から広く一般的に利用されている。現在，わが国では，ASP型によるサーバー経由でのWebブラウザを用いて，アグリゲーション・サービスを提供するサービスが主流である。

(2) クライアント型（Client Type）
　クライアント型は，AASの利用者が実際に操作する場合，利用者

の使用するPCに格納(保管)してあるWebサイトのユーザーIDとログインパスワードを使って,利用しているインターネット上の複数のWebサイトへの接続を行う方法である。したがって,アグリゲーション・サービスを利用する際のWebサイトのユーザーIDとログイ

表5-1 主なアカウント・アグリゲーション・サービスの特徴と機能

分類	運用	特徴	
サーバー型	NTTコミュニケーションズ「Agurippa」	NTTコミュニケーションズの自社開発InfoBondを利用,XMLによるWebサービス対応,OFXデータフィード,電子明細対応,ライフプラン診断機能などの機能がある。	
	NRIセキュアテクノロジーズ「InterCollage」	個別にアクセスして閲覧・確認している口座情報や取引情報を,ひとつのユーザーID・パスワードの入力で簡単に表示できるサービスを提供する。各ユーザーのID・パスワードはデータセンターでセキュアに管理する。	
クライアント型	「MoneyLook」イー・アドバイザー	個人情報や口座情報はすべて個人のPCで管理され,個人情報は一切第三者に預ける必要がない。	

(注1) NTTビズリンク株式会社は,2005年(平成17年)2月,株式会社ぷららネットワークスのアカウント・アグリゲーションサービスを事業統合している。なお,アカウント・アグリゲーションサービス「Agurippa」は,平成27年4月,親会社であるNTTコミュニケーションズ株式会社に事業譲渡されている。
(注2) アカウント・アグリゲーションサービス「InterCollage」は,2014年5月,株式会社野村総合研究所からNRIセキュアテクノロジーズ株式会社に事業譲渡されている。

ンパスワードの預け先は，利用者自身が使用するクライアント（PCやスマートフォン，タブレット端末など）となる。

このサービスタイプは，ユーザーIDとログインパスワードを利用者自身が使用するPCに格納するために，①アグリゲータ側のサーバ

サービス	機能概要
ソニー銀行 「人生通帳スタンダード」	口座情報や請求情報をカレンダーに自動表示するサービスや所有ポイントの交換をシミュレーションするサービス，ライフプランのシミュレーションなどの便利なサービスを搭載する。
マネックス証券 「MONEX ONE」	マネックス証券の資産設計アドバイスツール「MONEX VISION β」にMONEX ONEの情報を取り込み，マネックス証券の保有資産とあわせて分析・アドバイスを得るサービスを搭載する。
NTTコミュニケーションズ 「Kakeibon」	アグリゲーション連動型家計簿サービスで，銀行口座やクレジットカード，ネット通販などの明細を自動的に取り込む仕組みを利用して，誰でも無料で簡単に家計簿をつけるサービスを搭載する。
野村證券 「野村ホームトレード」	銀行や証券の預入残高や商品明細，クレジットカードの利用明細などの情報を集計することが可能であり，ユーザーは資産管理ツールとしても活用できるサービスを搭載する。
みずほ銀行 「インターネットサービス」	みずほマイレージクラブとして，ポイントカード制を大手銀行では初めて本格的に展開しており，非金利収入面での顧客獲得機会を拡大するサービスを搭載する。
ヤフージャパン 「MoneyLook with Yahoo!」	Webサイトで，個別に提供されているID/パスワードをユーザーのPCで一括管理し，各金融機関の利用明細などの情報を一覧で閲覧・管理することができるサービスを搭載する。
SBI証券 「MoneyLook for SBI証券」	複数の金融機関の口座情報を1つのWebサイトに統合して表示，ビジュアルな表やグラフによって，ユーザー自身の資産内容を一覧表示するサービスを搭載する。
住友SBIネット銀行 「MoneyLook for 住友SBIネット銀行」	続けられる簡単家計簿に，収支をグラフ化した資産管理でマネープラン分析，お金を使うイベントを目標化してモチベーションアップさせる目標管理を搭載する。
弥生 「MoneyLook for 弥生」	銀行取引明細を仕訳データとして取り込み，自動で仕訳を作成し，帳簿に登録することが可能であり，煩雑な入力作業の手間が省けるサービスを搭載する。

（注3）イー・アドバイザー株式会社は，金融情報サービスを提供しているモーニングスター株式会社（SBIホールディングス傘下）の100％子会社である。
（注4）2016年1月27日現在のデータである。
（出所）各社のホームページより筆者作成。

ーは非常に小規模の機器構成で運用を行うことが可能となる，②初期投資を大幅に削減することが可能になる，③Webサイトのユーザー IDとログインパスワードをアグリゲータに預けることによって発生する情報漏洩や盗難などの不安を解消できるといったメリットがある。

　一方，デメリットとしては，①利用者のPCに対して，直接AASを行うためのソフトウェアをインストールする必要がある，②アグリゲータと利用者間の処理が複雑になる，③利用者のPCにおいて処理が重たくなる，遅くなる，④利用者自らが情報漏洩やウイルス，盗聴などの情報セキュリティ対策を行う必要がある。つまり，利用者はユーザーIDやログインパスワードといった個人情報の管理の責任を自分で負う必要がある。また，利用者のPCに必要となるAASを含むソフトウェアのインストールや管理が必要であるとともに，その保守やアップグレードにかかる時間・費用・手間が必要となる。

　わが国では，当初，サーバー型によるAASのサービス提供については，NRIが独自技術である「InterCollage」を開発し，グループ会社である野村證券やみずほ銀行，マネックス証券，日本航空に対して，AAS業務に関するサービス環境を提供してきた（NRIセキュアテクノロジーズ，2015年）。また，NTTコミュニケーションズは，子会社のNTTビズリンクが独自技術である「Agurippa」を開発し，ぷららネットワークス（現NTTぷらら），NTTレゾナント（goo），ジャパンネット銀行，ソニー銀行，オリエントコーポレーション，マイクロソフト，楽天，全日本空輸に対して，AAS業務に関するサービス環境を提供していた。さらに，NTTデータは，独自技術である「e-z-Login」を開発し，三菱東京UFJ銀行，三井住友カードに対して，AAS業務に関するサービス環境を提供していた（NTTコミュニケーションズ，2015年）。

　当初，クライアント型によるAASのサービス提供については，SBIホールディングスが自社独自の技術である「MoneyLook」を開発し，SBI証券，セゾンカード，Yahoo! JAPANに対して，AAS業務に関するサービス環境を提供していた（Money Look，2015年）。

　その後，AASサービスの乱立，獲得顧客数の伸び悩み，高いサー

ビス維持管理コストの負担といった当初の予想値と違った伸び率や低い成果から，サービス終了しているものもある。したがって，AAS機能のサービス終了の事業者がある一方で新規参入の事業者も見られ，現在では，表5-1に示す企業がAASサービスを提供している。

(3) ユーザーIDとログインパスワード

個人情報の預け場所の違いによる「サーバー型」と「クライアント型」のいずれのアグリゲーション・サービス方式においても，インターネット上のWebサイトで提供される各種会員制サービスにおいて，様々なサービスの集約に対応するユーザーIDやログインパスワードが必要である。

AASでは，各種会員制サービスを利用するためにWebサイトで利用するWebサイトそれぞれのユーザーIDやログインパスワードを登録すると，新しく統合されたユーザーIDとログインパスワードがひとつ発行されることになる。

このように，利用者はアグリゲータに統合されたひとつのユーザーIDとパスワードを用いた入力を行うことで，事前に登録したすべてのWebサイトの情報を見たり，メールの確認を行ったり，あるいは商品・サービスの購入を行ったりすることができる。

情報化社会においては，インターネット上のWebサイトで，いろいろな商品・サービスの情報が提供されており，それぞれのビジネスプロセスは普及し，確立，定着してきている。また，利用者に対して提供されるWebサイトを介したサービス提供の数は現在も拡大し続けており，その利用したい各種情報を一括入手して，まとめて表示させるというAASによるサービス提供の利便性は向上している。

現在，AASによるサービスの提供は，財の移動が伴わない銀行や証券会社，保険会社，クレジットカード会社などの金融サービス業を含む複合サービス業の企業のみならず，製造業や小売業などの一般企業においても，効果的な総合ポータルサイト構築をするうえでの必須機能になりつつある。

3 ■ アカウント・アグリゲーションと企業境界の変化

3.1 インターネット上のWebサービスの提供

　インターネットバンキングやオンライン証券，オンラインショッピング，コンテンツ配信，音楽配信などのインターネット上のWebサイトにおけるサービスの提供において，各種会員制サービスを利用する場合には，一般的には当該サービスのユーザーIDやログインパスワードなどの個人情報を，それぞれのサービスを提供するWebサイトへ入力して利用者の認証である本人確認を行う必要がある。

　それぞれのサービスを提供するWebサイトへの個人情報の入力は，データ喪失，オペレーションミス，手順ミス，ソフトウェア障害，データ障害などの利用者の過失による脅威，および不正使用，改竄，データ消去，盗聴，成りすましなどの悪意のある第三者の故意による脅威といったことから個人情報を保護していかなければならない。このような情報セキュリティ[22]の観点からも，利用者自身は各々適切に個人情報を管理しなければならない。

　このためインターネットを介して様々なサービスの利用が増加していくと，情報入手の機会が増えて様々な場面で便利になる一方で，利用者は多くの個人情報を自分自身の自己責任において管理・利用しなければならず，これが大きな負担となっている。つまり，例えば，インターネット上での各種会員制サービスを100サイト利用しているとしたら，それぞれ異なる100サイトの個人情報の管理が必要になるということである。

　したがって，AASでは利用者の負担を軽減するために，図5-3に示すように，インターネット上の各種サービスを利用する際に必要となるユーザーIDやログインパスワードなどの個人情報を統合して，その個人情報を一元管理するための新たな一組（セット）の個人情報を入力して利用する。

22　情報化社会における様々な脅威については，税所哲郎（2012）『現代組織の情報セキュリティ・マネジメント―その戦略と導入・策定・運用―』に詳しく説明してある。

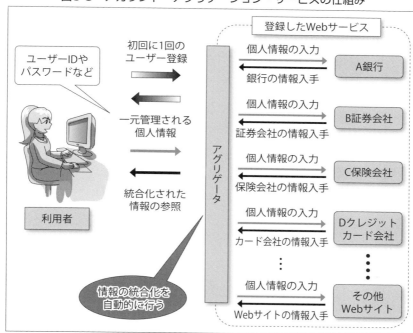

図5-3 アカウント・アグリゲーション・サービスの仕組み

(出所) 税所哲郎 (2005) を大幅に加筆・修正して作成。

3.2 アカウント・アグリゲーションのメリット

(1) 複数Webサイト利用のメリット

　複数のWebサイトを利用している場合においては，利用者はユーザーIDやログインパスワードなどの個人情報を統合したAASを利用することによって，以下のようなメリットがある。

①統合して一元管理される一組の個人情報の入力により，ユーザーIDやログインパスワードなどの複数の個人情報を管理する手間が省ける。
②取引を行っている銀行や証券会社などの口座情報はもちろんのこと，各種会員制サービスのデジタル・コンテンツを一覧表示することで，自分の金融資産とコンテンツを一度に確認できる。

③クレジットカードの利用状況やWebサービスにおけるコンテンツの売買状況に応じて，その場で銀行預金をシフトできる。
④現在の銀行預金残高を見ながら，証券会社や保険会社が提供している金融商品や金融サービスの購入に利用できる。
⑤預金残高情報などの合算が可能な資産については，金融機関を横断させた資産合計額や評価損益の自動計算が可能である。
⑥保有する金融資産のポートフォリオに応じて，お勧めの金融商品や金融サービスの紹介などがタイムリーに送付され，資産運用のアドバイスを受けることが可能になる。

　AASでは，利用者が初めにアグリゲータに対して，自分が利用する銀行や証券会社，保険会社，クレジットカード会社，およびその他の各種会員制サービスが提供するWebサイトに関わる個人情報をすべて登録して，その後の統合されたユーザーIDやログインパスワードなどの管理用の個人情報を取得することになる。
　アグリゲータ登録後は，取得した管理用の個人情報を入力するだけで，登録したすべてのWebサービスを利用することができる。
　つまり，アグリゲーションの利用者は，初めに自分が利用するWebサイトを複数登録することで，金融サービス会社，および航空会社，プロバイダー，電話会社，電力会社などのそれぞれの企業境界を意識することなく，ひとつの画面を参照することで，あたかも同一企業による情報の提供であるかのように，自分の口座情報や加入情報，取引状況などの参照が可能となる。

(2) AAS提供によるメリット
　金融サービス業を中心にした複合サービス業，および製造業，通信業，運輸業，航空会社，プロバイダー，電話会社，電力会社などの現代企業においては，AASによる付加価値サービスを提供することで，以下のようなメリットがある。

① インターネット上のWebサイトを介して，様々な情報の提供を行うことで，顧客の自社webサイトへの訪問頻度を増加させ，顧客

を囲い込むことが可能となる。

　これは，一度，顧客が自社AASへの登録を行うと，他社に乗り換えるためには大きな労力である取引費用が発生し，個人情報を一から登録し直さなければならない作業が発生するためである。

　また，一度，自社AASのサービスを提供できれば，優先的に自社の商品・サービスに関する情報を提供できて，取引に発展させることが可能となる。

② 顧客のポートフォリオを分析することによって，顧客ごとのオーダーメイドの金融商品・金融サービスの提案が可能となる。

　これは，顧客が保有する金融商品・金融サービスを分析・評価することで，顧客のニーズに合致した金融商品・金融サービスの形成が可能となるからである。

　つまり，リアルタイム性や双方向性を活用して，顧客の銀行の預金状況やローン状況，証券会社の有価証券保有状況や取引経過・損益状況，クレジットカード会社のカード購買状況・キャッシング状況，保険会社の契約状況や融資状況・契約貸付金の貸し付け状況などの金融資産状況を詳細に分析・評価することが可能である。

③ 顧客属性や取引状況，取引残高，購買履歴を分析することによって，顧客のニーズに合った金融分野以外の新しい商品・サービスを開発して提供することが可能になる。

　これは，現在，顧客が最も必要としている商品・サービスの提案を行うことが可能となるからである。

　つまり，リアルタイム性や双方向性を活用して，顧客の生年月日や性別，職業，血液型，家族構成，年収，金融資産，趣味，取引動機，取引目的などを分析・評価することが可能である。

④ 見込み客に対してタイムリーな商品・サービスを提供することやその利便性を対外的（外部の第三者）にアピールすることで，新規顧客の獲得を目指すことが可能になる。

　これは，あらゆる利用者に対して，Webサイトを介したサービスの提案を行うことが可能となるからである。

　自社AASへの登録を行っていても，過去の取引はもちろんのこと現在も取引を行っていないが取引の可能性のある利用者（顧客），

つまり見込顧客，あるいは潜在的な顧客，さらには過去には取引を行っていたが現在は取引を行っていない休眠顧客に対して，自社の商品・サービスが他社と比較した場合の優位性や利便性・効率性などを積極的にアピールすることで，新規の取引あるいは取引の復活にまで発展させることが可能となる。

3.3 アカウント・アグリゲーションと企業間連携

　AASでは，図5-4に示すように，金融サービス業を中心に製造業や通信業，運輸業などの一般企業が保有・管理している顧客に関する個人情報，あるいは外国為替や日経平均株価，東証株価，NYダウ，長期金利といった経済情報などのWebサイト上のデジタル・コンテンツが連携し，ひとつの画面に一覧表示するとともに，預金残高や有価証券の評価損益などの合算が可能な情報は資産合計額も自動的に計算する（NTTコミュニケーションズ，2015年）。

　このためAASの提供では，自社の提供するWebサイトで提携先企業（登録先企業）の情報を提供するために，あたかもAASの提供先企業が登録先企業を含めたすべての情報を管理・提供しているかのイメージを利用者（顧客）へ抱かせることが可能となる。したがって，顧客対企業間の関係は，Webサービス上における仮想企業を形成することで，顧客と企業との間で1対n，n対1の関係が1対1の関係を構築し，友好的な関係を築けるといった相乗的な効果が得られる。

　また，金融サービス業を中心にした製造業，通信業，運輸業，航空会社，プロバイダー，電話会社，電力会社などの企業では，顧客へのAASの提供を行うことで，インターネット上のWebサービスにおける仮想企業が形成されて，AASを提供する企業が意識する，意識しないに関わらずに企業間連携を引き起こした。

　具体的な企業間提携では，図5-5に示すように，銀行や証券会社，保険会社，クレジットカード会社などの企業，および製造業や通信業，運輸業などの各種会員制サービスを提供する企業では，企業境界の変化をもたらし，企業間の境界を意識させない，つまり企業境界が薄れていくという変化をもたらしている。

　従来，インターネットの利用者である顧客が個別に各企業のWeb

図5-4 アカウント・アグリゲーション・サービスの事例（アグリッパの例）

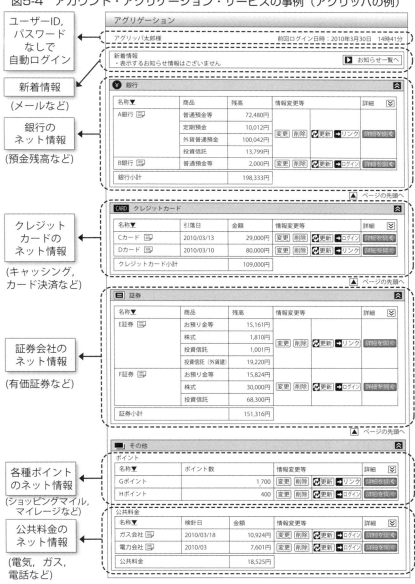

（出所）NTT コミュニケーションズ（2015）より作成。

図5-5 アカウント・アグリゲーション・サービスによる企業境界の変化

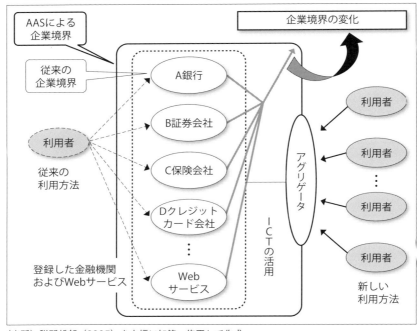

(出所) 税所哲郎（2005）を大幅に加筆・修正して作成。

サイトにアクセスすることで，それぞれの企業の境界を意識していた。しかし，顧客がAASを利用することで各企業の様々な情報を一覧表示することが可能となるため，顧客に対する様々な情報があたかもひとつの個別企業によって提供されているといったイメージを与えてしまい，各企業の境界を意識しない情報の提供となってしまっている。

4 ■ 情報統合化の方法と企業境界の変化

4.1 情報統合化と企業境界

　銀行や証券会社，保険会社，クレジットカード会社などの金融サービス業，および製造業，通信業，運輸業，航空会社，プロバイダー，電話会社，電力会社などの各種会員制サービスを提供する企業による

AASでは，表5-2に示すように，情報の統合化を実現する手段（技術）において，「（1）友好的な情報の統合化」と「（2）敵対的な情報の統合化」の2つの方法に大別できる。

つまり，企業などにおいて，AASにおける情報システムを構築する具体的な方法によるものである。

（1）友好的な情報の統合化

はじめに，「友好的な情報の統合化」では，AASを提供する企業においては，情報統合を行う際に事前承諾を行い，かつサービスの開始前にコンテンツパートナーである情報提供先企業との間において，事前契約を締結するために企業境界が薄れていく意識（認識）がある。

（2）敵対的な情報の統合化

これに対して，「敵対的な情報の統合化」では，AASを提供する企業においては，情報統合を行う際の事前承諾は行わなく，かつサービスの開始前にコンテンツパートナーではない情報取出先企業との間において，事前契約は締結しないために企業境界が薄れていく意識（認識）がない。

4.2 情報システム構築方法と特徴

AASにおける情報システムを構築する具体的な方法である「（1）友好的な情報の統合化」と「（2）敵対的な情報の統合化」の方法については，それぞれ採用される技術が違い，それぞれ特徴が見られる。

表5-2　情報統合化の方法と企業境界の変化

手段	情報統合化の方法	事前承諾	契約	企業境界の変化
友好的な情報の統合化	データ・ダウンロード方法（DD：Data Download法）	あり	締結	AASを提供する企業において，企業境界が薄れていく意識（認識）がある。
	定期的に必要な情報を取り込んで統合し，データベースに保存する。			
敵対的な情報の統合化	スクリーン・スクレーピング方法（SS：Screen-Scraping法）	なし	非締結	AASを提供する企業において，企業境界が薄れていく意識（認識）がない。
	Webサイトから情報を引き剥がして統合し，データベースに保存する。			

（出所）筆者作成。

(1) 友好的な情報の統合化

 はじめに,「友好的な情報の統合化」技術の活用とは,データ・ダウンロード方法(Data Download:以下DD法)による情報収集(データ収集)のことである。

 この方法は,アグリゲータと情報を提供するコンテンツパートナーである情報提供先企業が提携してXML[23]などの決められたプロトコル[24]に従い情報を統合し,定期的に必要な情報を取込んでアグリゲータのデータベースに保存する方法である。

 DD法では,アグリゲータと情報を提供する各企業においては,事前の契約が必要となるとともに,データ収集を行う場合に情報元であるコンテンツパートナーである情報提供先企業による個別の技術的なサポートが必要となる。また,顧客の情報は各企業の合意により統合が行われるので,データの真正性[25]を保証できることや常時メンテナンスの必要がないことなどのメリットがある。

 このDD法によるAASでは,サービスを提供している企業は,事前に情報取得先企業と契約を締結して情報の内容であるデータ形態やサイズ,様式はもちろんのこと,情報の取得方法や取得タイミングなどの各種情報に関する取り決めをお互いの企業で行っているので,アグリゲータだけでなくAASに対して情報を提供している情報提供先企業においても,自社の企業境界が薄れていく,さらには企業境界が消失していくという変化を認識している。

(2) 敵対的な情報の統合化

 これに対して,「敵対的な情報の統合化」技術の活用とは,スクリーン・スクレーピング方法(Screen-Scraping:以下SS法)による情報収集(デ

---

23 XML(eXtensible Markup Language)とは,文書やデータの意味や構造を記述するためのマークアップ言語のことで,文書の一部をタグと呼ばれる特別な文字列で囲うことで,文章の構造(見出しやハイパーリンクなど)や修飾情報(文字の大きさや組版の状態など)を文章中に記述していく記述言語である。
24 プロトコル(Protocol)とは,通信手順,通信規約などとも言い,ネットワークを介してコンピュータ同士が通信を行ううえでの相互に決められた約束事の集合である。
25 真正性(Authenticity)は,情報セキュリティ管理指針のひとつで,利用者,プロセス,システム,情報,または資源の身元が,主張通りであることを保証するもので,情報システムと利用者との関係における要求,つまり組織管理の前提である人の管理に関わる重要な要件である。

ータ収集）のことである。

　この方法は，企業が提供するWebサイトに利用者がログインし，口座情報や電子メール，コンテンツなどの情報を照会するのを，Webサービスを提供するアグリゲータが利用者のユーザーIDやログインパスワードでログインして，インターネット・ロボット[26]やインターネット・エージェント[27]などの自動検索技術を利用して，必要な情報を自動的に取り出して，つまり情報を引き剥がしてアグリゲータのデータベースに保存する方法である。

　SS法では，アグリゲータの情報取出先企業は，コンテンツパートナーではないので，事前承諾の必要がなく（事前承諾を行わずに）[28]簡単に情報を利用できる。その反面，データの正確さを保証できないこと，情報取出先に合わせた常時メンテナンスが必要であること，情報取出先からの連絡がないためにメンテナンスに時間がかかってしまい効率が悪いことなどのデメリットがある。

　このSS法によるAASでは，サービスを提供している企業は，情報取出先企業との契約締結を行わないので，自由に（契約締結を行わずに無許可で）各種情報の収集を行っている。そのために，アグリゲータだけでなくAASに対して情報を提供している企業においても，自社の企業境界が薄れていく，さらには企業境界が消失していくという変化を認識していない。

　AASで情報を提供している企業にとっては，自社システムの口座情報や電子メール，各種コンテンツなどの情報にアクセスしている利用者が本当に顧客自身なのか，あるいはアグリゲータなのかを区別することができないからである。敵対的なアグリゲータの場合には，自社の情報の統合化を妨害するために，Webサイトのデザインを変更

26　インターネット・ロボット（Internet Robot）は，ロボット型検索エンジン（Robot Type Search Engine）とも言い，専用のソフトウェア（ロボット）がインターネット上のWebサイトを自動的に巡回してデータを収集する検索エンジンである。代表的なものに，Google，YST（Yahoo Search Technology），MSNサーチなどがある。
27　インターネット・エージェント（Internet Agent）は，例えばWebサイト上で自動的に買物をしたり，バーゲン品を漁ったり，あるいは商品を見比べながらショッピングしたりする，状況に応じて利用者の意図に沿った一連の作業を自動的に行うコンピュータシステムのことである。
28　この場合，顧客の事前承諾であるアグリゲータへの登録先企業の事前登録は必要となる。

したり，データの配置を変更したり，対応策を講じる可能性もある。

4.3 情報統合化と利用者情報

　2001年にAASによるサービスが提供され始めた当時，様々な企業のWebサイトで提供される利用者の情報（顧客情報）について，保有する企業のものなのか，それとも利用者自身のものなのか，といった利用者情報は誰のものかということが議論となった。それは，AASサービス開始当時は，Webサービスを提供する企業が保有する利用者の情報は，その情報システムを運営する企業のものであるという考えが一般的であったためである。

　このために，AASサービス開始当時は，アグリゲータへ参加することで，自社の情報が競合企業に利用されるのではないかといったことで，参加に否定的な企業も数多く存在した。しかし，現在では，利用者の情報は，その所在に限らずに利用者のものであるという考え方が支配的になっている。そのため，顧客情報は，利用者の希望に応じて自由に利用者が使いやすいかたちで提供・利用されるべきであるという考えが定着している。

　したがって，コンテンツパートナーが積極的にアグリゲータに参加，AAS提供企業はアグリゲータで取得した利用者の情報を活用して，利用者の利便性の高まる付加価値の高いサービスを提供するようになっている。

　これまで考察してきたように，ICTを活用したAASの導入により，図5-5に示すように，金融サービス業を中心に製造業や通信業，運輸業などの一般企業においては，企業境界が薄れていく，さらに企業境界が消失していく変化が見られる。

　また，AASを実現する手段であるシステム構築方法の違いによって，企業が捉えている企業境界の認識に大きな差が見られるのである。

5 ■ おわりに

　ICTの急速な発展と普及は，ICTの革新やコストダウン，高速性，

利便性，操作性，双方向性，リアルタイム性，地理的無関係性，大量一括処理などの技術による新しいビジネスモデルであるマッチング・ビジネスを生み出している。その一方で，企業そのものに対する側面である企業境界が薄れていく，さらには企業境界が消失していくという影響をもたらした。

わが国の多くの企業では，これまで主要業務のみでなく，情報システムをはじめとする関連業務・周辺業務を処理する場合，そのほとんどの業務を自前主義[29]により対応を行ってきた。これにより業務処理の精度を保ったり，迅速度を求めたりして，企業における情報の完全性[30]を確保してきたのである。このため，企業において，各種情報が組織内部で完全にクローズドで，保護されてきて，明確な企業境界が形成されてきたのである。

しかし，金融サービス業を中心に製造業や通信業，運輸業などの現代企業においては，情報の統合化を行ったサービスであるAASを提供することで，ひとつの企業という枠組みを超えた活動が行われるようになり，企業境界が薄れていく，さらに企業境界が消失していくという変化が見られるようになっている。

また，今後は，利用者に対するサービス向上の目的で，健康情報や年金情報，住宅ローン情報などの公的情報に関する情報を統合化，利用者の意思に基づいた利用者自身の利便性向上のための情報流通の拡大化，ユーザーIDとログインパスワードのみの本人認証ではなくセキュリティ技術を活用した認証機能の高度化[31]，金融機関を介さない個人間決済機能の導入へと進展していくことであろう。

マイナンバー[32]に関わる情報，および医療情報，健康情報，介護保険，

29　自前主義では，自社単体のみの対応ではなく，持株会社，あるいはグループ企業全体で対応を行ってきた。
30　完全性（Integrity）とは，情報および処理方法が正確であること，完全であることを保護する。
31　民営化される前から，ATM（Automatic Teller Machine）においては，既に銀行や証券会社などの民間金融機関と接続されており，相互利用が行われている。
32　マイナンバー（My-number）とは，住民票を有するすべての人に割り当てられる固有の番号のことで，住民票コードを変換した12桁の数字である。マイナンバーは，複数の機関に存在する情報が同一人のものであることを確認するために用いる。2016年1月から，社会保障・税・災

年金情報，税金情報，住宅ローン情報，教育情報などの公的情報の公開や開放に向けた規制緩和や活用のための法律や指針，行政指導，ガイドラインなどの整備されることで，民間企業の情報のみならず公的情報まで集約されるコンテンツが広がれば，すべての個人や組織に関わる情報の活用によって，利用者が広がる発展性および発展に伴う更なる利用者の利便性向上，潜在需要の喚起が期待できる。そのような状況に発展していくと，単に民間企業のみの企業境界の変化だけにとどまらず，官民境界が薄れていく現象が見られることになる。

情報化社会の進展に伴って，企業間連携は同一業種，およびひとつの企業という枠組みを超えて，あるいは民間企業といった枠組みを超えてますます進展していくものと思われる。このため従来からの企業境界という枠組みは，一層薄れ行くとともに消失してゆくため，ひとつの企業の枠組みにとらわれない柔軟な発想による経営行動が必要である。

金融機関においても情報の利用者（顧客）からの参照（アクセス）を待つといった受け身の対応ではなく，小売業や製造業などで行われているCRM[33]活動，つまり積極的な情報の統合化による利用者本位のサービスの提供と顧客との良好かつ継続的な関係を深めることが，企業が生き残るためにも求められている。

〈参考文献〉

Akira Ishikawa (ed.), Atsushi Tsujimoto (ed.) (2008), *Creative Marketing for New Product and New Business Development*, World Scientific Publishing Company.
Carliss Y. Baldwin, Kim B. Clark (2000), *Design Rules: The Power of Modularity*, The MIT Press.
Colombo, Massimo G. (ed.) (1998), *The Changing Boundaries of the Firm*, Routledge.
Howard E. Aldrich (2006), *Organizations Evolving, Second Edition*, Sage Publications.
Langlois, Richard N., and Paul L. Robertson (1995), *Firms, Markets and Economic Change: A Dynamic Theory of Business institutions*, Routledge.
Mark Casson (1997), *Information and Organization : A New Perspective on the Theory*

害対策の行政手続きで使用が開始される。
33 CRM（Customer Relationship Management）活動においては，1人1人のニーズに的確に応えた顧客対応を行い，商品・製品作り，サービスを提供し，市場開拓を促進する。

of the Firm, Clarendon Press.
Richard N. Langlois and Paul L. Robertson（1995），*FIRMS, MARKETS AND ECONOMIC CHANGE: A Dynamic Theory of Business Institutions*, Routledge.
Ronald, H. Coase（1990），*The Firm, the Market, and the Law*, The University of Chicago Press.
Williamson, Oliver E.（1995），"Hierarchies, Markets and Power in the Economy: An Economic Perspective" *Industrial and Corporate Change*, Vol. 4. No. 1, pp. 21-50.
Williamson, Oliver E.（1995），"Strategy Research: Governance and Competence Perspectives," *Strategic Management Journal*, Vol.20, pp.1087-1108.
Williamson, Oliver E.（1975），*Markets and Hierarchies: Analysis and Anti-Trust Implications*, The Free Press.
Williamson, Oliver E.（1985），*The Economic Institutions of Capitalism*, The Free Press.
Williamson, Oliver E.（1996），*The Mechanisms of Governance*, Oxford University Press.
浅井澄子（2013）『コンテンツの多様性―多様な情報に接しているのか―』白桃書房。
池尾恭一編（2003）『ネット・コミュニティのマーケティング戦略―デジタル消費社会への戦略対応―』有斐閣。
池口久吉（2001）「インフラとしてのアグリゲーションサービス」『ITソリューションフロンティア』2001年7月号，pp.14-17，野村総合研究所。
池口久吉（2006）「アグリゲーション技術の新たな活用」『ITソリューションフロンティア』2006年8月号，pp.14-15，野村総合研究所。
池本正純編（2004）『現代企業組織のダイナミズム』専修大学出版局。
今井賢一・金子郁容（2002）『ネットワーク組織論』岩波書店。
内田和成・黒岩健一郎・余田拓郎（2015）『顧客ロイヤルティ戦略―ケースブック―』同文舘出版。
NRIセキュアテクノロジーズ（2015）「InterCollage」『アグリゲーションサービス』NRIセキュアテクノロジーズ。〈http://www.nri-secure.co.jp/service/intercollage/index. html〉（2015年11月22日確認）
NTTコミュニケーションズ（2015）「Agurippa」『マーケティングソリューション』NTTコミュニケーションズ。〈https://www.ntt.com/business/service/saas/marketing.html〉（2015年11月22日確認）
遠藤健哉（2002）「企業境界に関する能力ベース・アプローチ」『現代企業組織のダイナミックス―ITと企業境界の変容―』pp.15-21，経営情報学会・ネットワーク社会と薄れゆく企業境界研究部会。
大垣尚司（2007）『金融アンバンドリング戦略』日本経済新聞出版社。
小川紘一（2014）『オープン&クローズ戦略―日本企業再興の条件―』翔泳社。
小田切宏之（2010）『企業経済学（第2版）』東洋経済新報社。
片山謙（2001）「米国におけるアカウントアグリゲーションの進展」『資本市場クォータリー』2001年春号，pp.35-49，野村総合研究所。

河島伸子・生稲史彦（2013）『変貌する日本のコンテンツ産業：創造性と多様性の模索』ミネルヴァ書房．
岸川善光（2010）『コンテンツビジネス特論』学文社．
小柳公洋・岡村東洋光・豊田謙二（1999）『企業と社会の境界変容―組織の原理と社会形成―』ミネルヴァ書房．
税所哲郎（2004）「電子社会における金融機関のマーケティング戦略」『経営情報学会誌』第12巻第4号，pp.51-67，経営情報学会．
税所哲郎（2005）「情報化社会の進展と金融機関における薄れ行く企業境界」『関東学院大学経済経営研究所年報』第27集，pp.101-110，関東学院大学経済経営研究所．
税所哲郎（2012）『現代組織の情報セキュリティ・マネジメント―その戦略と導入・策定・運用―』白桃書房．
情報サービス産業協会（2015）『情報サービス産業白書2015』日経BP社．
鈴木公明（2013）『イノベーションを実現するデザイン戦略の教科書』秀和システム．
DIAMONDハーバード・ビジネス・レビュー編集部編・訳（2005）『金融サービス業の戦略思考』ダイヤモンド社．
谷口和弘（2006）『企業の境界と組織アーキテクチャ―企業制度論序説―』NTT出版．
谷口和弘（2008）『組織の実学―個人と企業の共進化―』NTT出版．
丹沢安治（2002）「ネットワーク社会と薄れゆく企業境界―企業境界決定への新しいアプローチ―」『現代企業組織のダイナミックス―ITと企業境界の変容―』pp.4-9，経営情報学会・ネットワーク社会と薄れゆく企業境界研究部会．
辻村清行（2012）『モバイルパワーの衝撃―スマートフォン時代の事業モデル革命―』東洋経済新報社．
出口弘・田中秀幸・小山友介編（2009）『コンテンツ産業論―混淆と伝播の日本型モデル―』東京大学出版会．
デジタルコンテンツ協会編・経済産業省商務情報制作局監修（2015）『デジタルコンテンツ白書2015』デジタルコンテンツ協会．
手塚公登（2002）「信頼とネットワーク」『現代企業組織のダイナミックス―ITと企業境界の変容―』pp.10-14，経営情報学会・ネットワーク社会と薄れゆく企業境界研究部会．
電通総研（2015）『情報メディア白書2015』ダイヤモンド社．
于冬（2001）「金融新サービス：アカウント・アグリゲーションの動向」『USInsight』Vol.8，January 2001，pp.2-12，NTTデータ技術開発本部．
根来龍之監修・富士通総研編・早稲田大学ビジネススクール根来研究室編（2013）『プラットフォームビジネス最前線―26の分野を図解とデータで徹底解剖―』翔泳社．
野村総合研究所基盤ソリューション企画部（2014）『ITロードマップ2015年版―情報通信技術は5年後こう変わる！―』東洋経済新報社．
橋本昌司（2002）「アカウント・アグリゲーションの動向とその法律問題」『旬刊金融法務事情』1月5・15日合併号，金融財政事情研究会．
花岡菖（2003）『組織の境界と情報倫理』白桃書房．
原田勝広・塚本一郎（2006）『ボーダレス化するCSR―企業とNPOの境界を越えて―』

同文舘出版。
ビクター・マイヤー＝ショーンベルガー，ケネス・クキエ（斎藤栄一郎訳）（2013）『ビッグデータの正体―情報の産業革命が世界のすべてを変える―』講談社。
宝珠山卓志・篠崎功監修・ディーツーコミュニケーションズスマートフォンベクター（2011）『スマートフォン・マーケティング―ブランドアプリに見る企業のコミュニケーション戦略―』宣伝会議。
堀内直太郎（2002）「CRMの取り組みと薄れゆく企業境界」『現代企業組織のダイナミックス―ITと企業境界の変容―』pp.44-49，経営情報学会・ネットワーク社会と薄れゆく企業境界研究部会。
Money Look（2015）「機能のご紹介」『MoneyLook for 住信SBIネット銀行』〈https://netbk.moneylook.jp/〉（2015年11月22日確認）
正木千丈（2002）「アカウント・アグリゲーション・サービスの広範囲な可能性」『金融ジャーナル』7月号，金融ジャーナル社。
まつもとあつし（2012）『コンテンツビジネス・デジタルシフト―映像の新しい消費形態―』エヌティティ出版。
渡邉淳矢・古賀太朗編（2014）『コンテンツ産業論』ボーンデジタル。
渡部直樹（2014）『企業の知識理論』中央経済社。
渡部直樹編，デビッド・J・ティース（2010）『ケイパビリティの組織論・戦略論』中央経済社。

〈参考URL〉
American Express Company.〈https://www.americanexpress.com/〉（2015年11月22日確認）
AOL Inc.〈http://www.aol.com/〉（2015年11月22日確認）
Atlantic Bank Ltd.〈http://www.atlabank.com/〉（2015年11月22日確認）
Citigroup Inc.〈http://www.citigroup.com/citi/〉（2015年11月22日確認）
City National Bank〈https://www.cnb.com/index.asp〉（2015年11月22日確認）
Fidelity（FMR LLC.）〈https://www.fidelity.com/〉（2015年11月22日確認）
Higher One, Inc.（OnMoney.com）〈http://www.myonemoney.com/〉（2015年11月22日確認）
Merrill Lynch & Co., Inc.（Bank of America Corporation.）〈https://www.ml.com/〉（2015年11月22日確認）
Money Look（Eadvisor）〈https://www.moneylook.jp/〉（2015年11月22日確認）
Morgan Stanley〈http://www.morganstanley.com/〉（2015年11月22日確認）
NRIセキュアテクノロジーズ〈http://www.nri-secure.co.jp/〉（2015年11月22日確認）
NTTコミュニケーションズ〈http://www.ntt.com/〉（2015年11月22日確認）
NTTビズリンク〈https://www.nttbiz.com/〉（2015年11月22日確認）
NTTレゾナント〈http://www.nttr.co.jp/〉（2015年11月22日確認）
Santa Barbara Bank & Trust（The Bank of Santa Barbara）〈http://www.

bankofsantabarbara.com/index.html〉（2015 年 11 月 22 日確認）
SBI ホールディングス〈http://www.sbigroup.co.jp/〉（2015 年 11 月 22 日確認）
SBI 証券〈https://www.sbisec.co.jp/ETGate〉（2015 年 11 月 22 日確認）
Tarang Software Technologies(P)Ltd.〈http://www.tarangtech.com/〉（2015 年 11 月 22 日確認）
Teknowledge Corporation〈https://www.facebook.com/teknowledge.corp/〉（2015 年 11 月 22 日確認）
The Chase Manhattan Bank（JPMorgan Chase & Co.）〈http://www.jpmorganchase.com/〉（2015 年 11 月 22 日確認）
Wells Fargo.〈https://www.wellsfargo.com/〉（2015 年 11 月 22 日確認）
Yahoo! Inc.〈http://www.yahoo.com/〉（2015 年 11 月 22 日確認）
Yahoo! JAPAN〈http://www.yahoo.co.jp/〉（2015 年 11 月 22 日確認）
Yodlee, Inc〈http://www.yodlee.com/〉（2015 年 11 月 22 日確認）
イー・アドバイザー〈http://www.eadvisor.co.jp/〉（2015 年 11 月 22 日確認）
オリエントコーポレーション〈http://www.orico.co.jp/company/〉（2015 年 11 月 22 日確認）
静岡銀行〈http://www.shizuokabank.co.jp/〉（2015 年 11 月 22 日確認）
ジャパンネット銀行〈http://www.japannetbank.co.jp/〉（2015 年 11 月 22 日確認）
セゾンカード〈http://www.saisoncard.co.jp/〉（2015 年 11 月 22 日確認）
全日本空輸〈http://www.ana.co.jp/〉（2015 年 11 月 22 日確認）
ソニー銀行〈http://moneykit.net/〉（2015 年 11 月 22 日確認）
ソフトバンク〈http://www.softbank.jp/〉（2015 年 11 月 22 日確認）
ソフトバンク・テクノロジー〈http://www.softbanktech.co.jp/corp/〉（2015 年 11 月 22 日確認）
電通国際情報サービス〈http://www.isid.co.jp/〉（2015 年 11 月 22 日確認）
トヨタ自動車〈http://toyota.jp/〉（2015 年 11 月 22 日確認）
日本航空〈https://www.jal.co.jp/〉（2015 年 11 月 22 日確認）
野村證券〈http://www.nomura.co.jp/〉（2015 年 11 月 22 日確認）
野村総合研究所〈https://www.nri.com/jp/〉（2015 年 11 月 22 日確認）
日立製作所〈http://www.hitachi.co.jp/〉（2015 年 11 月 22 日確認）
ぷららネットワークス（現 NTT ぷらら）〈http://www.plala.or.jp/〉（2015 年 11 月 22 日確認）
マイクロソフト〈https://www.microsoft.com/ja-jp/〉（2015 年 11 月 22 日確認）
マネックスグループ〈http://www.monexgroup.jp/〉（2015 年 11 月 22 日確認）
マネックス証券〈https://www.monex.co.jp/〉（2015 年 11 月 22 日確認）
みずほ銀行〈http://www.mizuhobank.co.jp/index.html〉（2015 年 11 月 22 日確認）
三井住友カード〈http://www.smbc-card.com/index.jsp〉（2015 年 11 月 22 日確認）
三菱 UFJ フィナンシャル・グループ〈http://www.mufg.jp/〉（2015 年 11 月 22 日確認）
楽天〈http://www.rakuten.co.jp/〉（2015 年 11 月 22 日確認）

第6章 マッチング・ビジネス
Chapter 6 Matching Business

1 ■ はじめに

　情報通信技術（Information and Communication Technology：以下 ICT）の急速な発展と普及はオープン・ネットワークの拡大をもたらして，企業活動や個人生活において，いつでも，どこでも，誰でも，何度でも，必要な情報を共有できる環境が整った情報化社会が到来している。情報化社会においては，現代企業は ICT を活用して自由に様々な組織や個人とコミュニケーションを図れるようになり，企業はひとつの明確な単体としての活動だけでなく，複合企業形態やネットワーク組織[1]を形成して活動を行っている。

　ビジネスモデルの側面では，代行受注や共同販売，リクエスト販売などに見られるようなインターネットを活用したネットビジネスのひとつの形態であるeビジネス[2]やマッチング・ビジネスの展開，あるいは ICT の活用の側面においても，情報システムの共同開発や共同運用，アウトソーシングに見られるような自前主義からの脱却などからも窺えるように，現在の企業戦略では複数の企業がひとつの企業という枠組みを超えた様々な連携を行っている。

　一方，コーポレートガバナンスの側面で企業を捉えた場合，持株会社制の企業では親会社における傘下の子会社や関連会社の企業統治は，子会社，孫会社などのグループ企業への統制力はどうか，中間持株会

1　ネットワーク組織（Network Organization）とは，社会的ネットワークで内外の経営資源を結合している組織や個人の集合体である。
2　eビジネス（e-business）とは，インターネットの技術を企業の業務処理全般に活用し，企業活動におけるあらゆる情報交換・蓄積手段を電子化し，経営効率を向上させるビジネスのことである。eビジネスは，従来の電子商取引（EC：Electronic Commerce）の形態より，さらに進んだ企業の包括的な電子化構想である。

社との関係はどうなるのか，グループ内の他社との合弁企業に対する統治はどの範囲（出資比率・人材交流など）になるのか，といった持株会社に対する統制力の対象と度合いなどが曖昧になっている。

　例えば，①持株会社制を採用の企業においては，上場している親会社の経営戦略は上場している中間持株会社や子会社・関連会社の経営戦略にどの程度の影響を与えるのか，②非上場の親会社の経営戦略は上場している中間持株会社や子会社・関連会社の経営戦略にどの程度の影響を与えるのかといった企業グループの実態や状況は外部の第三者には伝わり辛い。

　あるいは，③親会社と子会社間では経営戦略の方向性や内容・時期が違うのか，会計政策によってグループ内の利益を親子間あるいは子会社間，子会社と関連会社で利益を分配（操作）していないか，④同一顧客に対してグループ内の企業で同一データベースを用いた共同マーケティングを展開していないか，⑤同一顧客に対して同一社内，親子間，子会社間，子会社と関連会社において競合関係は存在しないのか，といった様々な観点での実態が外部の第三者に不明で，ひとつの固有企業という枠組みでの企業の捉え方が変化しており，企業そのものの概念が曖昧になっている。

　また，情報システムの側面で捉えた場合，企業が顧客に対して情報を統合化したサービスを提供することによって，同業種や異業種，競合企業などで，友好的か否かを別にして，企業間連携を引き起こしている。そのため，企業が顧客に対して提供する情報システムに関しては，どの企業が情報の内容に責任を持っているのか，提供される情報システムのどの範囲がどの企業がサービス提供しているのか，情報システムの障害はどこがメンテナンスするのかといった観点での実態が外部の第三者に不明で，この面でもひとつの企業の概念が曖昧になってきている。

　さらに，インターネット上のWebサイトを活用して，企業は情報を集約して企業境界を意識させないサービスを利用者に提供，ライバル企業同士が共同してマーケティング活動を行ったり，中小・ベンチャー企業が仮想企業を作って代行受注や共同購買を行ったりすること

が行われており，Webサイト上において見知らぬ取引相手を結び付けるマッチング・ビジネスの展開も見られる。いずれの場合においても，情報化社会の進展が新しいビジネスの形態を生み出して，企業形態や企業組織，あるいは企業戦略などの企業のあり方に大きな影響を与えるとともに，固有企業としての境界そのものが薄れていくという変化をもたらしている。

本章では，情報化社会におけるICTを活用したマッチング・ビジネスについて概観して，それらの影響でもある企業境界の変化について，その実態を論じていくこととする。[3]

2 ICTを活用したマッチング・ビジネスの展開

2.1 マッチング・ビジネスとは

マッチング・ビジネスとは，主にインターネット上のWebサイトを介して，組織対組織，組織対個人，個人対個人の間における見知らぬ取引先相手を結び付けるサービスを提供するネットビジネスである。情報化社会におけるネットビジネスのひとつの形態であるマッチング・ビジネスでは，自由にインターネット上のWebサイトを介して1対1，1対n，n対1などの取引が可能である。したがって，Webサイトを介したマッチング・ビジネスは，ネットビジネスにおける出会い系サイト・ビジネスと表現することができる。

マッチング・ビジネスについては，図6-1に示すように，情報化社会の進展で新しく生まれた概念や取引，ビジネスモデルではなく，これまでのリアルワールドにおいても数多くの事例が見られてきた。[4]

例えば，リクルートやパソナなどの転職紹介による「企業」と「個人」の人材マッチングの代表的な事例がある。[5] また，オーネットやツヴァイなどの結婚相談所による「個人」と「個人」の結婚マッチング，[6] および商工会議所や行政機関，JETROなどによる「企業」と「企

---

3 本章は，税所哲郎（2006）を大幅に加筆・修正したものである。
4 リアルワールド（Real World）とは，実体験や実社会，実世界，現実の世界のことである。
5 人材バンクについては，リクナビ，DODA，Re就活などのWebサイトがある。
6 結婚相談所については，結婚サービス，お見合い結婚，ズバット結婚サービス，群馬県仲人協会，

図6-1 マッチング・ビジネスの諸形態

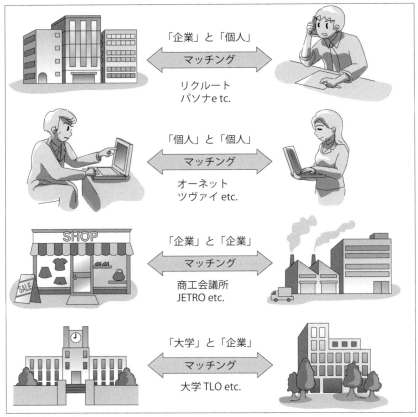

（出所）筆者作成。

業」の商談マッチング[7]，大学TLO[8]による「大学」と「企業」の技術

結婚相談所比較ランキング，結婚相談所比較ガイドなどのWebサイトがある。

7　全国（在外を含む）の商工会議所のそれぞれが地域に根差した独自の活動を行っている。その一覧は，全国の商工会議所一覧（日本商工会議所）のWebサイトを参照のこと。

8　TLO（Technology Licensing Organization）は，技術移転機関と言い，大学の研究者の研究成果を発掘・評価し，特許化および企業への技術移転を行う法人で，いわば大学の特許部の役割を果たす機関である。大学発の新規産業を生み出し，技術移転（企業への特許権などの実施許諾）により得られた収益（実施料）の一部を更なる研究資金として大学や研究者に還元することで，大学の研究を活性化させる知的創造サイクルの原動力として期待されている。

移転マッチング[9]などもある。

　また，第1章において取り上げたクラウドファンディング，および第2章において取り上げたクラウドソーシング，第3章において取り上げたアカウント・アグリゲーションは，「企業」と「個人」のマッチング・ビジネス[10]である。

　インターネット上のマッチング・ビジネスの最大の特徴は，事業を推進するために特別な投下資本と設備投資の必要が伴わないことである。基本的には，インターネット環境と情報システム[11]があれば事業が可能である。

　特に，マッチング・ビジネスは，①事業としての立ち上げが早くできる，②投資額を早期に回収できる可能性が高い，③リアルワールドよりもビジネス全体の取引費用を低く抑えられる，④商品・サービスの情報，および契約案内・契約内容はWebサイトの電子掲示板などで提供するので更新費用はほとんど発生しない，⑤売り手と買い手が取引相手の地理的距離や時間的ズレに関係なく，国籍や地域を超えて直接出会うことが可能となる，⑥売り手と買い手が直接（リアルタイム性）に情報の交換（双方向性）を行うことができるといった様々な商品・サービスに関するビジネスが実現できる。

　また，マッチング・ビジネスでは，商品・サービスの提供側（売り手）のシーズと利用側（買い手）のニーズをマッチング[12]させるが，そのシーズとニーズを見出すことができれば，インターネット環境のもとで，企業でも，個人でも，誰でも見知らぬ相手をマッチングさせる「場」

9　わが国の大学TLOの一覧，およびその概要などについては，大学技術移転協議会のWebサイトに詳しく表記されている。

10　マッチング・ビジネスの具体的な事例について，第1章においてクラウドファンディング，第2章においてクラウドソーシング，第3章においてアカウント・アグリゲーションを取り扱っているので，本章においては主な考察の対象外としている。

11　この場合の情報システムとは，パソコンや情報ネットワーク，OS（Operating Software），アプリケーションソフト（Application Software），カスタマイズソフト（Customized Software）などを含む。

12　シーズ（Seeds）とは，種という意味であり，企業が開発した新しい技術のことである。一方，ニーズ（Needs）とは，消費者（買い手）が望む要望のことである。一般的に，シーズをもとに開発された商品・サービスは，消費者の潜在的なニーズを掘り起こす画期的なものになることもあるが，技術のみが先行して消費者の支持が得られずにビジネスにならないこともある。

を提供することができる。[13]

　一方，マッチング・ビジネスの展開では，様々な課題も存在しており，代表的なものには機密性（Confidentiality），完全性（Integrity），可用性（Availability）の情報セキュリティの3要素CIA[14]の確保がある。つまり，継続的にCIAが維持・確保されない場合は，ビジネスモデル，あるいはサービス提供主体に対する参加者からの信頼・信用を得ることができずに利用されなくなる。

　マッチング・ビジネスの課題では，まずはじめに，「機密性」の確保があり，はアクセスを認可された参加者である売り手と買い手だけが情報にアクセスできることを確実にしなくてはならない。悪意のある第三者が情報の削除・改竄などを行った場合，売り手と買い手が誤った情報による取引や決済を行うことになり，参加者間で混乱してしまうからである。

　また，「完全性」の確保では，マッチング・ビジネスで提供される様々な情報とその処理方法が正確であること，および完全であることを確保しなくてはならない。商品・サービスの買い手に対して，取引方法や決済手段などの処理方法を提示するとともに，正確かつ迅速な処理を行う必要がある。

　さらに，「可用性」の確保では，取引を認可された売り手と買い手が，必要な時に，いつでも，どこでも，その取引に参加するものなら誰でもが，必要な商品・サービスのやり取りができることを確実にしなくてはならない。商品・サービスを提供する場合，売り手と買い手に対する制約条件を設けないで，すべての参加者に対して，それぞれがいつでも取引に参加できる必要がある。

　これらの代表的な課題に加えて，マッチング・ビジネスで提供される商品・サービスそのものに対する独自性や新規性が少ない場合には，

13　実際にビジネスを展開するためには，企業や個人を問わずパソコンや通信回線などを準備する必要がある。
14　CIAは，1992年にOECD（Organization for Economic Co-operation Development：経済協力開発機構）が策定した「情報システムのセキュリティのためのガイドライン」で提示された情報セキュリティの3要素である。OECDは，先進国間の自由な意見交換・情報交換を通じて，経済成長・貿易自由化途上国支援に貢献することを目的とした組織である。

品揃えの豊富さや取引スキームのユニークさ,取引の手軽さ,取引の便利さ,取引の迅速さ,決済手段の多様性などを確保しなくてはならないなどの取引のスキームに関する課題もある。

2.2 マッチング・ビジネスの成功要因

マッチング・ビジネスの課題を克服し,その成功要因として導くためには,ビジネスモデルの利点の強化とわかりやすい仕組みの提供が必要である。それは,マッチング・ビジネスの展開の基盤として,表6-1に示すように,情報セキュリティ管理指針の3要素「AAR」を含む8つの項目の成功要因を確保する必要がある。

(1) 売り手と買い手における真正性

これは,売り手と買い手といったマッチング・ビジネスの取引参加者,およびビジネス・プロセス,取引スキーム,情報システム,業務処理,または商品・サービスそのもののすべての身元が,その取引を構成する参加者や取引内容,仕組みを提供する場の主張通りであることを保証する真正性(Authenticity)の確保である。

(2) 売り手と買い手における責任追跡性

これは,売り手と買い手といったマッチング・ビジネスの参加者は,取引主体の行為からその主体にだけ至る形跡をたどれること,つまりネットビジネスの取引スキームの内容を保証するための確認である責任追跡性(Accountability)の確保である。

(3) 売り手と買い手における信頼性

これは,売り手と買い手といったマッチング・ビジネスの参加者がネットビジネスを行った結果,それぞれの参加者の意図した通りの動作と結果に対して,整合性が伴うことを保証する信頼性(Reliability)の確保である。

(4) 買い手における利便性の向上

これは,現実のリアルワールドで提供される商品・サービスそのも

表6-1 マッチング・ビジネスの成功要因

	項目	キーワード
成功要因	(1) 売り手と買い手における真正性	真正性 (Authenticity)
	(2) 売り手と買い手における責任追跡性	責任追跡性 (Accountability)
	(3) 売り手と買い手における信頼性	信頼性 (Reliability)
	(4) 買い手における利便性の向上	利便性 (User-Friendliness)
	(5) 情報更新における迅速性の追求	迅速性 (Promptness)
	(6) 売り手と買い手の多くの参加者の確保	多くの参加者 (Lot of Participants)
	(7) インターネット上のWebサイト特性の活用	Web特性の活用 (Utilization of Web Characteristic)
	(8) マーケティングにおけるマスコミの同時利用	マスコミの同時利用 (Simultaneous Utilization of Mass-Communication)

(出所) 筆者作成。

のがネットビジネスでも取引されるが，マッチング・ビジネスにおいて取引を行う買い手にとって，その取引の仕組みがわかりやすく，CIAにも対応，かつ，簡単に，安価に利用・操作できることを保証する利便性（User-Friendliness）の向上である。

(5) 情報更新における迅速性の追求

これは，マッチング・ビジネスにおける，買い手に対して提供する商品・サービスに関する情報は，常に最新情報を提供し，最新情報に変更していく必要があるため，デジタルコンテンツ[15]の更新を頻繁に，かつ正確に行うことを保証する迅速性（Promptness）の追及である。

---

15 デジタルコンテンツ（Digital Contents）は，デジタルデータで表現された文章，音楽，画像，映像，データベース，またはそれらを組み合わせた情報の集合のことで，アイドル，グラビア，パチンコ，競馬，競輪，音楽，カラオケ，ゲーム，芸能情報，天気予報，占い・診断，辞書，百科事典などの，パソコン上で利用できる情報である。

（6）売り手と買い手の多くの参加者の確保

　これは，企業対企業，企業対個人，個人対個人のマッチングでは，見知らぬ取引先相手を出会わせてマッチング・ビジネスを成立させるため，より数多くの売り手と買い手の参加者を獲得していくことを保証する，多くの参加者（Lot of Participants）の確保である。

（7）インターネット上のＷｅｂサイト特性の活用

　これは，高速性や利便性，操作性，双方向性，リアルタイム性，地理的無関係性，大量一括処理といった，インターネット上のWebサイトが有している各種特性を，有効に，かつ十分に活用したマッチング・ビジネスの展開を図ることを保証するWeb特性の活用（Utilization of Web Characteristic）である。

（8）マーケティングにおけるマスコミの同時利用

　これは，物理的なクチコミによる評判ビジネスの展開には限界があるために，同時にマスコミを利用して広く一般企業や個人を相手にしたマッチング・ビジネスの展開を図らなくてはならないことを保証するマスコミの同時利用（Simultaneous Utilization of Mass-Communication）である。

3 ■ マッチング・ビジネスのビジネスモデルと企業境界

3.1　マッチング・ビジネスの類型と特徴

　従来のB2B（Business to Business）におけるネットビジネスは，例えばWebサイトを通じて売り手と買い手を結び付ける電子市場としてのeマーケットプレイス[16]があった。eマーケットプレイスでは，そのビジネスモデルの特徴から，①集積モデル，②取引中軸モデル，③掲示・閲覧モデル，④オークション市場モデル，⑤全自動化取引所

16　eマーケットプレイス（e-Marketplace）では，参加者である売り手と買い手が直接取引を行い，これまでの中間流通業者を中抜きにした取引で流通コストを削減できるメリットがある。具体的には，売り手は新規取引先の開拓や営業コスト削減，取引先増加による在庫リスクの平準化，在庫調整など，買い手は調達コストや物流コスト削減，スポット取引による緊急時の調達手段の確保などが実現できる。

表6-2 マッチング・ビジネスの取引モデル

モデル		主な企業と概要
マッチング・ビジネス	(1) 集積モデル (Aggregator Model)	①クオカ（お菓子作りパン作りの材料と道具の専門店） ②厨房屋（何でも揃うキッチングッズの総合商社）
	(2) 取引中軸モデル (Trading Central Model)	①楽天（人々と社会をエンパワーメントする） ②ライブドア（モバイルメッセンジャープラットホーム） ③ヤフー・ジャパン（情報技術で人々や社会の課題を解決する） ④ニフティ（新しい価値の創造に取り組み続ける）
	(3) リクエスト掲示モデル (Request Posted Model)	①NCネットワーク（工場検索No.1，挑戦する製造業のために） ②磨き屋シンジケート（金属研磨のスペシャリストの集団） ③たのみこむ（「ないものねだりのなにがわるい」がスローガン）
	(4) 競争入札モデル (Competitive Bidding Model)	①せたがやeカレッジ（参加大学主催による各種講座を開催） ②国内線ドットコム（ANAとJALの各グループの国内航空券が予約・購入できる）
	(5) ワンストップ・サービスモデル (One-Stop Service Model)	①ペット大好き！（日本最大級のペットの総合情報サイト） ②アットコスメ（日本最大のコスメ・美容の総合サイト）
	(6) 組み合わせ事業モデル (Combination Business Model)	①オムニ7（セブン＆アイの安心安全なショッピングサイト） ②ファミマ・ドット・コム（各分野のリーディング・カンパニーがパートナー） ③イーコンテクスト（業界最多の決済手段を各端末に最適化して提供）

(出所) 筆者作成。

モデルの5つの取引モデルに分類されていた。[17]

　しかし，マッチング・ビジネスでは，B2Bにおける企業のみの参加だけでなく，B2C (Business to Consumer) やB2E (Business to Employee)，B2G (Business to Government)，C2C (Consumer to

---

17　若松敏幸は（2001）「中小製造業とeマーケットプレイス―業種別情報戦略：製造業（その2）」『Journal for Company Management』で，5つの取引モデルに分類している。

Consumer）などのように，多くの取引参加者が存在する。そのマッチング・ビジネスを展開するうえで，取引形態や取引参加者，取引システムなどにおいて，従来のビジネスモデルとは違った様々な取引が見られるようになった。

そこで，マッチング・ビジネスについては，表6-2に示すように，B2Bのeマーケットプレイスにおける5つの取引モデルの分類を基本として，（1）集積モデル，（2）取引中軸モデル，（3）リクエスト掲示モデル，（4）競争入札モデル，（5）ワンストップ・サービスモデル，（6）組み合わせ事業モデルの6つの類型に大別する。

以下では，情報化社会におけるマッチング・ビジネスの6つに分類に基づいて概観するとともに，実際の主な事例を取り上げてビジネスモデルの実際と特徴を考察する。

（1）集積モデル（Aggregator Model）

このビジネスモデルは，図6-2に示すように，複数かつ多数の売り手が提供する商品・サービスに関する情報を一定のフォームで1カ所（Webサイト）に集めて，それらの情報を集積して買い手に提供するモデルである。第1章で取り上げたクラウドファンディング，および第2章で取り上げたクラウドソーシングにおいては，このモデルに該当する。

このモデルでは，様々な商品・サービスに関する情報を集積することによって，品揃えの多様性・多彩性である提供する商品群の幅と深さの強みを活かして，Webサイトの利用者である顧客に対する購買の流れを効率化する。価格に関しては，ほとんど値動きのない固定価格が中心で，取引頻度が高い商品・サービスの販売に適している。

このビジネスモデルの事例としては，家庭の主婦や趣味の人から世界のプロが使うパンやお菓子の材料や道具に関する様々なアイテムを手がける「クオカ」がある。クオカ（売り手）は，製菓製パン材料および道具について，インターネットショッピングを活用して豊富な品揃えと小単位での小売り販売を展開している。

クオカの大きな特徴は，気軽にお菓子作りを楽しみたい初心者（顧客）や趣味が中心であるといった人（顧客）から，プロのパティシエと呼

図6-2 集積モデル（Aggregator Model）の取引イメージ

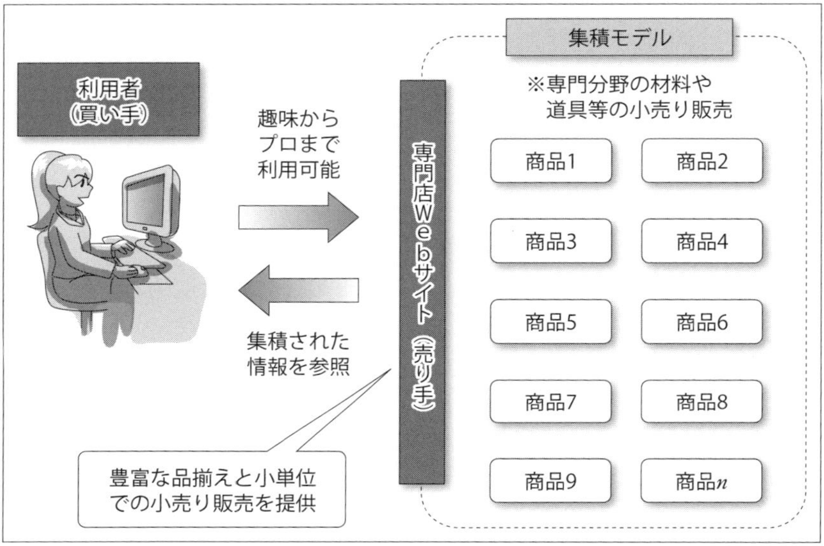

利用者（買い手）

趣味からプロまで利用可能

専門店Webサイト（売り手）

集積された情報を参照

豊富な品揃えと小単位での小売り販売を提供

集積モデル
※専門分野の材料や道具等の小売り販売
商品1　商品2
商品3　商品4
商品5　商品6
商品7　商品8
商品9　商品n

（出所）税所哲郎（2006）を大幅に加筆・修正して作成。

ばれる専門のお菓子料理人（顧客）まで，様々なWebサイトの利用者である顧客（買い手）への食材・機材に関するすべての商品・サービスの提供を行うことで，買い手のあらゆる要求を満足させていることである。また，実店舗も同時に運営しており，2015年11月末現在，自由が丘本店，日本橋三越店，吉祥寺店，越谷レイクタウン店，京都桂川店，高松店の6店舗を展開，Webサイトによる商品の予約と来店に合わせた商品取寄せサービスなども提供している。

その他の事例としては，業務用鍋や厨房機器，フードマシーン，家庭用キッチン用品，電化製品といったキッチンに関する様々なアイテムを数多く取り扱い，高級ブランド品から業務用厨房機器までの何でも揃うキッチン用品の提供を行う総合商社の展開である「厨房屋」がある。厨房屋（売り手）は，インターネットの活用を中心に物理的な店舗も組み合わせて，厨房に関する用品をWebサイトの利用者である顧客（買い手）に提供している。

厨房屋の大きな特徴は，食に関するすべての道具（ツール）を取り扱っており，買い手のあらゆる要求を満足させていることである。また，Webサイトに掲載されていない商品・サービスのオプション品（パーツ，アクセサリー）などについても個別対応を行っている。さらに，メーカー（輸入元を含む），および流通・販売業者から，販売商品において，新品（良品），ケース単位，メーカー品ということを条件に販売商品の現金買入も行っている。

（2）取引中軸モデル（Trading Central Model）
　このビジネスモデルは，図6-3に示すように，売り手がネット上に仮想店舗（Webサイト）を提供し，買い手に商品・サービスに関するニュースや商品仕様，およびサービス内容の情報などを提供して，インターネットの代表的な特徴である双方向のコミュニティを提供するモデルである。
　このモデルでは，買い手は，自ら商品・サービスを購買する明確な意思に基づいて，ネット上の仮想店舗を訪問して取引を行う。価格に関しては，基本的には固定価格だが，大口の商品を販売する人のための入札や複数の買い手からの小口の注文を束ねて入札を行うこともある。
　このビジネスモデルの事例としては，仮想店舗にて様々な商品・サービスを提供する「楽天」や「ライブドア」，「Yahoo! JAPAN」，「ニフティ」などのポータルサイト[18]がある。ポータルサイトでは，数多くのショップ（売り手）が出店しているショッピングモール機能を備えており，インターネットに接続のパソコンがあれば，つまりインターネット環境があれば，Webサイトの利用者である顧客（買い手）は，いつでも，どこからでも，誰でも，指定する決済方法でのショッピングが可能である。
　これらのポータルサイトの大きな特徴は，Webサイトを介して，

18　ポータルサイト（Portal Site）とは，インターネットの入り口となる巨大なWebサイトのことである。検索エンジンやリンク集をメインサービスとして，ニュースや株価などの情報提供サービス，ブラウザから利用できるWebメールサービス，電子掲示板，チャットなど，ユーザーがインターネットで必要とする機能をすべて無料で提供して利用者数を増やし，広告や電子商取引仲介サービスなどで収入を得るサイトである。

図6-3 取引中軸モデル（Trading Central Model）の取引イメージ

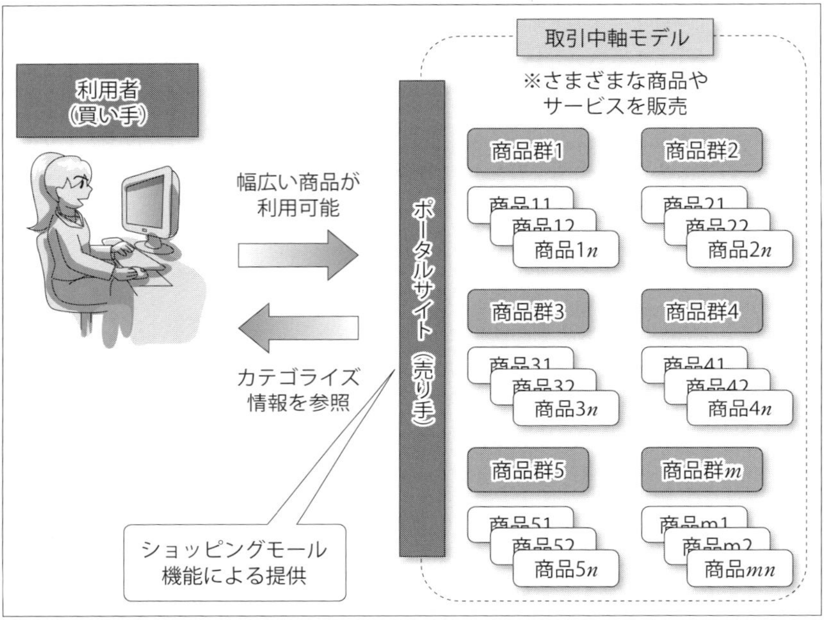

（出所）税所哲郎（2006）を大幅に加筆・修正して作成。

買い手に対して共同購入やオークションなどの多種多様な取引方法の提供を行うとともに，多種・多彩な内容のメールマガジンによる情報発信を行い，利用者の要求を満足させていることである。

（3）リクエスト掲示モデル（Request Posted Model）

このビジネスモデルは，図6-4に示すように，売り手が提供する専門のWebサイトにおいて，買い手が商品・サービスのリクエストを行って，売り手と買い手が専門サイトを通じて知り合い取引を行うモデルである。第3章で取り上げたアカウント・アグリケーションにおいては，このモデルに該当する。

このモデルでは，専門性や特殊性，希少性が高い商品・サービス，あるいは規格化されていない商品・サービスの提供といった，市場が非常に分散・拡散している場合や市場規模が未成熟の場合に適してい

図6-4 リクエスト掲示モデル（Request Posted Model）の取引イメージ

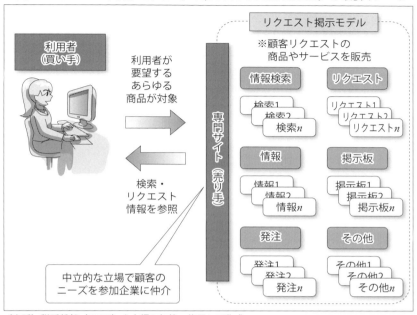

（出所）税所哲郎（2006）を大幅に加筆・修正して作成。

る。価格に関しては，買い手からの価格の指定に基づいた入札が行われることになる。

このビジネスモデルの事例としては，中小製造業のネットビジネスへの参加支援や情報の発信をしている「NCネットワーク」がある。NCネットワークの構築した中小製造業ネットワークを介して，東京都金属プレス工業会，日本金型工業会東部支部，日本バネ工業会などに所属の登録する中小メーカー（売り手）全体がひとつの仮想工場を形成することによって，Webサイトの利用者である顧客（買い手）の要求を満足させている。

NCネットワークの大きな特徴は，売り手の個々の企業においては，得意な製品あるいは特徴のある技術に特化して，足りない部分（要素）や補足する部分は，NCネットワークから入手することができる。

その他の事例としては，新潟県・燕三条地域零細企業へのネットビジネスへの参加支援や情報発信を行っている「磨き屋シンジケート」がある。磨き屋シンジケートは，研磨・表面処理・プレス・板金・アッセンブリー・印刷・検査などの金属加工における要素技術を取り扱う零細企業（売り手）が参加する金属研磨専門のWebサイトで，燕商工会議所が運営している金属研磨のスペシャリスト集団である。
　磨き屋シンジケートの大きな特徴は，Webサイト利用者である顧客（買い手）が要望する技術やロット，コスト，デザインなどの購買条件に応えて，様々なモノに対する磨きを提供していることである。
　さらに，特定の企業やメーカーとの特別な関係を作らずに，中立的な立場で顧客（買い手）のニーズを参加企業（売り手）に仲介する限定受注生産の「たのみこむ」もある。たのみこむは，〈ないものねだりのなにがわるい〉というコンセプトのもとで，顧客が欲しいと思う商品・サービスのアイデアを集めて，その賛同が集まったら，商品交渉を開始する。つまり，顧客からリクエストのあった商品を受注，予約，即売という形で販売していくといった顧客リクエスト型のショッピングが可能なWebサイトである。
　たのみこむの大きな特徴は，一度，2011年12月28日サービスが終了したが，2015年3月31日の期間限定で復活し，その後「#たのみこむ」として継続運営していることである。現在は，Twitterのハッシュタグを使ったオープンな仕組みとして運営している。#たのみこむは，従来のWebサイト利用の形態ではなく，Twitterでツイートするだけのシンプルな運営となっている。

（4）競争入札モデル（Competitive Bidding Model）
　このビジネスモデルは，図6-5に示すように，複数の売り手が共同してプロモーション・サイト（Webサイト）を立ち上げて，共同で運営し買い手に対して同じ分野の商品・サービスの情報提供を行い，買い手からの競争入札を誘うモデルである。
　このモデルでは，潜在的な買い手に対して，同じ分野の幅広い商品・サービスを販売するのに適している。また，このモデルの特殊なケースとしては，買い手が求める商品・サービスに対して，それぞれの売

図6-5 競争入札モデル（Competitive Bidding Model）の取引イメージ

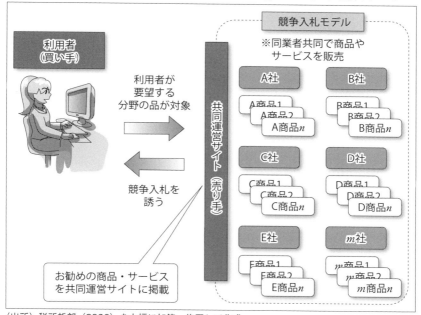

（出所）税所哲郎（2006）を大幅に加筆・修正して作成。

り手がプロモーションを行っていくという買い手主導の逆競争入札の場合もある。価格に関しては，売り手からの価格の指定に基づいた入札が行われる。

　このビジネスモデルの事例としては，行政機関と複数の大学が共同でサービスを提供する「せたがやeカレッジ」がある。せたがやeカレッジでは，世田谷区教育委員会と世田谷区内の5大学（国士舘大学，駒澤大学，昭和女子大学，東京農業大学，東京都市大学）が共同運営するWebサイトで学習サービスを提供するものである。このサービスは，大学（売り手）がWebで学べる学習サービスを共同運営サイトに掲載し，受講者（買い手）からの競争入札を誘うモデルである。

　せたがやeカレッジの大きな特徴は，参加の5大学主催によるe-Learning方式の講座を開催していることである。また，講座開催内容は，各大学の特徴を活かして，区民や各地の社会人にとって魅力的なテー

マ・内容となっている。受講者は，配信する多くの講座のなかから，自宅や勤務地などから，インターネットを介して，いつでも，誰でも，学習することができる。その他，受講者自身が企画した講座を提案し，開講することも可能である。

　その他の事例としては，日本航空と全日本空輸の国内航空会社2社が共同出資して運営する国内線航空券予約購入サイト「国内線ドットコム[19]」がある。国内線ドットコムは，わが国の主要航空会社2社グループ（売り手）が運行する国内線，および国内空港を離発着する旅客便の航空券をWebサイトの利用者である顧客（買い手）に提供して，顧客からの競争入札を誘うモデルである。国内航空路線の空席照会，航空券の予約・購入が，リアルタイムに一度にできる国内唯一のWebサイトである。買い手が空席情報を検索，その結果から航空券を購入する意味では，リクエスト提示モデルに近いモデルでもある。
　国内線ドットコムの大きな特徴は，買い手が搭乗日の前日までに航空券の購入が可能であることである。また，国内航空会社2社グループの運行・運賃などを比較した最適な航空券の予約購入が可能で，外出先でも時間や場所を選ばずにスマートフォンなどで航空券の購入や変更・払戻が簡単にできる。

(5) ワンストップ・サービスモデル (One-Stop Service Model)
　このビジネスモデルは，図6-6に示すように，買い手に対して特定の分野の商品・サービスに対して，情報交換サイト（Webサイト）を用いてワンストップで情報提供や販売を行うモデルである。
　このモデルでは，複数の売り手と買い手からの総合的な情報（シーズとニーズ）の自動マッチングを行い，ネット上で効率的な商品・サービスを提供するメカニズムを作り出している。売り手が特定の商品・サービスに関する情報を買い手に提供する場合，あるいは買い手が売り手の実施するモニターやアンケートなどに答えることで，新しい商品・サービスが作り出される場合がある。価格に関しては，売り手か

19　国内線ドットコムは，2016年1月26日（火）23時をもって，航空券の新規発売を終了している。

図6-6 ワンストップ・サービスモデル（One-Stop Service Model）の取引イメージ

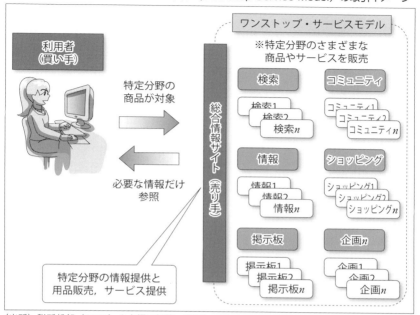

（出所）税所哲郎（2006）を大幅に加筆・修正して作成。

らの価格指定，かつ買い手からの価格指定を束ねて，それぞれの指値が自動的にマッチングを行い，入札を行う。

　このビジネスモデルの事例としては，ペットに関する様々な情報提供と関連用品の販売，サービスを提供する「ペット大好き！」がある。ペット大好き！は，ペットに関する総合情報サイトで，Webサイトの利用者である顧客（買い手）に対して，最新ペットグッズの情報や販売，図鑑，ムービー集などを提供している。

　ペット大好き！の大きな特徴は，単なるWebサイトのペットグッズ販売だけでなく，会員限定（会費無料）のペットグッズのプレゼント企画，ペットの健康保険制度の入会金割引，ペットと泊まれる宿の特別サービス，ペット・ロス・カウンセリング[20]の紹介・割引などを

20　ペット・ロス・カウンセリング（Pet-Loss Counseling）とは，何らかの形で愛するペット動物を失う体験であるペットロスについて，ペット動物との別れに伴う心理的，身体的，社会的な体験過程の感情や症状に対してサポートするカウンセリングである。

第6章　マッチング・ビジネス　｜　211

提供している。

　その他の事例としては，化粧品などのコスメ用品に関するネットを利用したクチコミによる評判ビジネスを展開する「アットコスメ」がある。アットコスメでは，目当ての商品のクチコミ情報や商品内容の情報をチェックしたり，オリジナル商品の企画に参加したり，スキンケアやメイクに関する疑問を質問することができるコスメに関する専門サイトである。

　アットコスメの大きな特徴は，実店舗も同時に運営していることで，2015年11月末現在，ルミネエスト新宿店，ルミネ池袋店，ルミネ有楽町店，上野マルイ店，渋谷マルイ店，マルイファミリー溝口店，TSUTAYA EBISUBASHI店の8店舗を展開，日本最大の化粧品クチコミサイトプロデュースのアットコスメストア（@cosme store）としてサービスを提供している。アットコスメのクチコミを見たり，テスターで試したり，利用者（顧客）が気になった商品・サービスについて，アットコスメストアのスタッフにいろいろ聞くことが可能である。

(6) 組み合わせ事業モデル（Combination Business Model）

　このビジネスモデルは，集積モデルの変形型のモデルとも言えるもので，図6-7に示すように，既存のコンビニエンス・ストアが中心になってショッピングモールサイト（Webサイト）を立ち上げるとともに，実際の店舗を活用して，買い手に対して様々な分野の商品・サービスの提供を効率的に行うモデルである。[21]

　このモデルでは，Webサイトから商品・サービスの購入を行った場合においても，コンビニエンス・ストアの店舗で商品の受け取りや代金の決済ができる機能が大きな特徴である。したがって，買い手に対して，ネット上のショッピングモールとリアルワールドにおける実際の店舗を組み合わせてサービスを提供することで，多様な取引機会を提供しているのである。価格に関しては，ほとんど値動きのない固定価格が中心だが，買い手における決済方法や受け取り方法の違いに

21　このモデルを強調するとリアルワールドにおけるバザール（Bazar）であるデパートやショッピングセンター，大商店などの特売会との違いがわかりづらくなる。

図6-7 組み合わせ事業モデル（Combination Business Model）の取引イメージ

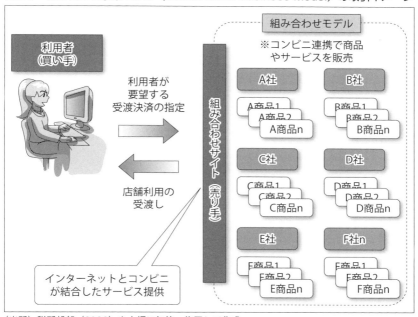

（出所）税所哲郎（2006）を大幅に加筆・修正して作成。

よって，手数料が加算されることがある。

　このビジネスモデルの事例としては，コンビニエンス・ストアを運営するセブン-イレブンの持株会社セブン＆アイグループのネットサービス「オムニ7[22]」がある。オムニ7では，企業グループのWebサイトを介して，セブンネットショッピング，西武・そごうのe.デパート，イトーヨーカドーのネット通販，アカチャンホンポのネット通販，LoFtのネット通販，セブン-イレブンのネットサービス，デニーズ出前，セブン旅ネットのセブン＆アイグループにおける商品・サービスを購入した場合，利用者（顧客）の都合に合わせて，全国約18,000店のセブン-イレブンで24時間商品が受け取れる。オムニ7は，1回の注文につき合計500円（税込）以上から無料利用が可能で，前日の午前

22　セブン-イレブンネットは，2012年10月28日（日）をもって，酒，食品などの販売サービスは終了，2015年11月1日に新しいネットサービスのオムニ7がグランドオープンした。

10時30分までに注文すれば翌日に商品発送される。また，商品・サービスの注文は，24時間365日年中無休受付けており，Webサイトで発注が可能である。

オムニ7の大きな特徴は，全国のセブン-イレブンの実店舗での受取りが可能で，その選択では送料や手数料が発生しないことである。また，商品を受取ったセブン-イレブンでは，返品・返金（上限2万円）が可能であるとともに，実店舗でも，ネットでもポイントをためることができる。

その他のビジネス事例としては，コンビニエンス・ストアを運営するファミリーマートが中心の企業連合である伊藤忠商事，NTTデータ，トヨタ自動車，ジェイティービー（JTB），大日本印刷の6社共同による「ファミマ・ドット・コム」がある。ファミマ・ドット・コムは，ファミリーマートの全国約11,300店を活用した広告メニューの他，実店舗でのキャンペーンとのタイアップ企画や商品パッケージの媒体化，海外店合計約5,800との連携と取り組みなど，利用者（顧客）の要望に応じた広告パッケージや新しいマーケティング手法の提供とともに，外部新規媒体を活用した新たな事業を導入・展開している。また，ファミマ・ドット・コムが発行元となる書籍の発行も行っている。

ファミマ・ドット・コムの大きな特徴は，コンテンツ事業，ネットショッピング事業，広告・ソリューション事業を3本柱として運営していることである。コンテンツ事業では，エンタメ・レジャーなどの各種チケットの取扱い，およびプリペイド・EC（Electronic Commerce）収納などの各種サービスの企画・開発・運用を行い，それらのチケットやサービスを実店舗のFamiポートやマルチコピー機にて提供している。ネットショッピング事業では，ファミリーマートグループのリソースを最大限に活かしたECサイトの運営を企画から商品調達，プロモーション，決済，物流までを統合的に手がけている。広告・ソリューション事業では，ファミリーマート店内の広告媒体の販売と店舗運営，企業サイトやキャンペーンサイトの企画提案・構築・運用管理を行っている。

さらに，2000年にローソンの一事業部より立ち上がった決済代行

会社で，デジタルガレージの決済事業を統括するeconext Asiaが株主の「イーコンテクスト」がある。イーコンテクストは設立当初，デジタルガレージ，ジャストプランニング，ローソン，日立製作所，TIS，日立システムアンドサービス，サンライトインベストメント，りそなキャピタル，デイリーヤマザキ，イオンクレジットサービス，セイコーマートの11社の共同事業として展開されていた。その後，独立系を志向して，デジタルガレージが単独株主になり，ローソン，セブン-イレブン，ファミリーマート，サークルK/サンクス，ミニストップ，デイリーヤマザキ，セイコーマートと提携し，ローソン以外のコンビニにもサービスを拡大したビジネスモデルを構築している。

　イーコンテクストの大きな特徴は，利用者である顧客（買い手）に対して，ネットビジネスの基本機能としてのクレジットカード決済やコンビニ決済，銀行決済，キャリア決済，電子マネー・ポイント決済，PayPal（ペイパル）決済，IVR（音声自動応答）決済，VeriTrans Air（メール決済），VeriTrans mPOS（スマートフォン決済）の様々な決済機能を提供することで，買い手の要求を満足させている。

3.2 マッチング・ビジネスと企業境界の変化

　マッチング・ビジネスでは，商品・サービスの提供者である企業（売り手）の様々な情報を集積してインターネット上のWebサイトに掲載，その情報を入手した利用者（買い手）が必要に応じて商品・サービスを求めることになる。

　または，買い手が必要とする商品・サービスに関する情報（条件）をWebサイトに掲載，その情報を入手した売り手が該当する商品・サービスを買い手に提供し，売買が成立するビジネスモデルである。つまり，Webサイト上に掲載される様々な情報によって，商品・サービスの売り手と買い手（見知らぬ相手）がインターネットを介して直接出会い，必要に応じて売買が成立する。

　買い手においては，従来はひとつの企業からの情報による，ひとつの企業と1対1の取引を行ってきた。つまり，買い手は，これまでは，ひとつの企業境界のみを意識して取引を行ってきたが，複数企業による様々な情報を統合してのサービス提供により，1対nやn対1など

の取引で企業境界の変化をもたらしている。そこで，ここでは前項の情報化社会におけるマッチング・ビジネスの6分類に基づいて，企業境界の変化について論じる。

(1) 集積モデルによる企業境界の変化

このモデルでは，図6-2に示すように，専門分野の材料や道具などの小売り販売専門用品業者（クオカ，厨房屋など）が，様々な商品・サービスに関する情報を統合した企業（売り手）として，自社が運営するWebサイトのもとで顧客（買い手）に対して情報を提供する。

買い手に提供される情報は，特定分野に関連する商品・サービスにおいて，製造会社や卸売り会社などの個別企業による分類でなく，専門分野の材料や道具などの小売り販売において，個々の商品・サービスごとに分類されてWebサイトに一覧掲載される。すなわち，特定分野に関する商品・サービスを提供する様々な情報が，商品・サービスごとのWebサイトに一括して掲載されることで，豊富な品揃えと小単位での小売り販売を提供，趣味からプロまでの利用が可能となる。

したがって，買い手にとっては，企業ブランドや製品ブランドではなく，商品・サービスの機能や特性のみが購買の判断基準となる。このため，買い手は，特定の企業が製造・販売している商品・サービスということを意識することなく，自分のお気に入りや本当に必要とする商品・サービスを購入することになる。つまり，買い手は，集積された情報のもとで，特定の企業境界の存在を意識することなく，商品・サービスを購入する。

(2) 取引中軸モデルによる企業境界の変化

このモデルでは，図6-3に示すように，ポータルサイト（楽天，ライブドア，ヤフー・ジャパン，ニフティなど）内に商品・サービス群を構成して，様々な商品・サービスに関する情報を統合した企業がショッピングサイト（売り手）として，自社が運営するWebサイトのもとで顧客（買い手）に対して情報を提供する。

買い手に提供される情報は，幅広い商品・サービスの利用が可能のであり，様々な分野に関連する商品・サービスの情報が，商品・サー

ビスカテゴリごとに分類されて一覧掲載される。すなわち，様々な分野に関する商品・サービスの情報が，商品・サービスカテゴリごとのWebサイトに一括して掲載されることで，幅広い商品・サービスの利用が可能となる。

　したがって，買い手にとっては，商品・サービスの機能や特性に加えて，価格面についても購買の判断基準になる。このため，買い手は，特定の企業が製造・販売している商品・サービスということを意識することなく，自分のお気に入りの商品・サービス，あるいは希望する価格帯の商品・サービスを購入することが可能となる。つまり，買い手は，ポータルサイトが提供のショッピングモール機能による情報を利用し，カテゴライズ情報を参照することで，特定（個別）の企業境界の存在を意識することなく，単品あるいは複数の商品・サービスを購入する。

（3）リクエスト掲示モデルによる企業境界の変化

　このモデルでは，図6-4に示すように，取引を取り次ぐ企業（NCネットワーク，磨き屋シンジケート，たのみこむなど）が運営のWebサイトのもとで顧客（買い手）が購買条件をリクエストすることで，メーカー（売り手）などに対して情報を提供する。

　買い手が売り手への情報提供を行った結果，すぐにWebサイト上で取引企業が検索できるケース[23]，仲介組織が存在して取引企業を紹介してもらうケース[24]，リクエストが原案となって企画案にまで発展して取引企業が応答してくれるケースなどがある。

　売り手から買い手に対して情報が発信される集積モデルや取引中軸モデルとは違って，買い手から売り手に対して自分の必要とする商品・サービス内容が情報発信され，中立的な立場で顧客ニーズを参加企業

23　NCネットワークの場合，Webサイトで自社の得意分野をアピールすることで，買い手から直接「指名」される確率が高くなり，得意分野での受注機会が増大する。「待ちの営業」から「選ばれる営業」へと変える効果的なツールとなっている。

24　磨き屋シンジケートの場合，燕商工会議所が問い合わせ窓口になって，企業への打診から発注までの業務を行う。実際の受注においては，必要に応じてシンジケートが構成されるが，買い手との取引は幹事企業1社が担当する。

に仲介し，これまでのモデルとは逆の情報の流れを示すモデル[25]と言える。このために，買い手には商品・サービスに関する情報だけでなく，顧客リクエストの商品・サービスを販売する売り手の情報も提供される。

したがって，買い手にとっては，商品・サービスの機能や特性の側面に加えて，売り手の実態そのものについても[26]購買の判断基準となる。買い手は，特定の企業が創造・販売している商品・サービスを選択しているのではなく，利用者が要望するあらゆる商品が対象になり，自分の希望する機能や特性に基づいた意思決定によって商品・サービスを購入することが可能となる。つまり，買い手は，検索・リクエストされた情報のもとで特定の企業境界の存在を認識しないで，商品・サービスを購入できる。

(4) 競争入札モデルによる企業境界の変化

このモデルでは，図6-5に示すように，特定分野の商品・サービスを提供する企業（売り手）において情報が統合（せたがやeカレッジ，国内線ドットコムなど），Webサイトのもとで顧客（買い手）に対して情報を提供する。

買い手に提供される情報は，各社の情報が特定分野の特定商品・特定サービスの情報として一覧掲載される。このため，買い手は必要とする以外の余分（余計）な情報に触れることなく，売り手が提供する複数の特定分野における特定商品・特定サービスの情報を参照して，その情報の中から自分が選択する商品・サービスを購入できる。

売り手にとっては，Webサイトを介して特定商品・特定サービスを一括掲載させ，特定分野における必要かつ十分な情報を提供できることを買い手に対してアピールできる。このため，買い手にとっては，わが国を代表する企業が提供する代表的な特定商品・特定サービスに

25　同様のモデルとして，顧客からのオーダーを受け，その要望に合わせて外部サプライヤから部品を調達，カスタマイズした製品を生産，流通，小売業者を介さずに直接販売するといったデル・ディレクト・モデル（Dell Direct Model）が有名である。
26　売り手（企業）の実態には，企業の財務状況，提供する商品・サービス，営業網，保有する技術などがある。

ついて，機能や特性，価格などの内容を比較して購入できる。

したがって，買い手にとっては，Webサイトに一括掲載される特定商品や特定サービスに関する情報が購買の判断基準となる。個別の企業が製造・販売している商品・サービスということを意識するのではなく，自分の必要とする特定商品・特定サービスの購入が可能となる。つまり，買い手は，お勧めの商品・サービスの情報をWebサイトで検索することになるが，競争入札を誘うような形式となるので特定の企業境界の存在を認識しないで，商品・サービスを購入できる。

（5）ワンストップ・サービスモデルによる企業境界の変化

このビジネスモデルでは，図6-6に示すように，特定分野の商品・サービスに関して，川上から川下までの様々な情報を統合した企業（ペット大好き！，アットコスメなど）が専門店（売り手）として，自社が運営するWebサイトのもとで顧客（買い手）に対して情報を提供する。

買い手に提供される情報は，特定分野に関連する商品・サービスについて幅広く提供されるが，これらの情報は特定の製造会社や卸売り会社などの個別企業に関係なく，個々の商品・サービスごとに分類されて一覧掲載される。このために，様々な分野に関する商品・サービスを提供する情報が，商品カテゴリごとにまとめて一括掲載される。[27]

したがって，買い手にとっては，商品・サービスの機能や特性の側面に加えて，価格面についても購買の判断基準となる。買い手は，特定の企業が製造・販売している商品・サービスということを意識することなく，自分のお気に入り，あるいは希望する価格帯の商品・サービスを購入することが可能となる。つまり，買い手は，必要な情報だけ参照することで，個々の商品・サービスごとの情報のもとで特定の企業境界の存在を認識しないで，商品・サービスを購入できる。

27　ペット大好き！の場合，情報は毎日更新されている。ペット用品ショッピングとして，2015年11月末現在，犬用フード，猫用フード，おやつ，栄養補助食品，食器，シャンプー・グルーミング，トイレ・衛生，防虫・駆除，首輪・リード・ハーネス，お散歩，アクセサリー，洋服，消臭・芳香・アロマ，おもちゃ，キャリーバッグ・カート，ケージ，ベッド・マット・床材，しつけ，介護用品，小動物，アクアリウム，オーナーズ，SALEの23に分類されている。

(6) 組み合わせモデルによる企業境界の変化

このビジネスモデルでは、コンビニエンス・ストア（売り手）を中心に企業間連携（オムニ7，ファミマ・ドット・コム，イーコンテクストなど）を形成，コンビニが中心となって運営するWebサイト（ショッピングサイト）のもとで顧客（買い手）に対して情報を提供する。

買い手に提供される情報は、取引中軸モデルと同様に、各分野に関連する商品・サービスの情報が、商品カテゴリごとに分類されて一覧掲載される[28]。

利用者には、単に商品・サービスの情報が一覧表示されるだけでなく、インターネットの特性である双方向性やリアルタイム性を活用した利便性の向上だけでなく、実店舗での商品受取といった利便性を融合している。また、利用者が要望する受渡決済の指定も行うことができる。このため、実際の情報の提供では、様々な分野に関する商品・サービスを提供する情報が商品カテゴリごとにまとめて一括掲載される。

したがって、買い手にとっては、商品・サービスの機能や特性の側面に加えて、実店舗での受取や決済方法についても購買の判断基準となる。買い手は、特定の企業が製造・販売する商品・サービスを意識することなく、自分のお気に入りの商品・サービス、あるいは希望する価格帯の商品・サービスの購入が可能である。つまり、インターネットとコンビニが結合したサービス提供を行うことで、特定の企業境界の存在を認識しないで購入できるとともに、加えてこのビジネスモデルを構成している企業グループや企業連合の存在も認識することなく商品・サービスを購入できる。

この章では、情報化社会におけるマッチング・ビジネスの6分類に基づき、企業境界の変化について分析してきた。インターネット環境下でのマッチング・ビジネスが行われるWebサイトでは、多くの場合に商品・サービスに関する売り手からの情報を統合してひとつの画

28　オムニ7の場合、商品カテゴリとして、2015年11月末現在、①本・コミック、②雑誌、③電子書籍、④音楽・映像、⑤TV・携帯ゲーム、⑥ステーショナリー、⑦コスメ＆ビューティー、⑧レディースファッション、⑨メンズファッション、⑩マタニティ・ベビー・キッズ、⑪スポーツウェア・グッズ、⑫ホーム＆インテリア、⑬トラベルグッズ、⑭食品・飲料・ギフトの14に分類されている。

面に一覧表示し，買い手からの要求で参加者間のビジネスが成立する。

一方，商品・サービスに関する買い手からのリクエスト情報が，売り手を仲介する企業のWebサイトへの企画案の書き込みが行われることで，当該Webサイトに掲載されている参加企業間で具体的な商品化といったビジネスに展開することもある。

このようなインターネット上での出会い系サイトであるマッチング・ビジネスには，高速性や利便性，操作性，双方向性，リアルタイム性，地理的無関係性・大量一括処理などのネットビジネス特有の特徴がある。そのために，様々な情報の提供が行われるWebサイトでは，特定の企業が提供する情報だけでなく，商品・サービスに関連する企業の情報，あるいは特定の商品を製造している企業，特定の業種の企業，さらには同業種のライバル企業などの情報が統合化されて，複数の商品・サービスに関する情報となって掲載される。

Webサイトでは，買い手に対して，いろいろな企業の様々な分野の情報を提供するために，Webサイトの画面があたかもひとつの仮想企業となって，すべての情報を管理・提供しているかのイメージを抱かせることができる。これによって，情報を提供しているすべての企業は，利用者に企業境界を意識させないことで，総合的な相乗効果が得られる。

また，Webサイトを用いたマッチング・ビジネスでは，ICTを活用した買い手への統合化した情報の提供を行うことで企業間連携（アライアンス[29]）を引き起こしている。ICTを活用した企業間のアライアンスでは，利用者である買い手に対しては企業境界の変化をもたらし，図6-8に示すように，個別企業そのものの存在や各企業間の境界を意識させない情報の提供を行っている。つまり，買い手にとっては，企業境界が薄れていく変化をもたらしているのである。

29　アライアンス（Alliance）とは企業の連合・提携のことで，企業が他社をパートナーとして業務上で何らかの協力関係を結ぶことである。例えば，原材料購買の共同化や生産設備の共有化，および共同開発・共同研究，販売ルート物流の一本化まで，提携の形態はいろいろと存在する。どのアライアンスの形態も，参加する企業のお互いの強みと弱みを補完し合い，結果としてWin-Winの関係（お互いにメリットを享受しあう関係）を築くことが狙いである。

図6-8 マッチング・ビジネスと企業境界の変化

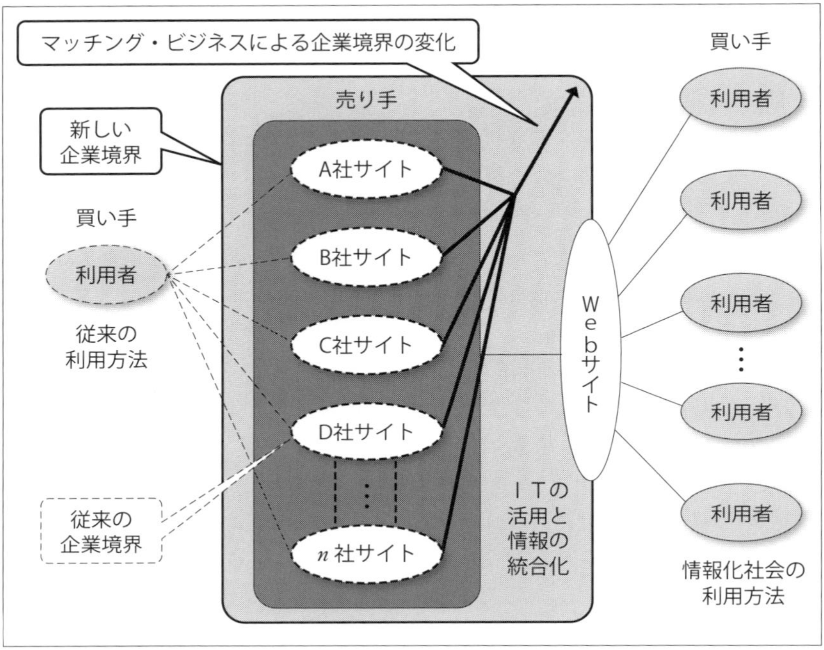

(出所) 税所哲郎 (2006) を大幅に加筆・修正のうえ作成。

4 ■ おわりに

　ICTの急速な発展による情報化社会の進展では，単なる技術の革新やコストダウン，利便性の向上といった機能面での影響だけでなく，様々な情報をひとつの画面に一括して掲載することで，利用者にとって企業境界が薄れていく，さらには企業境界が消失していくという影響を及ぼしている。

　企業は，情報社会を活用する以前の現実のリアルワールドのみのビジネスでも，原材料の共同購買や生産設備の共有化，共同宣伝・広告，さらに実店舗での共同販売などの企業間アライアンスを展開してきた。

　しかし，これまでの企業間アライアンスにおいては，2社間や3社

間，あるいは多くても10数社間といった限られた少数の企業間によるアライアンスのケースがほとんどであって，企業間における業務の棲み分けが完全に確立されていて，明確な企業境界が存在してきたのである。

このように，情報化社会の進展によって展開されるネットビジネスでは，同業種および異業種問わずに様々な企業がWebサイトを利用した情報の統合化を行ったサービスを提供することで，ひとつの個別企業という枠組みを超えた活動が行われるようになり，利用者にとってはそれぞれの企業の境界が次第に薄れていく，さらに企業境界が消失していくという変化が見られるようになったのである。

今後の企業戦略は，利用者（買い手）に対するサービス向上の目的で，企業（売り手）においては，さらなるインターネットの発達とともに，これまでは考えられなかった業種・業態（農業や水産業，林業，医療，薬品業，教育サービス業，飲食業など）[30]との企業間アライアンスによるマッチング・ビジネスが拡大していくことになろう。

その結果，様々な業種・業態における企業間でアライアンスが繰り広げられると，情報の統合化が積極的に行われて，さらに企業境界が薄れていく現象が見られることになる。

さらに，2015年10月より個人に通知されるマイナンバー（個人番号）が導入されることで，政府の極めて大きな影響力が及ぶことになる。その結果，今後，国税庁（税務署）の税金や日本年金機構[31]の年金，独立行政法人のサービスなどの官企業と情報の統合化が行われると，単に民間企業のみの企業境界の変化だけにとどまらず，「官」と「民」における企業境界が薄れていく現象が見られることになる。

情報化社会の進展に伴って，企業間アライアンスに伴うマッチング・

30　医療，福祉，教育，農業などの公共部門の関与の強い分野においては，しばしば，「営利主義に走ることは，利用者の利便性を損ない，公共性が確保されない」という考え方に基づき，個別の行為規制だけでなく，運営主体が制約され，新規参入・競争制限されていたが，2005年度から株式会社による参入が解禁された。

31　日本年金機構（Japan Pension Service）は，2010年1月1日設立，ブロック本部（9ヵ所）と年金事務所（312ヵ所），職員数は10,880人（2014年度正規職員）の規模を要し，各種年金に関わる業務を行っている。

ビジネスの展開は，同一の業種・業態の企業，あるいはひとつの個別企業という枠組みを超えて，ますます増加していくものと思われる。このため従来からの企業境界という枠組みは，一層薄れ行くとともに消失してゆくために，ひとつの企業の枠組みにとらわれない，競合企業の情報も積極的に発揚するといった，柔軟な発想による企業戦略の考え方が必要である。

また，企業（売り手）においては，情報の利用者（買い手）からの参照（アクセス）を待つといった受け身の対応ではなく，インターネット環境を活用したeマーケティング（Webマーケティング，インターネットマーケティング，eメールマーケティングなど）を積極的に展開して，つまり積極的な情報の統合化による利用者（買い手）本位のサービスの提供と利用者（買い手）との良好かつ継続的な関係を深めることが，企業（売り手）が生き残るために求められている。

〈参考文献〉

Don Tapscott, *Creating Value in the Network Economy*, Harvard Business Review Press.（ダイヤモンド ハーバード・ビジネス・レビュー編集部訳『ネットワーク戦略論』ダイヤモンド社，2001年。）
John Roberts（2004），*The Modern Firm: Organizational Design for Performance and Growth*（*Clarendon Lectures in Management Studies*），Oxford University Press.
Oliver E. Williamson（1975），*Markets and Hierarchies: Analysis and Antitrust Implication*, The Free Press.
Richard N. Langlois and Paul L. Robertson（1995），*Firms, Markets ane Economic Change: A Dynamic Theory of Business Institutions*, Routledge.
赤岡功・日置弘一郎（2005）『経営戦略と組織間提携の構図』中央経済社。
雨宮美季・片岡玄一・橋詰卓司（2013）『良いウェブサービスを支える「利用規約」の作り方』技術評論社。
アレックス・オスターワルダー，イヴ・ピニュール（小山龍介訳）(2012)『ビジネスモデル・ジェネレーション ビジネスモデル設計書』翔泳社。
アレックス・オスターワルダー，イヴ・ピニュール，グレッグ・バーナーダ，アラン・スミス（関美和訳）（2015）『バリュー・プロポジション・デザイン─顧客が欲しがる製品やサービスを創る─』翔泳社。
伊丹敬之編（2013）『日本型ビジネスモデルの中国展開』有斐閣。
今井賢一・金子郁容（2002）『ネットワーク組織論』岩波書店。
今津美樹（2014）『図解ビジネスモデル・ジェネレーション ワークショップ』翔泳社。

川上昌直（2011）『ビジネスモデルのグランドデザイン』中央経済社。
銀行研修社編（2014）『ビジネスマッチング70成功事例集（第2版）』銀行研修社。
國領二郎・野中郁次郎・片岡雅憲（2003）『ネットワーク社会の知識経営』NTT出版。
税所哲郎（2002）「ネットワークとしての金融持株会社—日興コーディアルグループの事業戦略—」『現代企業組織のダイナミックス—ITと企業境界の変容—』pp.29-35，経営情報学会・ネットワーク社会と薄れゆく企業境界研究部会。
税所哲郎（2005）「情報化社会の進展と金融機関における薄れ行く企業境界」『関東学院大学経済経営研究所年報』第27集，pp.101-110，関東学院大学経済経営研究所。
税所哲郎（2006）「情報化社会によるマッチング・ビジネスの進展と企業における薄れ行く企業境界」『関東学院大学経済経営研究所年報』第28集，関東学院大学経済経営研究所。
税所哲郎（2012）『現代組織の情報セキュリティ・マネジメント—その戦略と導入・策定・運用—』白桃書房。
酒井光雄・武田雅之（2014）『全史×成功事例で読む「マーケティング」大全』かんき出版。
柴沼俊一・瀬川明秀（2013）『アグリゲーター—知られざる職種 5年後に主役になる働き方—』日経BP社。
杉山勝行（1998）『驚異の新商売 これがマッチング・ビジネスだ!』日本能率協会マネジメントセンター。
高本徹・藤井総（2013）『Web業界 受注契約の教科書』レクシスネクシス・ジャパン。
高本徹・藤井総（2015）『Web業界 発注制作の教科書』レクシスネクシス・ジャパン。
棚橋祐治監修・井奈波朋子・石井美緒・松嶋隆弘・棚橋祐治（2015）『コンテンツビジネスと著作権法の実務』三協法規出版。
谷口和弘（2006）『企業の境界と組織アーキテクチャ—企業制度論序説—』NTT出版。
谷口和弘（2008）『組織の実学—個人と企業の共進化—』NTT出版。
丹沢安治（2002）「ネットワーク社会と薄れゆく企業境界—企業境界決定への新しいアプローチ—」『現代企業組織のダイナミックス—ITと企業境界の変容—』pp.4-9，経営情報学会・ネットワーク社会と薄れゆく企業境界研究部会。
中小企業庁編（2015）『小規模企業白書〈2015年版〉はばたけ!小規模事業者』日経印刷。
デヴィッド・シルバースタイン，フィリップ・サミュエル，ニール・デカーロ（野村恭彦監修・清川幸美訳）（2015）『発想を事業化するイノベーション・ツールキット—機会の特定から実現性の証明まで—』英治出版。
手塚公登（2002）「信頼とネットワーク」『現代企業組織のダイナミックス—ITと企業境界の変容—』pp.10-14，経営情報学会・ネットワーク社会と薄れゆく企業境界研究部会。
デビッド・J・ティース（谷口和弘・蜂巣旭・川西章弘・ステラ S. チェン訳）（2013）『ダイナミック・ケイパビリティ戦略』ダイヤモンド社。
遠山暁（2007）『組織能力形成のダイナミックス』中央経済社。
時永祥三・松野成悟（2004）『オープンネットワークと電子商取引』白桃書房。
藤本隆宏・柴田孝編（2013）『ものづくり成長戦略—「産・金・官・学」の地域連携が日本を変える—』光文社。

細谷功・井上和幸・西本伸行（2014）『ビジネスモデル×仕事術』日本実業出版社。
マーケティング史研究会編（2010）『マーケティング研究の展開（シリーズ・歴史から学ぶマーケティング）』同文舘出版。
松原恭司郎（2013）『ビジネスモデル・マッピング教本』日刊工業新聞社。
三谷宏治（2014）『ビジネスモデル全史』ディスカヴァー・トゥエンティワン。
山田英夫（2014）『異業種に学ぶビジネスモデル』日本経済新聞出版社。
リード・ホフマン，ベン・カスノーカ，クリス・イェ（篠田真貴子・倉田幸信訳）（2015）『ALLIANCE―人と企業が信頼で結ばれる新しい雇用―』ダイヤモンド社。
若松敏幸（2001）「中小製造業とeマーケットプレイス―業種別情報戦略：製造業（その2）―」『Journal for Company Management』No.246，3月号，滋賀県産業支援プラザ。
渡部直樹（2014）『企業の知識理論』中央経済社。
渡部直樹編，デビッド・J・ティース（2010）『ケイパビリティの組織論・戦略論』中央経済社。

〈参考URL〉
DODA（インテリジェンス）〈http://doda.jp/promo/bene/029.html?cid=list201〉（2015年11月22日確認）
LoFtのネット通販〈http://loft.omni7.jp/top〉（2015年11月22日確認）
NCネットワーク〈https://www.nc-net.or.jp/〉（2015年11月22日確認）
NTTデータ〈http://www.nttdata.com/jp/ja/index.html〉（2015年11月22日確認）
Re就活（学情）〈http://re-katsu.jp/career/contents/landingpage/pc/index.html?utm_source=yahoo&utm_medium=cpc&utm_campaign=yahoo_camp〉（2015年11月22日確認）
TIS〈https://www.tis.co.jp/〉（2015年11月22日確認）
アカチャンホンポのネット通販〈http://akachan.omni7.jp/top〉（2015年11月22日確認）
アットコスメ〈http://www.cosme.net/〉（2015年11月22日確認）
イーコンテクスト〈http://www.econtext.jp/〉（2015年11月22日確認）
イオン〈http://www.aeon.info/〉（2015年11月22日確認）
イオンクレジットサービス〈http://www.aeoncredit.co.jp/acs/〉（2015年11月22日確認）
伊藤忠商事〈http://www.itochu.co.jp/ja/〉（2015年11月22日確認）
イトーヨーカドー通販〈http://iyec.omni7.jp/top〉（2015年11月22日確認）
エクスペディア〈http://www.expediainc.com/〉（2015年11月22日確認）
小田急電鉄〈http://www.odakyu.jp/〉（2015年11月22日確認）
お見合い結婚比較.com〈http://xn--n8jl465y7jffsxj5xe6sf6j.com/〉（2015年11月22日確認）
オムニ7（セブンネットショッピング）〈http://www.omni7.jp/top/〉（2015年11月22日確認）
クオカ（cuoca）〈http://www.cuoca.com/〉（2015年11月22日確認）
群馬県仲人協会〈http://gunma-nakodo.com/〉（2015年11月22日確認）
結婚サービス比較.com〈http://www.kkhikaku.com/〉（2015年11月22日確認）

結婚相談所比較ガイド〈http://www.kekkon-hikaku.com/〉（2015年11月22日確認）
結婚相談所比較ランキング〈http://www.cawleyforlg.com/〉（2015年11月22日確認）
国士舘大学生涯学習センター〈http://www.kokushikan.ac.jp/research/LLC/extension/247900_0527.html〉（2015年11月22日確認）
駒澤大学公開講座〈http://www.komazawa-u.ac.jp/cms/kokaikoza/〉（2015年11月22日確認）
サークルK/サンクス〈http://www.circleksunkus.jp/〉（2015年11月22日確認）
サンライトインベストメント〈http://entrepedia.jp/investors/2342〉（2015年11月22日確認）
ジェイティービー〈http://www.jtb.co.jp/〉（2015年11月22日確認）
ジャストプランニング〈http://www.justweb.co.jp/〉（2015年11月22日確認）
昭和女子大学オープンカレッジ〈http://openc1.swu.ac.jp/〉（2015年11月22日確認）
ズバット結婚サービス比較（ウェブクルー）〈http://www.zba.jp/kekkon-soudan/promo/landing02/index02.html?ID=bdfpw03974〉（2015年11月22日確認）
セイコーマート〈http://www.seicomart.co.jp/〉（2015年11月22日確認）
西武・そごうのe.デパート〈http://edepart.omni7.jp/top〉（2015年11月22日確認）
せたがやeカレッジ〈http://setagaya-ecollege.com/〉（2015年11月22日確認）
世田谷区教育委員会〈http://www.city.setagaya.lg.jp/kurashi/106/150/index.html〉（2015年11月22日確認）
セブン-イレブン〈http://www.sej.co.jp/〉（2015年11月22日確認）
セブン-イレブンのネットサービス〈https://www.7-11net.omni7.jp/〉（2015年11月22日確認）
セブン＆アイ・ホールディングス〈http://www.7andi.com/group/list.html〉（2015年11月22日確認）
セブン旅ネット〈https://tabi.omni7.jp/〉（2015年11月22日確認）
全国の商工会議所一覧（日本商工会議所）〈http://www5.cin.or.jp/ccilist〉（2015年11月22日確認）
全日本空輸〈http://www.ana.co.jp/〉（2015年11月22日確認）
ソニー〈http://www.sony.jp/〉（2015年11月22日確認）
ソフトバンク〈http://www.softbank.jp/〉（2015年11月22日確認）
大学技術移転協議会〈http://unitt.jp/〉（2015年11月22日確認）
大日本印刷〈http://www.dnp.co.jp/〉（2015年11月22日確認）
たのみこむ〈http://www.tanomi.com/〉（2015年11月22日確認）
たのみこむ〈https://twitter.com/search?q=%23%E3%81%9F%E3%81%AE%E3%81%BF%E3%81%93%E3%82%80&src=typd〉（2015年11月22日確認）
厨房屋〈http://www.rakuten.co.jp/chuboya/〉（2015年11月22日確認）
燕商工会議所〈http://www.tsubame-cci.or.jp/〉（2015年11月22日確認）
デイリーヤマザキ〈http://www.daily-yamazaki.jp/index.html〉（2015年11月22日確認）
デジタルガレージ〈http://www.garage.co.jp/ja/〉（2015年11月22日確認）

デニーズ出前〈https://www.dennys.omni7.jp/k/dennys/catering/index.php〉（2015年11月22日確認）
東京都金属プレス工業会〈http://www.tmsa.or.jp/〉（2015年11月22日確認）
東京都市大学生涯学習プログラム〈http://www.tcu.ac.jp/lecture/lifestudy/index.html〉（2015年11月22日確認）
東京農大エクステンションセンター〈http://www.nodai.ac.jp/extension/〉（2015年11月22日確認）
東武鉄道〈http://www.tobu.co.jp/〉（2015年11月22日確認）
トヨタ自動車〈http://toyota.jp〉（2015年11月22日確認）
ニフティ〈http://www.nifty.com/〉（2015年11月22日確認）
日本金型工業会東部支部〈http://www.jdmia.or.jp/shibu/east/〉（2015年11月22日確認）
日本航空〈https://www.jal.co.jp/〉（2015年11月22日確認）
日本ばね工業会〈http://www.spring.or.jp/index.php〉（2015年11月22日確認）
日立システムアンドサービス（現日立ソリューションズ）〈http://www.hitachi-solutions.co.jp/〉（2015年11月22日確認）
日立製作所〈http://www.hitachi.co.jp/〉（2015年11月22日確認）
ファミマ・ドット・コム〈http://www.famima.com/shop/default.aspx〉（2015年11月22日確認）
ペット大好き！〈http://www.petoffice.co.jp/〉（2015年11月22日確認）
磨き屋シンジケート〈http://www.migaki.com/〉（2015年11月22日確認）
三菱UFJフィナンシャル・グループ〈http://www.mufg.jp〉（2015年11月22日確認）
ミニストップ〈http://www.ministop.co.jp/〉（2015年11月22日確認）
ヤフー・ジャパン〈http://www.yahoo.co.jp/〉（2015年11月22日確認）
ライブドア〈http://www.livedoor.com/〉（2015年11月22日確認）
楽天〈http://www.rakuten.co.jp/〉（2015年11月22日確認）
リクナビ（リクルートキャリア）〈https://next.rikunabi.com/〉（2015年11月22日確認）
りそなキャピタル〈http://www.resona-gr.co.jp/resonacapital/〉（2015年11月22日確認）
ローソン〈http://www.lawson.co.jp/index.html〉（2015年11月22日確認）

おわりに

　私が実業界での20年余りの実務経験を経て、アカデミックの世界に転身して、関東学院大学経済学部での6年間、群馬大学社会情報学部での6年間が経過、早くも合計12年の月日が終了しようとしている。この12年の間、世界経済は混沌としたカオス（Chaos）の状況が続いており、アジアを中心とする新興国におけるダイナミックな高い経済成長率、および日本を含む先進国の低い経済成長率とデフレリスクが見られている。

　このような現代のカオスの中で、新しいビジネスモデルのもとで、数多くのベンチャー企業が産声を上げるとともに、その一方で伝統的な大企業であっても経営状況が芳しくなく、事業縮小や事業売却、廃業、倒産に追い込まれている企業も少なくない状況である。

　企業が倒産する主な原因としては、販売不振や連鎖倒産、過少資本、放漫経営、過大な設備投資、企業信用度の低下、売掛金の回収難、在庫状態悪化がある。そのほか、企業不祥事として外国農産物の偽装表示、農薬入り食品の輸入販売、不動産市況の大幅悪化、金融機関の融資引き締め、損失計上による資金調達逼迫、大幅減収による固定経費増加、不正経理のよる債務超過、不明朗取引よる多額の資金流出、競合激化に伴う単価下落、粉飾決算による資金調達困難、支払いサイトの短期化、競争激化による利益率の低下など、様々な要因が複雑に絡み合った内容となっている。

　このため、今日の企業経営では、企業が永続的に活動し、発展、持続的な成長を行っていくためには、社会・企業を取り巻いている環境変化に対応した企業戦略（Corporate Strategy）を展開していかなければならない。

　したがって、現代の企業経営では、このような社会・企業を取り巻く環境変化が激しい情報化社会（Information Society）の時代だからこそ、その根幹である情報（ICTを含む）の特性である品質の保持（劣

化しない），および情報の圧縮，情報加工の容易性，情報通信の高速処理性，情報検索の容易性，情報伝達のリアルタイム性，情報の双方向性，長時間記録が可能であるといったことを把握・認識することが求められている。また，それらの特性の内容を分析・評価，および理解したうえでの企業戦略の策定が必要となってくる。

また，現代のICT革命（Information and Communication Technology Innovation）とも言えるコンピュータやインターネットなどに関するICTの飛躍的な発展により，情報化社会が形成されたことで，企業における情報資産の位置付けが変化するとともに，情報資産そのものに対する価値の源泉，および価値観が見直されることになったことも忘れてはいけない。

これらの情報資産に見られる特徴によって，企業における情報資産そのものの利活用とその管理に関する概念が本質的に変容することで，それまで明確に存在していた企業の境界が薄れて行く，あるいは企業の境界が無くなっていくといったことが見受けられるようになっている。

一方，毎年，その規模増大と対象範囲の拡大が続いている電子商取引市場（E-commerce Market），およびクレジットカード市場（Credit Card Market）においては，インターネットを基盤とする商品やサービスの取引や決済の本質が，物理的な移動が伴わないネットワークを介した情報（データ）のやり取りを行うビジネスであるとも言える。このために，それらの市場で取り扱われる商品やサービスのビジネスでは，情報（データ）に対して，悪意ある第三者からの様々な攻撃（Attack）・リスク（Risk）・脅威（Threat）は増加の一途を辿っている。

グローバルに，かつ自己増殖的に張り巡らされているインターネットは，ある同じプロトコル（通信規約）を使って世界中のコンピュータをつなげることによってできた世界最大のオープン・ネットワークであり，情報化社会の基盤となっている。情報化社会のもと，ICTを活用することで，従来には実現ができなかった新しいビジネスモデルが生み出されるとともに，それぞれのビジネスを展開している企業の組織や企業規模，企業形態，資本関係，企業グループ，業種，業態，

およびその業務の流れや業務の内容についても大きく変革しており，企業の抜本的な対応が求められている。

　今日のような社会・企業を取り巻く環境変化が激しい時代においては，従来からの企業戦略の考え方に基づいたビジネスモデルの構築だけでは競合企業，ライバル企業よりも競争優位になるような時代ではなくなってきている。現代企業は，前述した情報化社会の特性を認識および理解したうえで，各企業が策定した企業戦略に基づいた ICT の有効的な利活用と情報セキュリティ・マネジメント（Information Security Management）の確立，それに対する投資，その効果測定と評価，分析，改善は，社会・企業における環境変化への行動において，いまや必須不可欠な要素となっている。

　そこで注目されるのが，現代企業において，いかにして情報セキュリティ・マネジメントを導入させて，かつ機能させていくことを，有効的，かつ効果的に機能させていけばよいかということである。そもそも企業における環境変化への行動は，企業戦略を実現するための経営資源の配分内容で決定されるべきである。前著の『現代組織の情報セキュリティ・マネジメント－その戦略と導入・策定・運用－』白桃書房，2012 年からの一貫した主張と同じであるが，情報セキュリティ・マネジメントにおいても，単なる ISO9001 や QC サークル，カイゼンなどによる品質改善活動ではなく，ICT を活用した企業戦略に基づくビジネスモデルであるととらえなければならない。

　このように，情報化社会が到来した今日，社会・企業を取り巻く環境変化の激しい時代においては，企業経営と情報セキュリティ・マネジメントを含めた ICT の利活用の双方にバランスをとる企業戦略の立案は，今日においても重要な経営課題のひとつになっている。

　最後に，本書を通じて，情報化社会における現代企業の企業戦略や情報戦略ではどのようなものがあるのか，また，新しい情報セキュリティ・マネジメントでは何が求められているのか，その結果として企業そのものがどのように変容しているのかについて，少しでも興味を持って理解していただけたら幸甚である。

■著者紹介

税所 哲郎（さいしょ　てつろう）

日本情報経営学会理事，日本生産管理学会理事，東連ジャパン理事，アジア経営学会評議員

中央大学経済学部卒業，金融機関を経て，関東学院大学，群馬大学，国士舘大学勤務，及び横断型基幹科学技術研究団体連合理事，日本セキュリティ・マネジメント学会理事，経営情報学会理事，システム監査学会理事等を歴任

青山学院大学大学院国際政治経済研究科修士課程国際ビジネス専攻修了，修士（国際経営学）。

長崎大学大学院経済学研究科修士課程経済経営政策専攻修了，修士（経済学）。

中央大学大学院理工学研究科情報工学専攻博士後期課程修了，博士（工学）。

【専門分野】
経営情報，情報戦略，情報セキュリティ，情報システム

【主要著書】
（単　著）税所哲郎（2020）『現代組織の情報セキュリティ・マネジメント－その戦略と導入・策定・運用－【改訂版】』，白桃書房。

（共　著）日本経営学会東北部会プロジェクトチーム編（2020）『日本経営学会東北部会発　グローバル化の中の地域企業：経営理念による地域との共創』，文眞堂。

（共　著）Dhruba Kumar Gautam (Editors), Dakshata Rana (Editors) (2017), "Knowledge Transfer and Transformation: Global and Local Business for Competitiveness and Social Justice", Nepalese Academy of Management.

（編　著）税所哲郎編（2017）『産業クラスター戦略による地域創造の新潮流』，白桃書房。

（単　著）税所哲郎（2016）『マッチング・ビジネスが変える企業戦略－情報化社会がもたらす企業境界の変化－』，白桃書房。〈日本生産管理学会第18回（2016年度）学会賞受賞〉。

（単　著）税所哲郎（2014）『中国とベトナムのイノベーション・システム－産業クラスターによるイノベーション創出戦略－【第2版】』，白桃書房。

（共　著）小泉潔・野々山隆幸編（2014）『最新ITを活用する経営情報論』，テンブックス。

（共編著）Ishikawa Akira (Editors), Saisho Tetsuro (Editors) (2013), "Corporate Strategy for Dramatic Productivity Surge", World Scientific Publishing Company.

【主要所属学会・研究会】
日本情報経営学会，日本生産管理学会，日本セキュリティ・マネジメント学会，日本経営学会，アジア経営学会，組織学会，社会情報学会，経営戦略学会，戦略研究学会，地域デザイン学会，地域創成学会，情報通信技術研究会等

■ マッチング・ビジネスが変える企業戦略
　―情報化社会がもたらす企業境界の変化―

■ 発行日――2016年2月26日　初版発行　　　〈検印省略〉
　　　　　　2021年7月26日　初版3刷発行

■ 著　者――税所 哲郎

■ 発行者――大矢栄一郎

■ 発行所――株式会社 白桃書房
　　　　　〒101-0021　東京都千代田区外神田5-1-15
　　　　　☎03-3836-4781　📠03-3836-9370　振替00100-4-20192
　　　　　　　　http://www.hakutou.co.jp/

■ 印刷・製本――藤原印刷

　　　Ⓒ Tetsuro Saisho 2016 Printed in Japan　ISBN 978-4-561-22673-4C3034

JCOPY 〈(社)出版者著作権管理機構 委託出版物〉
本書の無断複写は著作権法上の例外を除き禁じられています。複写される場合は、
そのつど事前に、(社)出版者著作権管理機構（電話03-5244-5088，FAX 03-5244-5089，
e-mail：info@jcopy.or.jp）の許諾を得てください。

落丁本・乱丁本はおとりかえいたします。

好評書

税所哲郎【編著】
産業クラスター戦略による
地域創造の新潮流 本体 3,000 円

税所哲郎【著】
マッチング・ビジネスが変える企業戦略 本体 3,000 円
　―情報化社会がもたらす企業境界の変化

税所哲郎【著】
中国とベトナムのイノベーション・システム[第2版] 本体 3,300 円
　―産業クラスターによるイノベーション創出戦略

税所哲郎【著】
現代組織の情報セキュリティ・マネジメント 本体 3,300円
　―その戦略と導入・策定・運用

稲垣京輔【著】
イタリアの起業家ネットワーク 本体 3,600 円
　―産業集積プロセスとしてのスピンオフの連鎖

中村裕一郎【著】
アライアンス・イノベーション 本体 3,500 円
　―大企業とベンチャー企業の提携：理論と実際

藤原綾乃【著】
技術流出の構図 本体 3,500 円
　―エンジニアたちは世界へとどう動いたか

氏家　豊【著】
イノベーション・ドライバーズ 本体 3,000 円
　―IoT時代をリードする競争力構築の方法

――― 東京　**白桃書房**　神田 ―――

本広告の価格は本体価格です。別途消費税が加算されます。